坂本治也・石橋章市朗 編
Haruya Sakamoto & Shoichiro Ishibashi

INTRODUCTION
TO POLITICAL
SCIENCE

ポリティカル・サイエンス入門

法律文化社

はじめに

　本書は政治学を初めて学ぶ人向けに書かれたテキストである。政治学って，そもそも何のために学ぶのだろうか。

　政治学の教員をやっていると「政治学って政治家や公務員になりたい人が勉強する学問？」と聞かれることがある。たしかに職業上で政治に直接関わることになる政治家や公務員志望の人は，政治学を学んでおいても損はないだろう。

　しかし，政治学を学ばなければ政治家や公務員になれないわけではない。実際，多くの政治家や公務員は，政治学の内容を十分には理解していない。

　「すべての国民が主権者であるのが民主主義。だから，誰もが否応なしに政治を学ぶべきだ」。こういった説明がなされることも多い。中学や高校で主権者教育の一環として政治について何らかの勉強をした経験がある人は多いだろう。たしかに民主主義の下では，すべての成人が選挙権を有することになるので，多くの人に政治の仕組みを知っておいてほしい面はある。

　しかし，実際は選挙に行かない人，政治に極力関わろうとしない人も多い。政治に背を向ける自由も権利として保障されている以上，頭ごなしに「大事だから政治を学びなさい！」と言っても，きっと心には響かないだろう。

　「将来の仕事に役立つから」「主権者としての務めだから」が，ある程度までは政治学を学ぶ理由になることは否定しない。しかし，本書ではそれらとは別の理由から，政治学を学ぶことをおススメしたいと思っている。

　政治学はおもしろい！　おもしろいからあなたにもぜひ学んでほしい！　本書が強調したいのは，このシンプルな理由の方だ。

　なぜ「政治学はおもしろい」と言えるのか。それは私たちが政治のことをよく知らないからである。

　多くの人にとって，政治の話題は身近に感じない「遠い世界のお話」のように映る。あるいは「汚職にまみれた薄汚れた世界」といった否定的なイメージで捉えられる。そんな縁遠くネガティブな印象がある政治よりも，家族，友人，恋愛，スポーツ，文化，芸能，ビジネスの方が身近に感じるし，興味をも

ちやすい。どうせ学ぶのであれば，政治なんかよりも，そういった自分の生活に関係しそうな事柄の方を学びたい。そう思っている人はきっと多いことだろう。

　しかし，私たちはよく知らない対象にこそ，誤解や偏見をもちやすい。例えば，政治に関しては「日本では公務員の数が多すぎる」「政治家はいつも大企業の言いなりになっている」「人々は偏った政治報道にすぐ洗脳される」などの俗説が，信ぴょう性のある意見として広く世間で受容されている。しかし，政治学をしっかり学べば，それらの俗説はいずれも事実に基づかない誤った見解，もしくは複雑な現実を過度に単純化した偏った見方にすぎないことがわかる。

　学問をやっていて「おもしろい！」と思う瞬間は，明確な根拠に基づいた学説によって自分のなかの誤解や偏見が打ち破られるときに訪れる。今まで想像もしなかった事柄について知ったとき，今まで「常識」だと思っていた事柄がひっくり返されるとき，知的好奇心は強く刺激される。自分のなかの視野が一気に開けていく感覚がある。知的に興奮してワクワクする。学問の醍醐味とは，まさにコレである。

　私たちは政治についてよく知らない。よく知らないからこそ，政治について様々な誤解や偏見をもっている。政治学にはそういった政治に関する誤解や偏見を打ち破る痛快さがある。だから，政治学はおもしろいのだ。

　そして，どんな学問であれ，ある学問のおもしろさを知った者は強い。未知の物事に果敢にチャレンジする術，誤解や偏見から自由になる術，知的営みを楽しみながらやり抜く術を知っているからだ。そのような術はどのような人生を過ごすことになったとしても役に立つ。政治学をおもしろがりながら学ぶことで，結果的にそうした知的強靭さを身につけることができる。だからこそ，あなたにも政治学を学ぶことをおススメしたい。

　本書では，政治学を初めて学ぶあなたに，政治について考えることのおもしろさを知ってもらうことを重視している。本書を通じて，みなさんに理解してほしいポイントは以下の３つに集約できる。

(1) 現代政治の実態をポリティカル・サイエンスの立場から分析した諸研究の成果。なお，ポリティカル・サイエンスの詳細な説明は第 **1** 章の記述

に譲るが，一言でいえば政治現象を科学的に分析するアプローチのことである。

(2) 政治は国や時代によって大きく変化すること。私たちの選択によって政治を変えることができること。実際，日本の政治もこの30年間で大きく変化したこと。

(3) 政治は私たちの経済社会と深く関わっていること。政治によって経済社会は変わるし，経済社会によって政治も変わること。

　本書では，政治学のおもしろさを知ってもらうための工夫として，巻末に「政治学のバラエティ──多様なアプローチへの誘い」と題した6本のコラム，および「政治学をおもしろく学ぶためのおススメ文献ガイド」を配置した。それらは本書を通読したうえでのさらなる学習に役立ててほしい。

　各章やコラムの内容は，それぞれのテーマについて第一線で研究されている先生方に依頼して書いていただいた。いずれの執筆者も，政治学のおもしろさをよく知っている信頼できる方たちばかりである。大変多忙ななか，執筆作業を担っていただいた先生方には深く感謝申し上げる次第である。

　本書の編集過程では，法律文化社の田靡純子社長と八木達也氏に多大なるご助力とご配慮をいただいた。また企画立案の段階では，元・法律文化社の上田哲平氏にも一方ならぬご支援をいただいた。学問のおもしろさをよく知る3名の有能な編集者の助けなしには，本書がこのような形で日の目をみることはきっとなかったであろう。心より感謝申し上げたい。

2020年6月

編者　坂 本 治 也
石橋章市朗

目　次

著者紹介 （執筆順，＊は編者。①専門，②所属，③経歴，④主要業績）

＊坂本　治也（さかもと　はるや） [第1章]

①政治過程論，市民社会論
②関西大学法学部教授
③大阪大学大学院法学研究科博士後期課程単位修得退学，博士（法学）
④『ソーシャル・キャピタルと活動する市民——新時代日本の市民政治』有斐閣，2010年
　『市民社会論——理論と実証の最前線』（編著）法律文化社，2017年
　『現代日本の市民社会——サードセクター調査による実証分析』（共編著）法律文化社，
　2019年

山口　　航（やまぐち　わたる） [第2章]

①外交史，安全保障論
②帝京大学法学部専任講師
③同志社大学大学院法学研究科博士後期課程退学，博士（政治学）
④『日本外交の論点』（共著）法律文化社，2018年
　『安全保障の位相角』（共著）法律文化社，2018年
　『テキスト日米関係論——比較・歴史・現状』（共著）ミネルヴァ書房，2022年

若月　剛史（わかつき　つよし） [第3章・コラム1]

①日本政治史，日本近現代史
②関西大学法学部准教授
③東京大学大学院人文社会系研究科博士課程修了，博士（文学）
④『戦前日本の政党内閣と官僚制』東京大学出版会，2014年
　『近現代日本を史料で読む』（共著）中央公論新社，2011年
　『公正から問う近代日本史』（共著）吉田書店，2019年

善教　将大（ぜんきょう　まさひろ） [第4章]

①政治意識論，政治行動論
②関西学院大学法学部教授
③立命館大学大学院政策科学研究科博士課程後期課程修了，博士（政策科学）
④『日本における政治への信頼と不信』木鐸社，2013年
　『維新支持の分析——ポピュリズムか，有権者の合理性か』有斐閣，2018年
　『大阪の選択——なぜ都構想は再び否決されたのか』有斐閣，2021年

飯田　　健（いいだ　たけし）　　　　　　　　　　　　　　　　　　[第5章]

①政治行動論
②同志社大学法学部教授
③テキサス大学オースティン校大学院政治学博士課程修了，Ph.D.（Government）
④『計量政治分析』共立出版，2013年
　『政治行動論——有権者は政治を変えられるのか』（共著）有斐閣，2015年
　『有権者のリスク態度と投票行動』木鐸社，2016年

丹羽　　功（にわ　いさお）　　　　　　　　　　　　　　　　　　[第6章]

①政治過程論
②近畿大学法学部教授
③京都大学大学院法学研究科博士後期課程単位修得退学，修士（政治学）
④『日本政治変動の30年——政治家・官僚・団体調査に見る構造変容』（共著）東洋経済新報
　社，2006年
　『二〇一三年参院選アベノミクス選挙——「衆参ねじれ」はいかに解消されたか』（共著）
　ミネルヴァ書房，2016年
　『市民社会論——理論と実証の最前線』（共著）法律文化社，2017年

秦　　正樹（はた　まさき）　　　　　　　　　　　　　　　　　　[第7章]

①政治心理学，実験政治学
②京都府立大学公共政策学部准教授
③神戸大学大学院法学研究科博士課程後期課程修了，博士（政治学）
④「"新しい有権者"における政治関心の形成メカニズム——政治的社会化の再検討を通じ
　て」『選挙研究』32（2），2017年
　Reconstruction of the Public Sphere in the Socially Mediated Age, (Co-authored)
　Springer, 2017
　「若年層における候補者選択の基準——候補者の『見た目』と『政策』に注目したサーベイ
　実験より」『公共選択』（70），2018年

濱本　真輔（はまもと　しんすけ）　　　　　　　　　　　　　　　[第8章]

①政党論
②大阪大学大学院法学研究科准教授
③筑波大学大学院人文社会科学研究科博士課程修了，博士（政治学）
④『現代日本の政党政治——選挙制度改革は何をもたらしたのか』有斐閣，2018年
　『現代日本のエリートの平等観——社会的格差と政治権力』（共編著）明石書店，2021年
　『日本の国会議員——政治改革後の限界と可能性』中央公論新社，2022年

＊石橋章市朗（いしばし　しょういちろう）　　　　　　　　　[第9章]

①公共政策学

②関西大学法学部教授

③関西大学大学院法学研究科博士課程後期課程所定単位修得後退学，修士（法学）

④『統治能力――ガバナンスの再設計』（共訳）ミネルヴァ書房，2012年

　「国会議員による国会審議映像の利用――その規定要因についての分析」『レヴァイアサン』（56）（共著），2015年

　『公共政策学』（共著）ミネルヴァ書房，2018年

待鳥　聡史（まちどり　さとし）　　　　　　　　　　　　　[第10章]

①比較政治論，政治制度論

②京都大学法学部教授

③京都大学大学院法学研究科博士後期課程退学，博士（法学）

④『首相政治の制度分析――現代日本政治の権力基盤形成』千倉書房，2012年

　『代議制民主主義――「民意」と「政治家」を問い直す』中央公論新社，2015年

　『政治改革再考――変貌を遂げた国家の軌跡』新潮社，2020年

小林　悠太（こばやし　ゆうた）　　　　　　　　　　　　　[第11章]

①行政学，現代日本政治論

②東海大学政治経済学部特任講師

③大阪大学大学院法学研究科博士後期課程修了，博士（法学）

④「政策会議は統合をもたらすか――事務局編制に着目した分析」『季刊行政管理研究』（169）（共著），2020年

　『分権化時代の政策調整――内閣府構想の展開と転回』大阪大学出版会，2021年

宗前　清貞（そうまえ　きよさだ）　　　　　　　　　　　　[第12章]

①公共政策学，地方自治論

②関西学院大学総合政策学部教授

③東北大学大学院法学研究科博士後期課程退学，博士（法学）

④『現代日本政治の争点』（共著）法律文化社，2013年

　『日本医療の近代史――制度形成の歴史分析』ミネルヴァ書房，2020年

　『政策と地域』（共著）ミネルヴァ書房，2020年

犬塚　　元（いぬづか　はじめ）　　　　　　　　　　　　　[コラム2]

①政治学史，政治思想史

②法政大学法学部教授

③東京大学大学院法学政治学研究科博士課程単位取得退学，博士（法学）

④『デイヴィッド・ヒュームの政治学』東京大学出版会，2004年

『啓蒙・改革・革命』（編著）岩波書店，2014年

『自然宗教をめぐる対話』（翻訳）岩波書店，2020年

井上　彰（いのうえ　あきら）　　　　　　　　　　　　　　　　　　　［コラム3］

①政治哲学，倫理学

②東京大学大学院総合文化研究科教授

③オーストラリア国立大学大学院社会科学研究校哲学科博士課程修了，Ph.D.（Philosophy）

④『政治理論とは何か』（共編著）風行社，2014年

『正義・平等・責任──平等主義的正義論の新たなる展開』岩波書店，2017年

『ロールズを読む』（編著）ナカニシヤ出版，2018年

吉沢　晃（よしざわ　ひかる）　　　　　　　　　　　　　　　　　　　［コラム4］

①国際政治経済学，EU政治

②関西大学法学部准教授

③ブリュッセル自由大学（ULB）・ジュネーブ大学大学院博士課程修了，博士（政治学）

④『変わりゆくEU──永遠平和のプロジェクトの行方』（共著）明石書店，2020年

『EU──欧州統合の現在（第4版）』（共著）創元社，2020年

European Union Competition Policy versus Industrial Competitiveness: Stringent Regulation and its External Implications, Routledge, 2021.

西川　賢（にしかわ　まさる）　　　　　　　　　　　　　　　　　　　［コラム5］

①政治学，比較政治学

②津田塾大学学芸学部教授

③慶應義塾大学大学院法学研究科後期博士課程修了，博士（法学）

④『ニューディール期民主党の変容──政党組織・集票構造・利益誘導』慶應義塾大学出版会，2008年

『分極化するアメリカとその起源──共和党中道路線の盛衰』千倉書房，2015年

『ビル・クリントン──停滞するアメリカをいかに建て直したか』中央公論新社，2016年

曽我　謙悟（そが　けんご）　　　　　　　　　　　　　　　　　　　　［コラム6］

①行政学

②京都大学大学院法学研究科教授

③東京大学法学部卒業

④『行政学』有斐閣，2013年

『現代日本の官僚制』東京大学出版会，2016年

『日本の地方政府』中央公論新社，2019年

第1章 政治とは何か

第**1**章 ▶政治学って学ぶ意味あるの？

1　私たちは政治から逃れられない

(1) 政治嫌いな私たち

「政治に興味ありますか？」「一緒に政治しませんか？」。突然こんなふうに問いかけられたら，あなたならどう答えるだろうか。きっと大半の人は「いやあ，べつに……」とうつむきがちにボソボソっと返答するのではないだろうか。

私たちの政治 (politics) に対するイメージはとても悪い。授業で大学生に「政治という言葉のイメージを自由に書いてみて」と頼んでみたところ，「うそつき，汚い，カネまみれ，悪口ばかり，目立ちたがり，悪だくみ，偉そう，自己チュー，オジサン，つまらない，難しい，頭が堅い，身近に感じない，関わりたくない」といったネガティブな表現のオンパレードであった。

世間ではあまり知られていないが，実は「政治」の原義は，本来はポジティブなイメージを含む。「政」という漢字は「歪んでいるものを正す」，「治」という漢字は「悪い状態に手当てをして健全な状態に導く」という意味がある (山川1994：4)。つまり，「世の中を良い方向に導く」のが政治の原義である。

しかし，実際には私たちは政治に対してネガティブなイメージを抱き，疎ましく思っている。政治にはとくに関心をもたないし，できるだけ関わりたくない。それが私たちの本音のようだ。

|政治＝政界なのか？| ここで少し視点を変えてみよう。そもそも，なぜ私たちは政治を毛嫌いするのだろうか。

私たちの政治嫌いの理由の1つは，「政治＝政界」と思い込んでしまっているからである。大学生が抱いた「うそつき，カネまみれ，偉そう，オジサン」といった政治のイメージは，基本的には国会議員に代表される「政治家の世界」を反映したものである。より正確にいえば，実際の政界そのものというより

図 1-1　永田町周辺図

出典：地理院地図 Vector（2020年 3 月 9 日取得，https://maps.gsi.go.jp/vector）をもとに筆者作成。

も，ドラマなどで戯画的に描かれる政界のステレオタイプを反映している。

　東京都千代田区の地名である**永田町**はしばしば政界の代名詞として用いられる。永田町には国会議事堂や首相官邸，政党の本部などが所在しており，隣接する官庁街である霞が関とともに，まさに日本政治の中心地を形成している。

　この永田町界隈で政治家たちによって行われている営みこそが「政治」であるならば，普通の人々が政治を身近に感じず，「関わりたくない」「自分には関係ない」と思ってしまうのは当然といえる。みんながみんな，政治家になるわけでもない。永田町は私たちの日常生活からはあまりにも遠い異世界である。

　私たちの政治嫌いは，多くの場合，政界嫌いに由来する。では，政治とは政界の独占物なのだろうか。政治とは職業的政治家のみが行うものであって，私たちのような普通の人々が行うものではないのだろうか。永田町の外側に政治は存在しないのか。そもそも政治とは何か。どのような営みのことを指すのか。

（2）あなたはもう政治をしている

　２限目の憲法の授業が終わった。３限目は空きコマなので，坂を下りてキャンパスの外に出てランチを楽しむことができる。法学部２年生のＳさんは同じサークルに所属するＺさん，Ｈさんを誘って昼食に出かけることにした。

　Ｓ「今日どこいく？」
　Ｚ「俺，ラーメン一択。しかもドカ盛り，ニンニク増し増しのやつ」
　Ｈ「僕はそんな食べないので，喫茶店でコーヒーにサンドイッチがいいです」
　Ｓ「ええっ？　ちょっと待ってー。あたし，今日夕方から梅田で彼氏と会うし，ニンニク臭いラーメンはちょっと……喫茶店もタバコ臭いから，マジ無理ー」
　Ｚ「ほな，どこがええの？」
　Ｓ「うどんは昨日食べたからなー。ねぇ，今日はパスタにせえへん？」
　Ｈ「あ，僕，今日フツーに朝パスタ食べてきました。パスタはちょっと……」
　Ｓ「ほな，どうすんのよ～？　はよ決めな，時間どんどん無くなってまうよー」
　Ｚ「それぞれ１人で好きなところに食べに行ったらええんちゃうん？」
　Ｓ「もー，それやったら意味ないやん？　みんなで食べながら夏合宿の計画，話し合うんやろ？　だいたい，１人で食べても美味しくないしさぁ……」
　Ｈ「Ｓさん，Ｚさん，そうケンカ腰にならないで～仲良くしましょうよ～」

| 政治の定義 |

　友達同士で話し合いをして何かを決める。こういう経験は誰にでもあるだろう。政治学的にみれば，実はこれも政治である。政治とは「**２人以上の人間から成る集団内の共通のルールを決定する営み**」のことである。

　この**政治の定義**のポイントは３つある。第１に，複数の人間の間で行われるものが政治である。「今日のランチはカレーにしよう」と１人で決めてボッチ飯に行くことは政治ではない。また，人間以外の動物は政治の主体として除外される。政治学が対象とするのは，基本的には人間が行う政治である。

　第２に，集団内の共通のルールを決定するのが政治である。この場合のルールは，国家が定める法令や予算，会社内の就業規則，学校内の校則のような，拘束力が強いフォーマルなものだけを指すのではない。家庭内で決められている門限や家事分担の割合，友達同士の間の口約束のようなインフォーマルなルールも含まれる。「就活の面接には当然ネクタイを締めていくべきだ」「女がスッピンで外出するなんてありえない」のような社会に存在する様々な行動規

範，「みんなで行くランチの行き先」といった決め事も，ここでいうルールだ。

　第3に，ルールを決定する主体が誰かは定義上決まっていない。集団内のメンバー全員で決めることもあれば，一部の有力メンバーだけで決めることもある。1人で決める場合は独裁政治だ。たとえ独裁者が1人で決めたルールであっても，集団内のメンバー全員に適用されるのが政治である。ゆえに，誰が，いつ，どういう手続きでルールを決めるのかはとても重要になる。ルールの決め方に関するメタ・ルール自体をめぐっても，また政治が行われることになる。

どこにでもある政治　政治をこのように広く定義すると，政治は政界の独占物などではないことがわかる。友達のグループ，サークル，家庭，学校，会社，労働組合，宗教団体，政党，地方自治体，国家，国際社会。2人以上の人間が存在すれば，どこにでも政治は発生する。政治は「どこか遠くで行われている，私とは無関係のもの」というより，「どこにでもあって，いつも私も行っているもの」なのである。

　有史以来，人間はどの時代でも，どこの国でも，どの場面でも，政治を行ってきた。ある時点において人々が「政治」の問題と認識していない事柄が，実は政治で争われるべき問題であった，という場合も多い。

　その典型例が性差別の問題である。性差別を是正するためのフェミニズム運動が掲げたスローガンは「個人的なことは政治的なことである (The personal is political)」であった。政治で決まる事柄は想像以上にたくさん存在している。あなたはただ，それに気づいていないだけかもしれない。

　「私は何かルールを決めるときに一切意見を言ったりしないから，私は政治とは関係ない」と考える人もいるかもしれない。しかし，意見を言わずに黙っていても，人間社会で生きる以上，誰かが決めたルールに従わざるをえない。否が応でも政治には巻き込まれる。黙らず意見を言えば，今とは違ったルールが決定されるかもしれない。しかし，黙っていれば誰かの意見を反映したルールが決定されるだけである。政治がなくなることはないし，あなたと無関係になることもない。人間社会で暮らす以上，私たちは政治から逃れられないのだ。

（3）なぜ政治が必要なのか

　また視点を変えてみよう。そもそもなぜ政治は必要なのか。私たちは政治が嫌いなのだから，政治なんてなくてすむならそれに越したことはない。しかし，現に私たちはいつもいろいろなところで政治を行っている。なぜそうなるのか。

　私たちが政治を行うのは，価値の多元性と希少性があるなかで，自分とは異なる他者と紛争を回避して共存していくために必要だから，である。

　価値の多元性とは，何が好きで，何が大切かの判断が
価値の多元性と希少性，紛争の発生
人によって異なる，ということである。「ランチの行き先」の例では，食べたいものは三者三様で異なっていた。もし，食べたいものが一致していれば，話し合って何かを決める必要はなくなる。つまり，政治は必要ではなくなる。

　しかし，実際には人によって真善美の感覚は異なる。どれが正解というわけではないが，好みや選択が完全に一致することはない。ゆえに，異なる価値観や選好をもつ者同士で一緒に何かをするためには，政治が必要になるのだ。

　価値の希少性とは，食料，水，土地などの資源やお金，時間など，人間にとって価値あるものは無限に存在するのではなく有限である，ということである。「ランチの行き先」の例でいえば，パスタも，ラーメンも，サンドイッチも，1度に全部食べるだけのお金も時間も胃袋もないのが現実である。もしすべての人の要求に応えるだけの資源や時間が豊富に存在していれば，何も決めなくてもとくに問題はないかもしれない。しかし，実際の世の中には様々な制約が存在し，何かはあきらめ，何かを優先的に残す，という選択を自然と強いられることになる。それゆえ，何かを選択し決定する政治が必要になってくる。

　価値の多元性と希少性を前提にすれば，人間社会では必然的に様々な紛争が生じる。この島はどの国の領土に属するのか。消費税を何％にするのか。生活保護費にどれくらい税金を支出するのか。1つしかない昇進ポストに誰が就くのか。サークルの名称を何にするのか。デートの日時をいつにするのか。私たちは様々な事柄をめぐって日々争い合う。紛争がなくなることはない。

　紛争を避けるために，無人島で1人で暮らしていく，という選択肢もある。しかし，それでは豊かで安心安全な暮らしを送ることはできない。だから，私

たちは自分とは異なる他者と共存する方を選ぶ。他者と協働する人間社会で暮らす方が何かと好都合だからだ。でも，そうすると今度は他者との紛争に直面する。紛争を回避して他者と共存するためには，政治を行っていくしかない。

政治が嫌いになる，
もう1つの理由

このように政治が必要な理由を検討していくと，「なぜ私たちは政治を毛嫌いするのか」のもう1つ別の理由もみえてくる。政治は基本的に人間同士の紛争に首を突っ込む営みである。カール・シュミットは，政治の本質は「友―敵の区別」だと指摘した（シュミット 1970）。多くの人々は，敵―味方に分かれた激しい争いごとや対立関係には，できれば巻き込まれたくはないと思うはずだ。だからこそ，政治が嫌われてしまう部分はたしかにある。

政治のプロセスは時間的にも心理的にもコストがかかり負担が大きい。合意を得るために，調整，妥協，取引が行われるのも常である。純粋な心の持ち主からすれば，それらが「汚い大人がやる裏取引」のようにみえてしまう。また，コストを負担して積極的に政治に関わっても，結果として自分にとって望ましいルールができないことも多い。「勝手にどうぞ」と背を向けたくなる気持ちはわからなくはない。

しかし，人間社会に関わる以上，やはり私たちは政治からは逃れられない。争いごとはイヤ，妥協はイヤ，自分の思いどおりにならないからイヤ，と思うのは個人の自由だ。しかし，あなたが嫌いであろうが，無関心であろうが，今日も明日もあなたと無関係ではいられないもの。それが政治である。

2　権力と支配―服従関係とは？

(1) 権力とは何か

政治を行っていくうえで，必ず登場してくるものがある。それが**権力**（power）である。権力とは「**何らかの手段を用いて自分の望むことを他の人にさせる力量**」（Shively 2019：5）である。例えば，教師が学生に「明日までに政治に関する4000字のレポートを書いて提出しなさい。提出しなければこの授業の単位はあげません」と言ったとしよう。学生はしぶしぶレポートを書いてくるに違いない。このとき，教師は学生に対して権力を行使した，とみなすこと

ができる。

　政治に権力はつきものである。なぜか。政治が決めたルールは集団内のメンバーによってきちんと守られなければ意味がない。しかし，価値の多元性や希少性を踏まえると，決められたルールに不満をもつメンバーは必ず存在する。彼・彼女らがルールを無視して好き勝手に行動しないように，ルールに従うように仕向ける力，すなわち権力が必要になってくる。権力行使なしに実効的な政治を行っていくことは不可能である。

　政治と同じように，権力もまた人々には嫌われやすい。権力が行使されるとき，人々の間には一種の支配—服従関係が発生するからである。支配者側の意向が服従者側にある種無理やり押しつけられるのが権力関係である。本来は自由で平等であるべき人間同士の間で，そんな支配—服従関係ができてしまうのは，決して気持ちのよいことではない。それでも権力がなければ政治は成り立たない。政治が成り立たなければ人間社会も成り立たない。したがって，私たちは結局，「必要悪」の権力とつき合っていくしかないのである。

　人生色々，権力も色々　ところで，権力にも実はいろいろなタイプがある。1番わかりやすい権力は，教師が学生にレポートを書かせる例のように，支配者が服従者に何らかの行動をとるように仕向ける場合である。こういった権力をここでは便宜的に「1次元的権力」と呼ぼう。

　他方で，外部からは観察が難しい2次元的権力も存在する。2次元的権力は特定の争点が顕在化しないように作用する権力である。政治学では「**非決定権力**」とも呼ばれる。例えば，あるダメ教師がいて，私用で授業を何度も休講にしていたとする。ある真面目な学生がその教師に「きちんと授業してください！　大学当局に通報しますよ！」と苦情を言いにいったところ，「ごめーん。君には成績で優以上をつけるからさー。学部長には黙っておいてね？」と教師は学生をその場でうまく丸め込んだ。この場合，教師が「良い成績」というアメをちらつかせて学生を懐柔し，学生が本来起こすはずだった当局へのクレーム行動を起こさせないように仕向ける形で権力行使が行われる。結果的に波風は立たないので，権力行使の有無を外部から確かめるのはかなり難しくなる。

　さらに，政治学では3次元的権力という概念もある（ルークス 1995）。3次元

的権力の場合，支配者は服従者の欲望や選好の形成そのものに影響を与える。服従者はそもそも争点があることすら認識せずに，支配者の思惑に沿って喜んで行動することになる。3次元的権力の存在を立証することは，2次元的権力の場合以上に困難だ。権力にもいろいろなタイプがあることを知っておいてほしい。

(2) 権力行使のための資源

　政治が決定した共通のルールに人々を従わせるために権力を行使する際には，脅し，懐柔，説得，交渉など何らかの手段が必要となる。そして，より重要なのは，そういった手段を実効的なものにするための権力資源の保有である。

> 暴力，金銭，正統性

権力資源には様々なものがあるが，そのなかでもとりわけ重要なものが暴力，金銭，正統性の3つである（伊藤 2009）。暴力を裏付けとした脅しが権力行使のための最も強力な手段になることは，容易に想像できる。強大な暴力を前にすると，誰もが自分の身を守るために，相手の言うことに従わざるをえない。しかし，強い暴力を得るために武装したり，暴力で他者を脅したりすることは，犯罪行為として禁止されている。暴力は強力な権力資源だが，私人が利用するのは難しい。

　「お金は人を変える」「お金で買えないものはない」などと言われるように，金銭には人を動かす力がある。もちろん「カネがすべてじゃない」とも言うように，一定の限界はある。しかし，金銭で購入できる様々な財やサービスには人を惹きつける確かな魅力がある。その利益を得るために何かに服従するのは人間にとってごく普通のことである。金銭を権力資源とすることで，懐柔，説得，交渉はより成功しやすくなる。

　正統性 (legitimacy) は人々の内面に存在する心理的なものである。暴力や金銭のように実体が捉えられるものではなく，よりわかりにくい権力資源である。正統性とは人々に「正しい」「権威がある」と思わせる力のことである。例えば，錦の御旗や水戸黄門の印籠は正統性の象徴として機能する道具である。マックス・ウェーバーは有名な「支配の三類型」論のなかで，正統性の源泉として伝統，指導者のカリスマ性，合法性の3つを指摘している（ウェーバー 2018：96）。正統性があれば，暴力や金銭に依らずとも，人々は自然と支配を受

け入れる。コストをかけずに効率的に，また安定的に権力支配を確立するために
は，正統性の確保がきわめて重要になってくる。

3　国家と民主主義って何？

(1) なぜ国家の政治が重要なのか

　政治は，家庭，学校，会社，地域社会など，人間社会のあらゆる場所で普遍
的に観察できる現象である。しかし，政治学が中心的に扱ってきたのは，なん
といっても国家の政治である。国家の政治とは，日本でいえば有権者，国会議
員，内閣，行政官僚制，裁判所，マスメディア，利益団体，地方自治体，外国
政府などが主要なアクター（登場人物）となって行われる政治である。

　「え？　結局，政治学って，政界の話？　そんなの興味ないし……」と思った
人がいるかもしれない。結論を急がずにもう少し話を聞いてほしい。政治学者
たちが国家の政治を主たる分析対象にしているのには理由がある。政治学者た
ちが変わり者で「政治オタク」だからではない（そういう人もなかにはいるが）。
国家の政治が私たちの生活に非常に大きなインパクトを与えるからである。

　なぜ国家の政治が重要なのか。国家の政治が決定する「集団内の共通のルー
ル」は，国家の内部で暮らすすべての人々に適用される。日本国政府が決定し
た法令は，日本で暮らす約 1 億 2 千万人に共通するルールとなる。

　**国家権力が最強
である理由**　　　　そして，国家の政治で決定されたルールは，一国の内
部では最も拘束力が強い，最優先で適用されるルール
となる。国家は圧倒的な量の権力資源を有し，強大な権力をもつ存在だからで
ある。

　国家は軍隊や警察などの実力組織を兼ね備えることで，暴力という重要な権
力資源を独占的に保有している。国家の決定に激しく抵抗する者には，暴力を
背景に容赦なく実力行使に出て，力ずくでも従わせることができる。ウェー
バー（2018：93）は，国家を「ある一定の領域の中で正統性を有する物理的な暴
力行使の独占を要求する（そして，それを実行する）人間の共同体」と定義した。
暴力の独占的な保有と使用の承認こそが，国家の本質というわけだ。

　日本の国家予算は約101兆円である（2019年度の一般会計総額）。日本のなかで

これほどの金銭を１年間に使えるほどの企業やお金持ちは他に存在しない。国家の財政力の大きさは，国家権力の強さの１つの源泉になっている。

さらに国家は，正統性という観点でみても図抜けた存在である。国家は国旗，国歌，勲章，記念日，儀式などを通じたシンボル操作によって，また法令を遵守し，公共問題解決に取り組むことによって，普段から自らの正統性を高い水準で維持するよう努めている。ゆえに，国家が行う決定は「合法的で権威がある正しいもの」とみなされ，多くの人々は疑問もなく自然に受け入れる。高い正統性があるからこそ，国家には暴力の保有・使用と徴税権が独占的に認められ，豊富な暴力と金銭を手にすることができている，ともいえる。

国家は保有する権力資源量の点で他の存在を圧倒している。ゆえに一国の内部では最強の権力を有している（ただし，最強とはいえ，何でも好きなようにできるわけではない。正統性を失うほどの恣意的な権力行使はできない）。強大な権力を背景にして，国家の政治で決定される法令などのルールは，人々を最も強く拘束するものとなる。同時に広範囲の人々に影響を与える。だからこそ，国家の政治は私たちの生活に最も大きなインパクトを与えるものとなる。国家の政治が「日本の政治」とイコールで結びつき，政治学の最重要の分析対象となるのはそういった理由からである。

国家の政治から まず理解する

本書も次章以降は国家の政治を理解するための内容が中心となる。ただし，第２章では国家同士で行われる政治である国際政治，第12章では地方自治体内部で行われる政治である地方自治も取り上げる。国際政治の帰結は，ときに戦争やテロを引き起こす。地方自治の帰結は，私たちが受ける教育や福祉のサービス水準に大きく影響する。このように，国家の政治と並んで，国際政治や地方自治も，私たちの生活にきわめて大きなインパクトを与える。

読者のみなさんからすれば，国家の政治よりも，家庭・学校・会社の政治の方が身近に感じて興味をもちやすいかもしれない。

しかし，縁遠く思うかもしれないが，より重要なのは国家の政治の方である。伝統的な政治学の理論や知見も，国家の政治を対象に蓄積されてきた。政治学の基礎として，まずは国家の政治を学ぶことからスタートして欲しい。国家の政治を対象に政治学の作法を学べば，あなたが家庭で，学校で，会社で政

治を行う際にも役立つ知識や技法をきっと身につけることができるはずだ。

(2) 政治は誰かに牛耳られているのか

　政治学者をやっていると，年に1回ぐらいは「先生，『良い政治』を実現するにはどうしたらいいですかね？」と真剣な顔で尋ねられる。しかし，この質問に答えるのは，実は結構難しい。政治は，ある人にとって良い結果をもたらすこともあれば，別の人にとっては悪い結果をもたらすこともあるからだ。

　価値の多元性と希少性を踏まえれば，政治が誰にとっても良い結果を常に生むとは限らない。逆にいえば，誰にとっても悪い結果を必ず生むわけでもない。むしろ，政治にはその時々の「勝者」と「敗者」をつくり出す側面がある。だからこそ，誰にとっての「良い政治」なのかを問うていく必要がある。

　少数支配を強調するエリート理論　政治の「勝者」はいつも特定の少数者に固定されている，という見方がある。政治は常に一定の範囲の人々だけを利するものとなり，その範囲の外側の人々は割を食ってばかり，という考え方である。政治学ではエリート理論と呼ばれる立場がそうした考え方をする。

　エリート理論の例としては，ライト・ミルズによるパワー・エリート論が有名である（ミルズ 2020）。ミルズは1950年代のアメリカ政治は政界・財界・軍部の少数のエリートたちによって牛耳られている，と指摘した。

　エリート理論とは異なるが，人間社会の歴史を階級闘争の歴史と捉えるマルクス主義も，似たような政治の捉え方をする。マルクス主義では，現代国家は「資本家階級が労働者階級を支配するための手段」だと考える。資本家こそが政治の「勝者」というわけだ。

　「政治は一部のエリートや大金持ちによって牛耳られ，それら少数者にとって都合の良いように操作されている」との考え方には，世間一般でも根強い支持がある。こうした事実認識が「政治はズルくて汚い」という政治の負のイメージをつくり出している。

　しかし，実際のところはどうなのだろうか。本当に，政治は一部の者が牛耳っているのだろうか。「勝者」と「敗者」が政策領域によって異なったり，時代とともに入れ替わったりすることは一切ないのだろうか。

政治学ではエリート理論と対立する見方として，**多元
主義**（pluralism）という有力な考え方がある。多元主義
では，少なくとも現代の民主主義においては，政治を牛耳る単一のエリートは
存在しない，と考える。エリートは一枚岩ではなく，多元的であり，相互に競
合している。また，政策領域ごとに影響力をもつエリートの顔ぶれは異なり，
時代とともにその顔ぶれも入れ替わっていく。資本家のような特定のエリート
があらゆる政策領域で常に「勝者」であり続けることはない。このように捉え
るのが多元主義の立場である。

　多元主義理論は，ロバート・ダールが著した『統治するのはだれか（*Who
governs?*）』（ダール 1988）という研究書（原著は1961年刊）がきっかけとなって広
まった。ダールは同書において一都市の地域権力構造を詳細に分析し，エリー
ト理論よりも多元主義の方が実態に即した理論であることを示した。今日の政
治学では，民主主義の政治を捉えるうえで，エリート理論よりも多元主義の方
が通説的な理論となっている。

　「政治は誰かに牛耳られている」という世間一般で広くみられる政治の見方
を相対化するうえで，多元主義という政治学の理論は有意義といえる。

(3) 民主主義とは何か

　日本は民主主義の国だといわれる。他方で「この国の民主主義はもはや崩壊
した」「日本にホンモノの民主主義をつくらなければならない」などともいわれ
る。日本には民主主義があるのかないのか，よくわからなくなる。こうした矛
盾はなぜ起こるのだろうか。

　それは民主主義（democracy）という言葉が非常に多義的であるからである。
民主主義は「1人ひとりの国民を大切にする政治」「人々を完全に満足させる良
い政治」「政治の目指すべき究極の理想像」という意味でしばしば用いられる。
この意味では，日本はもちろん，世界のどの国においても，民主主義はいまだ
実現していない状態といえる。今後も永久に実現しないかもしれない。

　こうした「永遠の究極目標」としての民主主義は，政治的スローガンとして
用いる場合はともかく，分析用語としてはあまり意味を成さない。政治学では
むしろ，民主主義は実際に存在する（した）特定の政治体制を指す言葉として

用いられることが多い。

| 政治体制としての
民主主義 | 政治体制としての民主主義も，意味としては大きく2
つに分かれる。1つは古代ギリシャのポリスで実践さ |

れていた直接民主制である。直接民主制では「市民」（一定資産をもつ成人男性の
みで，女性や奴隷などは排除されていた）全員が一堂に会して議論し，政治的意思
決定が行われた。また行政官も抽選やローテーションで選ばれた。まさに，
「全員」が直接参加する政治である（橋場 2016）。直接民主制は地方自治の部分
的な仕組みとしては現存しているが，政策課題が高度化し，政治共同体の規模
が大きくなった今日の国レベルの政治では，全面的に採用されることはない。

　もう1つは，代表民主制である。代表民主制では，一定年齢以上のすべての
人が有権者となり，選挙を通じて自らの「代理人」となる議員や大統領などの
公職者を選ぶ。選ばれた公職者は，有権者の意見を代表しつつ政策を形成す
る。公職者が形成した政策の良し悪しを判断材料に，有権者は次の選挙でまた
「代理人」を選び直す。こうした基本プロセスを有する政治体制が代表民主制
である（⇒第5章1）。

　代表民主制は現代政治の主要な仕組みとして，現在世界の多くの国で採用さ
れている。「○○国は民主主義だ」という言い方をする際には，代表民主制が
念頭におかれていることが多い。なお，代表民主制をとらない国は，政治学で
は権威主義体制と呼ばれる。

| 選挙があれば
民主主義なのか | 政治学の主要な任務の1つは，この代表民主制の仕組
みとメカニズム，その機能を分析することにある。本 |

書の以下の章でも，日本の文脈に即して，代表民主制について考えていく。そ
の際に，留意すべきポイントが2つある。

　第1に，「選挙さえ行っていれば代表民主制である」というわけではない点
である。例えば，中国や北朝鮮でも選挙は行われている。しかし，両国は通
常，代表民主制の国であるとは認識されない。なぜか。それは，すべての成人
に被選挙権が与えられていなかったり，政党や市民団体などの結社の自由，表
現の自由，多様な情報へのアクセス権などの政治的自由に関する基本的権利が
制限されていたりするからである。

　ダールは理念的な代表民主制を**ポリアーキー**（polyarchy）と呼び，その成立

条件として公的異議申立てと包括性（参加）の２つを挙げている。包括性だけがあって公的異議申立てがない場合は「包括的抑圧体制」，公的異議申立てだけがあって包括性がない場合は「競争的寡頭体制」，両方ない場合は「閉鎖的抑圧体制」であり，いずれもポリアーキーとしては認められないとした（ダール2014）。要するに，いくら人々が選挙を通じて政治参加したとしても，政府に対する批判・異論提起や与野党間の政治的競争を可能にするための制度的保障がない限り，それは代表民主制とは認められないのである。

民主主義の多様なパターン　代表民主制を考えていく際の第２のポイントは，「代表民主制には多様なバリエーションがある」という点である。代表民主制は選挙，議会，内閣や大統領などの執政部，行政官僚制，裁判所，地方自治制度などを共通要素とする。

　しかし，それらの具体的な中身には多様なパターンが存在する。例えば，選挙であれば小選挙区制と比例代表制，議会であれば一院制と二院制，執政部であれば議院内閣制と大統領制，地方自治制度であれば単一集権国家と連邦制，というように様々な制度上の差異がある。

　どういう政治制度を採用するのか，どういう政治制度の組み合わせで統治機構全体をデザインするのかは，それぞれの国で異なっている。また同じ国でも，時代によって政治制度は変遷する（⇒第 3・8・10章）。

　「政治なんてどこの国でも同じで全部オワコン」「腐った日本政治はこれからもずっと変わらない」と思っている人は世間一般では結構多そうだ。しかし，実際の代表民主制のあり方は，国や時代によって大きく異なる。制度を変更することで，大きく変えることもできる。「変わらない，変えられない」のではなく，「変わっていることを知らない，変えていない」だけなのだ。

　現在，どんな代表民主制のパターンが存在しているのか。どういうパターンの代表民主制がより望ましいのか。そもそも，なぜ代表民主制は直接民主制や権威主義体制よりも望ましいのか。「政治＝悪」と絶望し思考停止に陥るのではなく，こうした点をアレコレと前向きに考えていくのが，政治学なのである。

4　政治を科学する

　政治学は2000年以上の歴史をもつ最古の学問の1つである。歴史が長いこともあって，政治学内部にも多種多様なアプローチが混在している。

　様々なアプローチがあるなかで，本書は日本政治を主たる題材に，**ポリティカル・サイエンス**（しばしば「ポリサイ」と略される）の立場から書かれている。ポリサイは，**政治に関する制度や人々の心理・行動の経験的な分析を通じて，政治現象の規則性を発見し，それを体系的な理論として構築していくアプローチ**である。サイエンスという意味では，物理学，化学，生物学などの自然科学とも共通する立場である。政治に関する様々な事実の観察，パターン認識，因果関係の客観的分析を行っていくのが主な任務となる。

事実にこだわる ポリサイ　ポリサイはまず事実関係の解明にこだわる。何らかの価値判断を下したり，十分な経験的事実に裏付けられないのに「○○すべきだ」と提言したりすることには禁欲的である。事実関係の解明と価値判断や政策提言とは，ある程度までは分けて行えるし，分けて行うべきだ，という考え方をする。

　もちろん，経験的事実がそのまま規範として支持されるわけではない点には注意が必要である。例えば，現在の日本では経験的事実として女性の政治家が少ない。だからといって，「日本では女性の政治家が今後も少ない状態であるべきだ」という規範が自然に導き出せるわけではない。規範は経験的事実と異なるからこそ規範として意味を成すことが多い。ポリサイが行えるのは，あくまで事実関係の解明のみである。

　以上のようなポリサイの立場を学問上で厳しく批判する者もたしかにいる。誰もが当事者である政治について，中立的・客観的な事実の観察など，そもそも可能なのか。事実関係の解明と価値判断を分けることなど不可能ではないか。事実関係の解明を積み重ねていっても，現状肯定になるだけで，世の中を良くすることなどできないのではないか。こういった様々な疑問の声がある。

　にもかかわらず，今日の政治学においてポリサイは主要なアプローチとして認識され，実際に多くのポリサイ研究が世界中で行われている。ポリサイが提

供する理論や知見が，政治に関する基礎的知識として広く社会で受容されている。それらに基づいた政策提言もなされている。本書で日本政治を題材にポリサイを学んでおくのは，政治学の入り口として有益である。そして，ポリサイの分析は何より「おもしろい！」をあなたに提供するはずだ。

| ポリサイ以外の 政治学も重要 | 言うまでもなく，ポリサイ以外の政治学の様々なアプローチを学ぶことも重要である。「学問に王道なし」 |

である。ポリサイ以外のアプローチの存在とその意義についても知っておいて欲しいから，巻末には「政治学のバラエティ」と題した6つのコラムを配置した。ポリサイとは異なるアプローチである政治史，政治思想史，政治哲学については，まずそちらをご覧いただきたい。また，ポリサイの内部ではあるが，本書では十分扱えなかった国際関係論，比較政治学，行政学のアプローチについてもぜひコラムをご覧いただきたい。

　政治学は奥が深い学問分野である。本書1冊で政治学のすべてがわかるなどということは決してない。「政治について考えるのって，案外おもしろいなぁ」。そう思ってもらえることが，本書の最大の目標である。

📖 さらに勉強したいときに読んでほしい3冊

①田村哲樹・近藤康史・堀江孝司，2020，『政治学 [アカデミックナビ]』勁草書房.
　政治，権力，民主主義の概念をさらに深く考えたいなら，まずこの本を読むとよい。経済，ジェンダー，文化の記述も豊富にあるのが特徴的な教科書。
②待鳥聡史，2015，『代議制民主主義──「民意」と「政治家」を問い直す』中央公論新社.
　代表民主制の歴史的変遷や各国ごとの違いを学ぶのに適した1冊。比較政治制度論の立場から，より良き民主主義を考えるための素材を提供する名著。
③加藤秀一，2017，『はじめてのジェンダー論』有斐閣.
　日常のなかの政治を考える際には，社会学者によるジェンダー研究を手がかりにするのがわかりやすい。本書を読めば，あなたの男女観はきっと一変する。

第2章 国際政治
▶戦争はなぜ起きる？

1 戦争の「犯人」は誰だ？

(1)「あの戦争」

　闇夜にまぎれて飛来した戦略爆撃機B-29が焼夷弾を投下した。街は炎に包まれ昼間のように明るくなった。人々は命からがら我先にと逃げ惑う。

　太平洋戦争（1941〜45年）における，このような空襲の様子は繰り返し描かれてきた。例えば，神戸や西宮を舞台にした，スタジオジブリのアニメーション映画『火垂るの墓』（高畑勲監督，野坂昭如原作）を観た人もいるだろう。テレビドラマ化や映画化もされた，こうの史代の漫画『この世界の片隅に』は，原爆投下前後の広島を描いている。

　この戦争とヨーロッパなどにおける戦争を合わせて，第二次世界大戦（1939〜45年）と呼ぶ。日本，ドイツ，イタリアと，アメリカ合衆国（米国），イギリス，ソビエト連邦（ソ連），中華民国などが戦火を交えた大戦争だ。正確な被害は明らかではないものの，世界で5,000万人以上の犠牲者が出たといわれている。

　日本語には「戦後」という表現がある。もちろん「戦争の後」という意味だが，この戦争がどの戦争を指すのかは，少なくとも字面から自明ではない。しかし，ふつうは日露戦争でも応仁の乱でもなく，第二次世界大戦のことだ。このような言葉が使われるほど，「あの戦争」が人々に与えたインパクトは大きかった。

　その終戦から70年以上が経ち，直接戦争を体験していない世代が大多数となった。だが，今なお第二次世界大戦は人々の関心が高いテーマであり，関連する研究や作品が発表され続けている。近隣諸国との歴史認識問題や領土問題など，第二次世界大戦に根ざす未解決の問題も多い。

| 3つの分析レベル |

ひとたび戦争になると，人命が失われ，街が破壊され，人々の人生が大きく狂わされてしまう。そうであるにもかかわらず，人類は戦争をやめていない。第二次世界大戦の後も，朝鮮戦争（1950年〜。現在は休戦中），4度にわたる中東戦争，イラク戦争（2003〜11年）など，世界で戦争が繰り返されてきた。これはなぜなのだろうか。

本章では，戦争を通じて国際政治について考えていこう。ただし，戦争の要因を漠然と考えると，あれもこれもと数限りない要素が出てきて，収拾がつかなくなってしまう。そこで参考にするのが，ケネス・ウォルツという国際政治学者の研究だ。戦争の主要な要因を考察するにあたって，彼は3つの分析レベルに整理した。すなわち，人間（第1イメージ），国家（第2イメージ），国際システム（第3イメージ）である（ウォルツ 2013）。

この分析のレベルに基づいて，第1節から第3節で，戦争の原因に関する多様な考え方を紹介していく。そのうえで，第4節にて，戦争以外の脅威と，今日変わりつつある国際政治についてみていこう。

(2) 戦争を起こす人間

第二次世界大戦の原因は何だろうか。この問いに対して，「アドルフ・ヒトラーだ」と答える人もいるだろう。では，もしもヒトラーがドイツの政治的指導者ではなく，別の人物がリーダーだったら，第二次世界大戦は起こらなかっただろうか。「別の人なら戦争を回避できた。ヒトラーが指導者だったから戦争になったに違いない」と考えるのであれば，ヒトラーという特定の個人の役割を重視していることになる。このように人間に焦点を合わせるのが，人間のレベル（第1イメージ）に基づいた議論だ。

素朴な感覚からすると，これは当然かもしれない。刑事ドラマを例にとってみよう。誰かが殺されるところからドラマがスタートし，殺人事件には犯人がいるという前提に基づいて，その人物に迫っていく。こういうパターンがよくある。同様の考え方が戦争の原因を検討する際に有効なようにも思える。つまり，「戦争を起こした犯人は誰だ」ということだ。

では，誰が犯人なのか。刑事ドラマで重要なポイントとなるのは，動機がある人物だ。被害者が亡くなって利益を得た人は，犯人として疑われやすい。例

えば，被害者の財産を相続した配偶者や，被害者がいなくなったおかげで出世した人物が怪しい。戦争に関していえば，「死の商人」と呼ばれる軍需産業の関係者が儲けようとして戦争を起こした，と考えることもできそうだ。イラク戦争はなぜ起きたのかと聞かれて，「石油利権を手に入れたい人が起こしたから」と言う人もいる。

人間の本性

ただし，人間を動かすのは必ずしも利益だけではない。例えば，古代ギリシャの歴史家トゥキディデスは，利得心に加えて恐怖心と名誉心が人間にはあると指摘している（トゥーキュディデース 1966：126）。ドラマの例だと，実は被害者に脅されたり侮辱されたりした人物が犯人だった，というケースもありそうだ。同じことが戦争についてもいえる。隣国に攻められるかもしれないと政府のトップが恐怖を感じたのではないか。あるいは，他国を敵に見立てて強硬な態度をとることで，政治指導者が名声を得たかったのではないか。こういった心理が戦争につながったとも考えられる。

　以上のような議論を一般化していくと，人間の本性に戦争の原因があるということになる。実際に，多くの先人たちが人間の心にその原因を求めてきた。

　例えば，第一次世界大戦（1914～18年）の後，物理学者アルベルト・アインシュタインは精神医学者ジークムント・フロイトと手紙を交わした。そこでのテーマは「人間を戦争というくびきから解き放つことはできるのか」だった。アインシュタインは，人類は数世紀も国際的な平和を実現しようとして努力を傾けてきたにもかかわらず，それが実現していない理由として次のように述べている。「人間の心自体に問題があるのだ。人間の心のなかに，平和への努力に抗う種々の力が働いているのだ」。フロイトもこれに賛同し，人間には憎悪への本能があると論じている（アインシュタイン／フロイト 2016：13, 38）。

(3) 第 1 イメージの限界

　たしかに，戦争の原因を特定の人物や人間性に求める意見は多い。だが，このような第 1 イメージの分析だけでは，戦争の原因を十分に説明することはできない。なぜなら，ある人物が何らかの理由で戦争を欲することと，実際に戦争を起こせるかどうかは別問題だからだ。政治的なリーダーといえども，何で

もかんでも1人で決めているわけではない（⇒第**10**章3）。たとえ誰かが実際に戦争を始めることができたとしても，それはなぜ可能だったのかという疑問が必然的に生じることになる。さらに，第2節と第3節でみていくように，戦争を欲する人物がいなくとも，戦争が起きる可能性もある。

　また，結局のところ，人間性はすべての事柄に関係する。つまり，戦争を起こすのは人間の本性かもしれないが，この理屈だと，戦争を食い止めるのも人間の本性だ。多様なはずの人間性だけに原因を求めると矛盾が生じる。つまり，すべての原因を説明しているようにみえて，実は何も説明できていないということになってしまう。

2　国家のせい？

(1) 国家のレベル

　仮に開戦を決断するのが国家のリーダーだとしても，多かれ少なかれ国内政治の動きに影響されるだろう。支配者が独断的に政治を行う専制政治の国家といえども，国内の事情と無縁ではないはずだ。

　さらに，一口に国家といっても，多様な種類が存在する。首相がいる国もあれば，大統領がいる国もあるし，両方とも存在する場合もある。政治を動かす人物も，こういった国家のあり方に拘束されることになる。

　したがって，戦争を可能にする背景として，国内政治や社会の出来事，国家の性質にも目を配る必要がある。これが，国家のレベル（第2イメージ）だ。第2節では，国家に注目して戦争の原因を考察してみよう。

第二次世界大戦の説明　では，このレベルから第二次世界大戦はどのように説明できるだろうか。

　第一次世界大戦で敗北したドイツは，約4万平方キロメートルの領土と700万人の人口を失うこととなった。連合国と結んだヴェルサイユ講和条約は，ドイツにとって過酷な内容であった。「戦争責任条項」で戦争の責めがドイツ側にのみ負わされ，軍隊は制限され，多額の賠償金を求められることになった。さらに，その10年後，世界大恐慌がドイツを襲う。膨大な数の失業者が出て，経済のみならず，国内政治も大混乱に陥った。このような国内の状況が，ヴェ

ルサイユ体制の打倒を叫ぶ，ヒトラーやナチス台頭の背景にある。

　ナチスが政権を掌握したドイツは，拡張主義的な対外政策を実行していった。それを周囲の国が止められなかった要因も，各国の国家のレベルに求められる。イギリスやフランスなどの西洋民主主義諸国では，イデオロギー論争があった。つまり，共産主義に反発するあまり，ソ連よりもヒトラーの方がましだとして，ナチス・ドイツに宥和的な態度をとったのだ。また，世界最強の経済大国となっていた米国も，孤立主義的な色合いが強く，世界の秩序を守る責任を引き受けなかった（ナイ／ウェルチ 2017：146-175）。

　以上のように考察していくと，ナチスやナチス・ドイツが国内外で勢力を拡大できた背景に，国家レベルの要因があったといえる。「このような国家レベルを考慮に入れると，ヒトラー以外の人物が指導者でも戦争は起きていたのではないか」と考えるのであれば，個人のレベルよりも国家のレベルに重きをおいていることになる。

(2) 民主主義国家同士は戦争になりにくい

　国家レベルと戦争との関係に着目した代表的な議論としては，**民主的平和論**（デモクラティック・ピース）が知られている。歴史的にみて民主主義国同士は戦争を避ける傾向があるとの主張だ。

　なぜ民主国家同士は戦争になりにくいのだろうか。このメカニズムは必ずしも解明されているわけではないが，民主主義の特徴にその理由を求めることができると考えられている。

　民主国家の政治指導者は，国民の望むことをすれば選挙で勝てるだろう。だが，戦争などで国民に犠牲を強いた場合，政治指導者は選挙で負けて，その職を追われることとなる（⇒第5章4）。また，他国と紛争が生じたとき，国際貿易や投資から利益を得ている人々は，平和的な関係を維持しようとするはずだ。このような場合，民主主義においては，ロビイングなどによって政策過程に影響を与えることも可能である（⇒第6章2）。

　さらに，民主国家は，他の民主国家に敬意を払い，暴力に訴えない規範があるとも言われる。リベラルな価値観を共有しているコミュニティの一員という意識だ。他方，専制政治の国には疑いや不信の目を向けるため，民主国家と専

制国家との間で，しばしば戦争が生じている。つまり，民主国家がまったく戦争をしないわけではない (Frieden et al. 2018：168-181)。

(3) 国家間の交渉が失敗する要因

　少し視点を変えて，国家間の交渉に着目し，なぜ国家が紛争の平和的な解決に失敗するのかを考察した研究もある。そこでは，3つの要因が指摘されている。

　第1に，不完全な情報だ。ポーカーで他の人のカードが見えないのと同じように，自国の能力や意図は自国にしかわからない。そこで，国家は互いの能力と意図について伝え合おうとする。このとき，実力以上に自らが強いと相手に誤解させたり，はったりをかけて自分の弱点を隠したりしようとする動機が国家にはある。できるだけよい取引をするために，自国の立場を強めようとするからだ。こういう構造を考慮に入れると，相手のメッセージの信憑性に疑問符が付くことになってしまう。

　第2に，約束をするのが難しいということだ。ある取り決めがなされても，相手は将来軍事力を使って，その変更を強制してくるかもしれない。そんなことはしないと約束されても，相手の国力がどんどん増大している場合，信用するのは難しい。こうなれば，相手が将来的に強くなることを予防するために，いま戦争をしなければならないという考えに至ることもあるだろう。

　第3に，争いの原因となっているものが分けられない場合だ。お金であれば分けることができるが，そうでないものもある。例えば，1人の赤ちゃんに対して，2人の女性が自分が母親だと名乗り出てきた場合をイメージしてみてほしい。このとき，赤ちゃんを半分にして分けましょう，というわけにはいかない。同様に，エルサレムはキリスト教，イスラーム，ユダヤ教にとっての聖地であり，単純に分割することができず，紛争の解決は容易ではない (Frieden et al. 2018：88-135)。

　この議論は，そもそも悪意のある「犯人」がいなくとも，国家は紛争の平和的な解決に失敗しうるということを示している。つまり，必ずしも特定の人物や国家が望むから戦争が起きるわけではないのだ。

3　国際システムが原因？

(1) 国際政治と国内政治の違い

　以上のように，人間のレベルと国家のレベルから多くのことを説明できる。
ただし，人間が国家のレベルと無関係ではないのと同様に，国家も国際政治の
文脈に影響を受ける。そこで，第3節では，国際システム（第3イメージ）とい
う観点から，戦争の原因について検討してみよう。

　飛行機に乗って国内旅行に行く場合，手荷物検査は別として，空港でとくに
審査を受けることはない。当たり前だが，パスポートやビザも不要だ。その一
方で，日本から韓国の仁川国際空港や中国の上海浦東国際空港に行くのなら，
国内旅行とさほど距離は変わらなくとも，出入国審査を受けなければならない。

　なぜか。外国という別世界に行くことになるからだ。国境を越えただけで，
適用される法律が別のものになり，使われる言語や通貨が変わることもある。
ふだんはあまり意識しないだろうが，国家の壁は厳然として存在する。

　この国家というものが，現在の国際政治では中心的な単位となっている。国
家は周りの国と国境で区切られており，排他的に領土を支配し，そこには国民
がいる。領土のなかでの出来事について，他国から制約を受けることは基本的
にない。このような特徴をもつ国家のことを「主権国家」と呼ぶ。世界には主
権国家が多数あり，それらが集まって**主権国家体制**という国際システムを形成
している。

　　アナーキー　　国内では，国会で決まった法律には従わなければなら
　　　　　　　　　ないし，もし罪を犯せば警察に捕まる。また，裁判に
かけられたら逃げることはできない。軍事力は原則として政府が独占してい
る。立法府・行政府・司法府を含む政府があり，国民は政府の決定に従うこと
になっている（⇒第1章3）。

　他方，国際政治においては，全世界共通の法律を定める機関は存在しない
し，取り締まる警察もいない。国際的な裁判所はあるものの，絶対的に拘束さ
れるわけではない。そして，各国が別々に軍隊を保持している。つまり，世界
規模の政府はなく，国家よりも上位の存在がないのである。このような無政府

状態のことを**アナーキー**と呼ぶ。これが今日の国際システムの原則だ。

　でも，国際連合（国連）があるのでは，と思うかもしれない。たしかに国連は国際平和のために尽力しており，世界のほとんどの国家が国連に加盟している。だが，国連は各国の主権を完全に縛るには至っていない。事実，北朝鮮による核実験やミサイルの発射に対して，たびたび国連安全保障理事会の制裁決議が行われているが，北朝鮮の行動を止められてはいない。

　では，もし世界規模の政府が成立したら，世界は平和になるだろうか。たしかに，アナーキーが解消し，全世界の戦争を取り締まる警察のような組織ができれば，戦争が起こらなくなる可能性もある。だが，その政府がどのような政治体制になるかは未知数だ。自由で民主主義的な政府かもしれないが，人権を無視する独裁的な政府になる危険性も排除できない。そうなった場合に，世界が現在よりも安定して平和なものになる保証はどこにもない。

(2) 国際システムに起因する対立

　アナーキーという国際システムを前提とすると，自立した国家の間で自動的に調和が成り立つのは難しいように思われる。例えば，法律がなく警察がいない世の中を想像してみてほしい。犯罪が取り締まられないのなら，日常の風景はより危険なものになるだろう。ウォルツは，「人間同士と同じく，国家間でも利害関係が自動的に調整されることはない。最上位の権威が欠如している中では，紛争が武力によって解決される可能性はつねにあるのである」と論じている（ウォルツ 2013：174）。

　アナーキーな世界では，国家は他国から戦争をしかけられる恐怖を抱く。そこで，ある国が自衛のために軍事力を増強したとする。これで他国から攻められる不安が軽減するだろう。だが，それをみた隣の国はどう思うだろうか。その軍事力は自分に向けられているのではないか，と恐怖を感じるかもしれない。そうなれば，その隣国も自分を守るために軍備拡張に乗り出し，結果的に国際情勢が不安定になりうる。自国の安全を高めようとしたにもかかわらず，このように意図せず安全を損ねてしまうことを**安全保障のジレンマ**と呼ぶ。こうして戦争になってしまった場合も，どちらかの国が戦争を企てた「犯人」だ，と一概に決めつけることはできない。

トゥキディデスの罠

また，政治学者のグレアム・アリソンは，「トゥキディデスの罠」という概念を提唱している。これは，新しい勢力が台頭しトップの地位を脅かすときに，自然かつ不可避に生じる混乱のことだ。その名称は，アテネとスパルタが戦ったペロポネソス戦争（紀元前431～紀元前404年）をトゥキディデスが考察したことに由来する。アリソンは「アテネの台頭と，それによってスパルタが抱いた不安が，戦争を不可避にした」と言う。

アリソンの研究では，表2-1のとおり，覇権国と新興国との争いが過去500年間に16件あったとされている。そのうち，戦争に行き着いたケースは12件で，戦争を回避したのは4件だけにすぎない。

戦争となった代表的な例が，第二次世界大戦だ。ヨーロッパでは，第一次世

表2-1　過去500年間の覇権争い

	時期	覇権国	新興国	結果
1	15世紀末	ポルトガル	スペイン	戦争回避
2	16世紀前半	フランス	ハプスブルク家	ハプスブルク・バロワ戦争
3	16～17世紀	ハプスブルク家	オスマン帝国	オスマン・ハプスブルク戦争
4	17世紀前半	ハプスブルク家	スウェーデン	三十年戦争の一部
5	17世紀半ば～末	オランダ	イギリス	英蘭戦争
6	17世紀末～18世紀半ば	フランス	イギリス	9年戦争，スペイン継承戦争，オーストリア継承戦争，7年戦争
7	18世紀末，19世紀初め	イギリス	フランス	フランス革命戦争，ナポレオン戦争
8	19世紀半ば	フランス，イギリス	ロシア	クリミア戦争
9	19世紀半ば	フランス	ドイツ	普仏戦争
10	19世紀末，20世紀初め	中国，ロシア	日本	日清戦争，日露戦争
11	20世紀初め	イギリス	米国	戦争回避
12	20世紀初め	イギリス。フランスとロシアが支援	ドイツ	第一次世界大戦
13	20世紀半ば	ソ連，フランス，イギリス	ドイツ	第二次世界大戦
14	20世紀半ば	米国	日本	第二次世界大戦
15	1940年代～80年代	米国	ソ連	戦争回避
16	1990年代～現在	イギリス，フランス	ドイツ	戦争回避

出典：アリソン，グレアム／藤原朝子訳，2017，『米中戦争前夜——新旧大国を衝突させる歴史の法則と回避のシナリオ』ダイヤモンド社，より筆者作成。

界大戦で敗北したドイツが，経済力，軍事力，そして国威を急速に回復し，ソ連，フランス，イギリスに挑んだ。アジア太平洋地域では，拡張政策をとる日本が米国と衝突した。つまり，国際システムにおける変化が戦争につながったというわけである。

　他方，戦争を回避することができたケースの1つは，1940年代から80年代の冷戦である。ソ連が世界の覇権をめぐって米国に挑戦したが，両国が全面的に軍事衝突することはなかった。

　なぜ米ソは戦争を避けられたのだろうか。この主な理由としては，核兵器の存在が指摘されている。当時の政治指導者は，核兵器の影響についての知識をもっていた。だから，もし核兵器が使われたらどのような悲惨な結果となるかを，水晶玉で未来をみるように予期できた。核兵器の恐怖が，未来を映し出す「水晶玉効果」をもち，戦争を抑止することになったのだ（ナイ／ウェルチ 2017：220-221）。

　米国と近年台頭している中国との間にも，トゥキディデスの罠と同様の構造が存在する。そのため，互いに望まなくても，両国の緊張関係がエスカレートする危険性があるとアリソンは警鐘を鳴らしている。果たして米中の武力衝突は避けられるのであろうか（アリソン 2017）。

(3) 3つの分析レベルの関係

　以上，3つの分析レベルから，戦争がなぜ起きるのかについて考察してきた。ここで考えてもらいたいのは，3つのレベルの関係である。

　ウォルツは「私が100万ドル欲しいと思っていることは，それだけでは私が銀行強盗をする原因にはならないが，銀行強盗をやりやすい状況になれば，そうした欲求はより多くの銀行強盗を生むかもしれない」というたとえ話をしている。これを国際政治に応用すると，戦争を起こしやすい国際システムは戦争の間接的な原因だということになる。たしかに，このような第3イメージの分析は，戦争が繰り返し生じることを説明できる。だが，特定の戦争が起きた原因の説明にはならない。戦争の直接的な要因は，第1イメージと第2イメージに求められる。

　つまり，「第3イメージは，国際政治の枠組みを説明するが，第1および第

2イメージなしには，政策を決定する影響力についての知識はありえない。また，第1および第2イメージは国際政治における影響力を説明するが，第3イメージなしには，その結果の重要性を測ったり予測することはできない」のである（ウォルツ 2013：211-212, 217）。

　以上，第1節から第3節まででみてきたように，戦争が起きる原因は複雑で難しい。それゆえに，戦争の犯人はあの人物だ，あの国が悪かったから戦争になった，と単純な答えを求めたくなるかもしれない。だが，短絡的に原因を決めつけるのではなく，複数の要因を吟味することが重要だ。

　ここで取り上げた考え方はあくまでも一例であり，他にも様々な研究の蓄積がある。興味がある人は，本章末の「さらに勉強したいときに読んでほしい3冊」も参考にしてほしい。

4　世界はどんどん悪くなっている？

(1) 安全保障の広がり

　最後に，戦争以外にも私たちの脅威となるものがあることをみていこう。

　世界では，国家間の戦争だけでなく，国家の内部で起きる内戦も起きている。内戦などによって国内で深刻な人道上の危機が生じても，政府が自国民を「保護する責任」を果たす意思や能力がないこともある。そのような場合には，国際社会が責任を負うべきだと議論されている。

　例えば，ある国の政府が自国民を大量虐殺しているとき，他国はそれを口先で批判するだけでよいのだろうか。あるいは，その国と戦争をしてでも国際社会は虐殺を止めるべきなのだろうか。通常，戦争は避けるべきものだろう。だが，切迫した事態においては戦争もやむをえないのではないか，という問いをこの問題は投げかけている。

　他にも，人々の安全を脅かすことは多々ある。貧困で命を落とす人もいる。気候変動による自然災害や干ばつ，飢饉でも，多くの人が被害を受けている。さらに，食糧や水などの限られた資源をめぐって，戦争となるかもしれない。

　一般的な辞書は，安全保障を「国外からの攻撃などから国家を守ること」と定義していることがある。だが，国家という主体が，他国という脅威から，軍

事力という手段で，自国の安全保障を目標とする，という伝統的な安全保障観だけでは捉えきれない事象が，今や増えてきている。そこで，環境汚染や国際テロなども視野に入れて，人々を守ることに焦点を合わせた「人間の安全保障」という概念も提唱されている。

国際政治の変化

近年の技術の進歩も，安全保障に影響を与えている。例えば，インターネットの登場と発展のおかげで，コストをほぼかけずに大量の情報を通信することが可能になった。世界中の情報が即座に届くようになり，WEBメディアも存在感を増してきた（⇒第 **7** 章 4）。かつて衛星写真や地図は軍事上重要な国家機密だったが，今やグーグルアースにアクセスできれば，無料で誰でもみることができる。世界はより効率的になり，便利になっている。

だが，技術の進歩は新たな脅威を生み出すことにもなった。インターネットに依存した社会は，サイバー攻撃に脆弱になる。国家のみならずテロリストなどの非国家主体でも，電力や金融といったインフラに対するサイバー攻撃に成功すれば，大きな被害を出すことが可能となっている。

また，世界を行き来するのは情報だけではなく，人の移動も近年大幅に増大している。今日では，大学生でも容易に海外に行くことができるようになった。昔，海外旅行は高嶺の花であり，日本でも，1人年間1回限りという海外渡航の回数制限や，外貨の持ち出し制限があった時代もある。

その一方で，国境を越える人が増えるのは，好ましいことばかりではない。テロリストが国境を越えて，核兵器や生物兵器，化学兵器などの大量破壊兵器を入手し使用することも懸念される。さらに，移民や難民の受け入れについて，政治的な論争が巻き起こっている国もある。多くの人間が移動することによって，「パンデミック」と呼ばれる，感染症の世界的な大流行にもつながる。新型コロナウイルス感染症（COVID-19）の多大な影響については，説明するまでもないだろう。

このように考えていくと，脅威が増え，守るべきものも多くなり，世界は危険に満ちていると不安になるかもしれない。たしかに，国際政治のニュースには，戦争や紛争の犠牲者，内戦で住む場所を奪われた難民や国内避難民，テロの惨禍など，目を覆いたくなるような映像や画像があふれている。

図2-1　民主国家と専制国家の推移

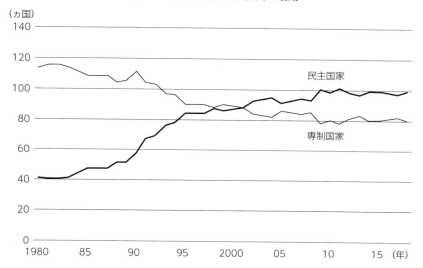

出典：Roser, Max, 2020, "Democracy," Our World In Data,（Retrieved March 4, 2020, https://ourworldindata.org/democracy）より筆者作成。

(2) 大戦争は起こりにくくなっている

　だが，悲観的になりすぎる必要はない。世界的にみて，よくなっていることも多いのだ。

　本章で取り上げてきた戦争についても，人類は2つの世界大戦から何の教訓も学ばなかったわけではない。あのような大戦争を避けるべく，国連をはじめとする国際機関が組織され，国際的なルールが整備されてきた。世界の国々は経済的に密接に交流して相互に依存しており，武力行使に反対する規範も広がっている。そして，核戦争の水晶玉効果を期待することもできる。そのため，今日大国の関与する大戦争は起こりにくくなっていると考えられている（ナイ／ウェルチ 2017：256）。実際に，第二次世界大戦の後，第三次世界大戦は起きていない。

　また，図2-1のように，1980年から2018年の間に民主国家の数は約2.5倍になり，専制国家の数は徐々に減少している。民主的平和論に基づくと，戦争はより発生しにくくなってきていると考えることができる。

他にも具体的な数字をみてみよう。10万人あたりの戦死者数は，1942年の201人から2016年の1人に激減している。また，世界に存在する核弾頭の数は，1986年に6万4000発だったのが，2017年には1万5000発に減少している（ロスリングほか 2018：78-81）。

(3) 平和とは何か

　ただし，大戦争が起こりにくくなっているから世界は平和になった，と単純にみなすことはできない。一部の人が権力を握り，限られた住民しか満足のいく医療サービスや教育を受けられず，貧しい人々の寿命が短く，健康に格差がある。このような世界でも，戦争さえなければ平和といえるだろうか。平和研究者のヨハン・ガルトゥングは，目に見えないが人々の潜在的な可能性を奪うことを，構造的暴力と呼んだ。そして，構造的暴力がなく社会的な正義が実現されている状態を**積極的平和**と定義し，戦争のような直接的な暴力がない消極的平和と区別した。ガルトゥングは，積極的平和か消極的平和のどちらか一方

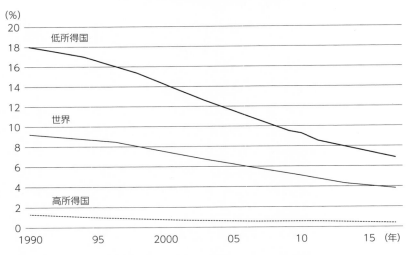

図2-2　5歳未満児の死亡率の推移

出典：Roser, Max, Hannah Ritchie and Bernadeta Dadonaite, 2020, "Child and Infant Mortality," Our World In Data, (Retrieved March 4, 2020, https://ourworldindata.org/child-mortality) より筆者作成。

に偏るのではなく，両方の実現を目指すべきであるとする（ガルトゥング 1991：1-66）。

　積極的平和という観点からみても，世界は変わりつつある。図2-2のとおり，世界の5歳未満児の死亡率は，1990年から2018年の間に約9.3％から3.9％へと半分以下になった。また，世界の全人口のうち低栄養の人の割合も，1970年の28％から2015年には11％と半分以下になっている。一般的に，よい出来事やゆっくりとした進歩は報道されにくく，悪いニュースばかりが目につくかもしれない。だが，実は改善していることも多々あるのだ（ロスリングほか 2018：62-95）。

より住みやすい世界へ

もっとも，貧困や飢餓に苦しむ人，健康的な生活を送れない人，質の高い教育を受けられない人などは，まだまだ世界に多い。世界全体としては改善傾向にあったとしても，住む国や地域による格差は依然深刻だ。2018年の5歳未満児の死亡率も，高所得国では約0.5％なのに低所得国では6.9％と開きがある。また，2014年に経済協力開発機構（OECD）加盟国に住む人々の77％がインターネットを利用していたのに対し，アフリカ連合ではわずか24％であった。このような「情報格差」（デジタル・ディバイド）も問題になっている（ナイ／ウェルチ 2017：380）。

　そこで，人々の生活をもっと改善していこうとする動きも強まっている。一例を挙げると，国連は2030年までの**持続可能な開発目標**（SDGs）を提唱している。これは，「貧困をなくそう」，「飢餓をゼロに」，「すべての人に健康と福祉を」，「質の高い教育をみんなに」などの17のゴールと，169のターゲットを設定して，世界を変えていこうとするものである。例えば「貧困をなくそう」では，「2030年までに，現在1日1.25ドル未満で生活する人々と定義されている極度の貧困をあらゆる場所で終わらせる」などの具体的なターゲットが定められている。このような目標は，国連や政府の力だけで達成することができない。民間セクターや市民社会などの幅広い協力が必要とされている。

　国際政治といえば，戦争をはじめとして暗い話ばかりを耳にするかもしれない。だが，人類はより住みやすい世界になるように努力しているし，実際に世界は変化してきているのだ。

📖 さらに勉強したいときに読んでほしい3冊

①村田晃嗣・君塚直隆・石川卓・栗栖薫子・秋山信将，2015，『国際政治学をつかむ〔新版〕』有斐閣．

　国際政治のあゆみ，見方，仕組み，課題について，平易に叙述し説明している。

②多湖淳，2020，『戦争とは何か──国際政治学の挑戦』中央公論新社．

　本章のテーマである戦争について，データ分析から実証的に論じている。

③佐藤史郎・川名晋史・上野友也・齊藤孝祐編，2018，『日本外交の論点』法律文化社．

　今の日本が直面している課題について，様々な見解を紹介し，議論の土台を提供している。

第**3**章 戦後日本政治の歴史

第**3**章 ▶戦後ってどんな時代？

1 戦後改革と政党政治の復活：1945〜1955年

(1) 戦後改革の進展

　本章では，戦後日本政治の歴史について概観する。なぜ政治学の講義なのに歴史の勉強をするの？　それって日本史の授業じゃないの？　このような疑問をもつ学生のみなさんもいるだろう。しかし，現在を知るためには過去のことを知る必要がある。現代の日本政治は，過去の政治の営みによって大きく性格づけられているからである。例えば，現在，日本政府が膨大な借金を抱えているのは知っているだろう。だから，最近，消費税の税率は引き上げられた。しかし，知らない人も多いかもしれないが，敗戦後，1960年代前半まで日本政府は赤字国債を発行してこなかった。会社で例えれば，無借金経営だったのである。それが，現在では，世界に類例をみないほど多額の借金を抱えている。どうしてそうなったのか？　こうした問いには歴史的な経緯を知らないと答えられない。この点を意識しながら戦後の日本政治がどのように辿ってきたのかみていこう。

　戦前・戦後の断絶と連続　1945年8月，日本はポツダム宣言を受諾し敗戦を迎えた。それとともに，連合国軍によって占領され，いわゆる「戦後改革」が進められた。農地改革や労働改革，財閥解体などである。これらの改革は日本政治のあり方に影響を与えた。その影響を大きく捉えるのか，それとも，小さく捉えるのか，それによって戦後政治の捉え方が大きく変わってくることになる。

　この点について，政治学者の間では，日本政治のあり方が，戦前と戦後で断絶しているのか，それとも連続しているのか，という問題に読み替えて議論が交わされてきた。戦前と戦後で断絶しているという論者は，日本国憲法で国会

が「国権の最高機関」と位置づけられたことによって，国会に勢力基盤をもつ政党の力は格段に強まったとみた（村松 1981）。それに対して，戦前と戦後は連続しているという論者は，政治家は行政の知識を十分にもっておらず，結局は，戦前と同様に政策を実質的に決定しているのは官僚であり，政党はそのうえで踊っているにすぎないと主張した（辻 1969）。

　平成生まれの学生のみなさんからすれば，それがどうして重要な問題なのか理解できないだろう。しかし，戦争の時代を生きてきた当時の人たちにとっては，あのような悲惨な戦争を二度と繰り返さないためには，政治を民主化することが必要不可欠であり，それがどの程度まで進んでいるのか考えることは重要だったのである。そして，それは，日本政治が，ヨーロッパ諸国やアメリカと比較して「遅れている」か否かを判断する基準でもあった。

　このように戦前・戦後の断絶・連続の問題は，日本政治の現状をどのようにみるべきであり，どう改革すべきなのかという問題と関係づけられながら，長らく議論が戦わされてきた。しかし，敗戦から70年以上も経った現在，戦前・戦後の断絶・連続の問題は，日本政治の現状をどのように捉えるかという問題とは，少なくとも直接的には関係ないものとして考えることができるようになった。つまり，現状分析ではなく歴史研究の対象となったのであるが，そこでは断絶・連続の両側面をみるべきだという考え方が主流となりつつある。本章では，そのうち，戦後の日本政治を考えるうえで重要なポイントをみていこう。

戦前との断絶面 まず，戦前との断絶面であるが，第1に重要なのは，日本国憲法の制定によって議院内閣制が制度化され，政党が中心となって内閣が成立することになった点である。戦前では，内閣成立にあたって陸軍や海軍，官僚制などが中心となることもあったが，そのようなことは日本国憲法の下では，理屈のうえではともかく，実際問題としてはありえなくなった。そのため，何らかの形で政治に関わろうとする人々は，好き嫌いはともかくとして，政党の存在を完全に無視して行動することはできなくなった（⇒第8章2）。

　第2に，婦人参政権が認められた。戦前日本において，政治家たちは男性の有権者だけを相手にすればよく，政治の世界は男社会だったといっても言い過

ぎではなかった。しかし，戦後になると，単純化すれば，これまで選挙権を
もっていた男性とほぼ同数の女性が新たに選挙権をもつようになる。そのた
め，政治家たちは，当選するために，彼女たちの支持（＝票）を求めて走り回
らなければいけなくなった。例えば，後に首相となる大平正芳は，女性有権者
との関係をつくるために，自らの後援会主催で天ぷらやリボンフラワーなどの
教室を開いている。政治家がこんなサービスまでもするのかと思うかもしれな
いが，当時の政治家はそれだけ女性票の獲得に必死だったのである。

　第 3 に，公職追放を挙げることができる。公職追放とは，職業軍人や戦争協
力者などが国会や地方議会の議員，官公庁の職員から追放されたことをいう。
これによって，敗戦時に帝国議会の議員だった者，つまり，戦前の政治家の大
半も公職追放され，国会議員になることができなくなった。その結果，国会議
員は圧倒的な人材不足に陥った。その欠を埋めたのが，田中角栄や中曽根康弘
といった若手政治家たちだった。そして，彼らのなかから，田中のように長年
にわたって国会議員に連続当選し戦後政治をリードする者が多く現れる。歴史
に if はないというが，公職追放がなければ，戦前の政治家たちがその後も幅
をきかせ，田中らが表舞台に出てくるのはずっと後になったかもしれない。

戦前との連続面　　さて，戦前との連続面に話を移そう。重要なポイント
はいくつかあるが，ここで注目したいのは，すでに戦
前日本において政党による統治（政党政治）が行われていたことである。原敬内
閣に代表されるように，すでに戦前期には，政党の党首を首相とし大臣の大半
が政党政治家によって占められる，いくつかの政党内閣が成立していた。こう
した戦前における統治の経験があったからこそ，政党は統治のノウハウを十分
ではないにしろ，ある程度はもっており，曲がりなりにも統治を行うことがで
きた。また，官僚や国民も，戦前の政党内閣を思い起こすことで，政党による
統治とはどのようなものなのかを予測でき，政党中心の政治体制に比較的早く
適応できたように思われる。政党を中心とする戦後の日本政治は，決してゼロ
からの出発だったわけではないのである。

(2) 流動化する政治

　敗戦から数年間の日本は，政治的に不安定な時代であった。戦後改革に伴う

急激な変化や公職追放などによって，政治の世界では先が見通せなくなったからである。このような状況の下では，今の政党に所属したままでいいのか，他の政党に移った方が自分の政治家としての将来は明るいのではないか，どうせ出ていくなら新しい政党をつくろう，などと考える政治家が出てくる。その結果，政党の離合集散が繰り返されることになる。日本史の教科書に載っている政党の変遷図をみると，この時代の部分は複雑で受験勉強のときにイヤになった人もいるだろう。しかし，見方を変えれば，その複雑さは，この時代の政治が大きく揺れ動いていることの現れであり，それだけ勉強するのにはおもしろい時代だということでもある。あえてこのような複雑な時代を勉強してみるのもよいかもしれない。

政党の支持基盤の形成

さて，このように政党ができては消えてを繰り返していると，有権者の方もどの政党を支持していいのかわからなくなる。せっかく支持しても，その政党がなくなってしまうかもしれないからである。その結果，短期的にみれば，政党の支持構造は不安定なものとなった。しかし，長い目でみれば，この時期は，戦後改革の「成果」が徐々に定着していったことを背景として，政党の支持基盤が固まっていく時代でもあった。

そのなかでとくに重要だと考えられるのは，農地改革によって，日本の農業従事者のほとんどが，自分の所有する農地を耕作する自作農となったことである。農地改革以前においては，自分の農地を所有しておらず，地主に高額の小作料を払い，苦しい生活を送る小作農と呼ばれる人々が多く存在した。彼らのなかには，小作料の引き下げなどを求めて運動し，社会の変革を目指す社会主義政党を支持する者も少なくなかった。しかし，農地改革によって，いったん農地を手に入れると，彼らの多くは「守り」の姿勢に転じ，現状維持を志向する保守政党を支持するようになった。これからみていくように，保守政党の代表格である自由民主党（以下，自民党）は選挙で圧倒的な強さをみせ，長期政権を維持していくが，その条件の1つはこのようにして整えられたのである。

他に労働改革によって労働組合の結成が認められたことも重要である。これによって，社会主義政党は安定的な支持基盤を手に入れることができたからである。こうして，戦前には衆議院で1桁，よくても数十しか議席を獲得できな

かった社会主義政党が，保守政党と張り合うのに必要な最低限の議席数を確保できたのである。

2　55年体制と保革対立：1955〜1972年

(1) 保守vs革新

　1955年には，戦後政治をリードする2つの政党が結成（あるいは再結成）された。自由党と日本民主党が合同して成立した自民党と，それまで分裂していた左派社会党と右派社会党が合同して再結成された日本社会党（以下，社会党）である（小宮 2010；原 2000）。この両党の成立によって，資本主義の立場をとる「保守」政党としての自民党と，社会主義的な立場に立つ「革新」政党としての社会党の二大政党を中心として政治が展開する「**55年体制**」を迎えることになる。そして，これ以後，自民党と社会党の国会での議席数の割合がだいたい2：1となる時代が1960年代後半まで続くことになる。

　`「自前」と「非自前」`　ここで注目しておきたいのは，選挙を何度行っても，自民党と社会党の獲得議席数はだいたい同じという現象が，1955年から10年以上にもわたってみられたということである。こうした現象は，1890年に議会が開設されてから現在に至るまで，この時期にしか起きていない。それでは，どうしてこのような現象が生じたのだろうか。それは，単純化していえば，有権者の多くが，選挙で同じ政党に投票し続けたからである。

　こうした投票行動は，選挙のたびに投票する政党を変えるのに何のためらいも感じないであろう平成生まれの学生のみなさんには奇妙に映るかもしれない。しかし，当時においては，同じ政党に投票し続けるのを不思議に思わない人の方がむしろ多数派であった。この当時，自分の職業によって支持する政党が半ば自動的に決まっていたからである。この点について，政治学者の三宅一郎は，「自前」的職業，わかりやすくいえば，自分で稼ぐ手段をもっている農業や商工自営業の人々は自民党を支持し，「非自前」的職業，つまり自分自身は稼ぐ手段をもっておらず，会社などに勤めて給料をもらっている人々は社会党を支持する傾向が強かったことを明らかにしている（三宅 1989：86）。

それではなぜ，人々は自分の職業によって支持政党を決めることができたのだろうか。それは，自民党も社会党も，自らの支持基盤である職業層に利益を優先的に配分するような政策を進めようとしていたからである。例えば，この時代，食糧管理制度といって，国が生産者から米を買い取って米穀店などを通じて消費者に売るという制度がとられていたが，農家を支持基盤とする自民党所属の議員たちが，米の買取価格を引き上げるために躍起になっていたのはよく知られている。他方で，中央・地方公務員の労働組合を有力な支持基盤の1つとする社会党は，毎年のように国会で公務員給与の改善を要求した。

こうした利益配分をすべての職業層に対してまんべんなく行うことができればよいが，実際には国家予算に限りがあるから，どうしてもその取り合いとなってしまう。こうして自民党と社会党との間で，日本全体で稼ぎ出した「パイ」をどのように配分するのかという点をめぐって対立が生じることになる。

この「パイ」の配分の問題が当時の人々にとってどれだけ重要だったのか理解するためには，当時の人々の生活がどのようなものだったのかを知る必要がある。試みに1959年における家電の保有率をみると，白黒テレビや洗濯機が25％前後，冷蔵庫に至っては6％しかなかった。「三種の神器」と呼ばれた，これらの家電は，当時の人には高嶺の花だったのである。それどころか，電気が通じていない地域もまだ多くあった。このように日本はまだ貧しく，「パイ」の配分をどのようにするのかは，当時の人々にとって強い関心をもたざるえない問題だった。そのため，実際にもってきてくれるかは別として，自分のところに少しでも多く「パイ」をもってきてくれそうな政党に投票し続けたのである。

ただし，自民党と社会党との対立は，決して「パイ」の配分をめぐるものだけではなかったことを忘れてはいけない。戦後改革によってもたらされた日本国憲法体制をどのように評価するのかという問題や，冷戦下における日本の安全保障のあり方など，思想的な問題をめぐっても激しい対立が生じていた（森本編 2016：9-12）。結党時の自民党は，どちらかといえば，鳩山一郎や岸信介といった戦後改革による民主化を行き過ぎと考える人々が主導権を握っていた。彼らは，戦後改革の最大の「成果」である日本国憲法の改正を目指すとともに，再軍備によって軍事面におけ

る対米依存を減らすことを考えていた。これに対して，社会党は憲法擁護（護憲）や非武装中立を主張して対抗したのである。

| 60年安保と「60年体制」 |

この両者の思想的な対立が絶頂に達したのが1960年の安保闘争である。1957年に首相となった岸信介は，日米関係の対等化を目指し，アメリカの対日防衛義務が明記されていない，基地の使用方法について日本に発言権がないなど，日本側に不利な内容であった日米安保条約の改定に着手した。岸の主観では，この改定は日本の独立と平和を守るために必要なことであった。

しかし，条約の改定は，日本がこれからもアメリカ陣営の側につくことになる安保条約の継続を意味し，悲惨な戦争を経験した国民の少なくない部分が，冷戦下における米ソ対立に日本が巻き込まれるかのではという強い危機感を抱いた。こうした国民の間での危機感を背景として，社会党は国会で新安保条約の批准に強硬に抵抗した。これに対して，岸は警察官を国会に導入するなどして強行採決を行い，新安保条約の批准にこぎつけた。しかし，この強行採決は，国会外での反対運動をさらに熾烈なものとし，岸は総辞職を余儀なくされる。

このような国民の少なくない部分から反発を惹き起こした岸の政治手法は，その後の自民党内で反面教師とされ，憲法や安保といった国内で賛否が二分するようなイデオロギーの問題は避けられるようになる。さらに，池田勇人内閣の所得倍増計画のように，国民の大半が受け入れやすい経済発展政策を前面に押し出すような政治を展開するようになった。また，社会党などの野党に対しても，自民党は，それまでの対決的な姿勢を改め，協調的な姿勢をみせるようになる。政治史家の北岡伸一は，こうした自民党内での転換を大きく捉え，「60年体制」が成立したと主張している（北岡 1990）。

(2) 高度経済成長と「吉田路線」

60年安保以後の自民党内での転換を定着させたのが，岸の後に首相となった池田勇人と佐藤栄作である。池田は約 5 年間，佐藤は約 8 年間と長期にわたって首相を務めたが，ともに占領時代に吉田茂首相によって登用された官僚出身の政治家だった。そして，彼らは，吉田によって打ち出された「**吉田路線**」（吉田ドクトリンともいう）を国家方針として定着させた。吉田路線とは，簡単にい

えば，日本国憲法の制限の下で安全保障はアメリカに依存し，日本は経済発展を追求するという，軽武装・経済重視の国家方針のことである。この吉田路線が長期間にわたって堅持されたことによって，日本は軍事費を安上がりにすませることができ，目覚ましい経済発展を遂げることができたといわれている。

「豊かな生活」の実現 と政党支持の変化 こうして日本は，1960年代に入ると高度経済成長と呼ばれる経済発展の時代を迎えた。この時代の経済発展は，現在とは異なり，国民の大部分がその恩恵を受けたとはっきりと感じ取れる，それだけ裾野の広いものであった。実際，国民の所得は右肩上がりに伸びていき，1950年代には高嶺の花だったテレビや洗濯機，冷蔵庫が当たり前のように各家庭に普及していった。さらに，余暇を楽しむ時間も増え，例えば，観光旅行をした人は，1957年には総人口の29％しかなかったが，1971年には62％にまで達している（中村 1986：279-282）。

このような国民生活の劇的な変化は，政治にも大きな影響を及ぼした。先ほど，「55年体制」下での主な対立点の1つに「パイ」の配分の問題があったと述べたが，それが大きな意味をもたなくなったのである。高度経済成長によって，お腹いっぱいとまではいえないが，少なくとも国民全体の小腹を満たすぐらいには，「パイ」が大きくなった。そうなると，お腹がある程度満たされた人々の間では，それまで自分たちの「パイ」の分け前を少しでも増やそうと頑張ってきた自民党や社会党に投票しようとする気持ちが薄らいでいく。こうして，1960年代後半には，自民党も社会党も支持を減らしていった。

代わって増えたのが，「支持政党なし」層，今でいう無党派層の人々である。それとともに多党化も進展した。1960年に社会党から離党した西尾末広らによって民主社会党（のちに民社党）が，さらに1964年には公明党が結成された。さらに，「55年体制」の成立以降，衆議院で1桁の議席しか取れなかった日本共産党も，1960年代末からは2桁代の議席を得るようになった。

3 自民党政権の長期化：1972〜1993年

(1) 与野党伯仲と自民党政権の柔軟な対応

1970年代に入っても，自民党に対する支持の減少傾向に歯止めがかからず，

ついには与党と野党との議席数が拮抗する与野党伯仲の時代を迎えることになった。こうした状況に対応するために，自民党はさらなる転換を進めていく（中北 2014）。1960年の転換が対決から協調へというように政治姿勢の変化だとしたら，1970年代の転換は，これからみていくように，マクロからミクロへというように政治手法の変化であったといえる。

「国対政治」の展開

まず，野党に対する政治手法の変化についてみてみよう。自民・社会の二大政党が国会の議席の大半を占めていた時代には，自民党は社会党とだけ交渉すればよかった。また，自民党は3分の2近くの議席をもっていたので，社会党との交渉がうまくいかなかったとしても，その気になれば数の力で法案を通すことができた。しかし，1970年代に入って与野党の議席数が拮抗するようになると，そのような強気な国会運営はできなくなった。しかも，その交渉相手も以前のように社会党だけでなく，ある程度の議席を有している公明党や民社党に対しても行う必要が生じた。以前よりも丁寧に，そして時間をかけて野党対策を行わないといけなくなったのである。

　こうして発達していったのが「国対政治」である（⇒第9章4）。日本の場合，国会審議の時間は限られているので，そこで野党と時間をかけて交渉していると法案を通すことができなくなる。そのため，野党と事前に交渉して根回しをしておくことが重要になる。自民党内で，その役割を担ったのが国会対策委員会（略して「国対」という）である。そして，「国対族」といわれるような，野党との交渉を得意とする政治家が出てくる。彼らのなかには，例えば，社会党の村山富市と親しい関係にあった竹下登のように，政党の枠組みを超えて密接な人間関係をつくる者もいた。こうして培われた人間関係は，後に自民党が他党と連立を組むようになった際に，陰に陽に大きな役割を果たしていく。

新たな政策課題の登場

次に，有権者に対する政治手法の変化についてみていこう。まず指摘しなければいけないのは，自民党は，1960年代のような「自前」層の利益の実現を目指す政党から脱却しようとしたことである。先に述べたように，高度経済成長によって「パイ」全体が拡大し，その「自前」層の取り分を多少増やしたからといって，自民党に投票してくれない時代になった。もはや経済の問題を訴えるだけでは有権者の支持を集めら

れなくなったのである。他方で，国民の間では，1960年代後半から新たな問題
に対して関心が高まっていった。

　その代表的なものが，環境問題と社会福祉問題である。先ほど，1960年代後
半に自民・社会両党が支持を減らし，代わって公明党などへの支持が伸びたと
述べた。その理由の１つとして，これらの政党が，環境や社会福祉の問題につ
いていち早く取り組む姿勢をみせていたことが挙げられる。これに対して，自
民党は後手に回っていたが，1970年代に入ると，その遅れを挽回していく。

環境問題への自民党政権の対応

　まず，環境問題についてであるが，1960年代後半にな
ると，工業化の進展に伴って公害が大きくクローズ
アップされるようになった。ここで重要なのは，この時代の公害は，ある特定
の地域に限られたものではなく，都市部において広く発生し，多くの人々が直
面していた問題だったということである。例えば，大気汚染によって光化学ス
モッグが頻繁に発生し，多くの人が目の痛みなどを訴えた。また，水質汚濁も
深刻で，東京の多摩川は，「このアワは主に家庭洗剤のためです　川をきれい
にしましょう」という看板が設置されるぐらいにまで生活排水によって白く泡
立っていたという。このように，人々の生活の身近なところで公害が発生した
ことは，環境問題への取り組みの必要性を人々に強く認識させた。環境問題
は，政治が解決すべき問題となったのである。

　これに対して，自民党政権は素早く対応し，1970年に公害問題に関する法令
の抜本的な整備を行い，翌年には環境庁を発足させた。また，後述する地域開
発政策も工場を地方に移転させることで都市部の環境を良くしようという狙い
が込められていた。

社会福祉問題への自民党政権の対応

　次に，社会福祉問題についてであるが，1970年代に入
ると，高齢者問題という形で国民の関心が強まってい
くことになる。この時期，医療技術の発展や衛生環境の改善などによって平均
寿命は大幅に延びた。例えば，1955年から1975年にかけて，平均寿命は男性で
63.6歳から71.7歳に，女性で67.7歳から76.9歳に延びている。現在の私たちの
感覚からすれば喜ばしいことであるが，当時の人々は手放しで喜べなかった。
自分が年老いたときに介護や医療をどうするのかという問題について真剣に向
き合わないといけなくなったからである。

　この時期の高齢者問題の捉え方を象徴する文学作品に，有吉佐和子の『恍惚の人』(1972年) がある (渡邊 2015)。この作品には，認知症の高齢者が徘徊や妄想などを繰り返し，亡くなった妻の骨壺を開けて骨を食べるなどといった姿が生々しく描かれていた。この本はベストセラーとなったが，それとともに認知症の恐ろしさや介護の大変さも人々の間で共有されることになる。こうして高齢者福祉を中心に社会福祉問題も政治が解決すべき問題となった。

　これに対して，自民党政権は，老人医療費の無料化や年金の物価スライド制の導入などを進め，人々の老後への不安に積極的に対応する姿勢をみせた。

「地方」の論理と田中角栄

このように国民全体のなかで関心の高い問題について柔軟に政策的な対応を進めるとともに，自民党は個々の人々の要望についても対応しようとした。その際に，自民党が目をつけたのが「地方」という枠組みであった。

　先に述べたように，人々の生活は以前よりも豊かになった。しかし，人々の不満が解消されたわけではない。家庭にテレビが普及するようになり，東京での豊かな生活が映し出されるようになる。また，自動車の普及によって，農家の人々は農作業を行いながらも外に働きに出ることが可能になる。こうして外界との接触が増えると，自分の住んでいる地域を他の地域と比較するということが始まる。その結果，東京をはじめとする都市部での生活に憧れを強めるとともに，そうした生活と自分たちの生活との落差に不満を感じるようになる。

　こうした「地方」の「中央」に対する屈折した感情に寄り添った政治家が，新潟県出身の田中角栄だった。彼の名前で刊行された『日本列島改造論』という本は，「豊かさ」の源泉となる工業を全国に再配置し，それを支える交通ネットワークをつくり出すために，日本全国に網の目のように新幹線や高速道路を建設するといった構想を提示している。この本もベストセラーになったが，「地方」の人々にとっては，「中央」での生活と同レベルとまではいかないにしても，それに近づいた生活を夢見させてくれるものであった。

　そして，1972年に田中が首相になると，大々的に各地域の開発が計画される。田中自身は「金脈」問題で退陣するが，その後も自民党政権下で交通インフラの整備を中心とした大規模な公共事業が進められていった。

| 草の根民主主義 |

自民党は，このような政策展開だけでなく，この時期，「地方」の要望を吸収するための態勢も整えた。この時期の自民党は，全国の市町村の約90％に設置した支部や，地方議員の日常活動，国会議員の個人後援会の活動などを通じて，各地域のニーズを把握する仕組みをつくっていった（笹部 2017）。こうして集められた要望を，自民党は，所属の地方議員などを通じて都道府県庁や市役所などに実現を働きかけていった。このように自民党は，地域の人々に要望を出させるという形で彼らを政治に参加させ，「**草の根の民主主義**」を定着させていったのである。そして，その過程で築かれたネットワークを通じて，自民党は地域社会での支持を広げることができた。こうしたネットワークは，現在でも相当に残っており，自民党の選挙での底強さを支えているのである。

(2) 自民党政権の長期化と財政赤字の拡大

これまでみてきたように，1970年代の自民党は，高度経済成長を経て多様化する社会のあらゆる要望に対して，政策面でも組織面でもきめ細かく対応するようになった。こうした対応は，自民党の支持拡大につながった。実際，1980年代に入ると，自民党の支持は回復している。ここで注目すべきは，自民党への支持拡大は，従来の支持基盤であった「自前」層だけでなく，それまでは社会党の支持基盤であった「非自前」層においてもみられたことである（的場 2003）。幅広い有権者からの支持の獲得を目指し，有権者全体を代表しようとする政党のことを一般に「包括政党」と呼ぶが，この時期の自民党は包括政党への脱皮に成功したといえよう。

しかし，そのために自民党政権は多額の国家予算を使った。その結果，財政赤字が拡大し，国債発行残高は雪だるま式に膨らんでいった。それに対して，中曽根康弘内閣のときに国鉄民営化などの行政改革を，竹下登内閣のときに消費税の導入を行うなどして対応しようとしたが，抜本的な赤字解消にはつながらなかった。こうして現在に至るまで，膨んだ国の借金をどのようにして減らしていくのかが，困難な課題として日本政治に重くのしかかることになったのである。

4　改革の時代：1994年〜

(1) 政治改革の季節

　1988年，リクルート事件が発生した。この汚職事件に自民党の大物政治家の多くが関与していたとされ，国民の政治不信は一気に高まることになった。それまでも自民党政権下で汚職事件は発生していたが，リクルート事件のように多くの政治家の関与が疑われる事件はなかった。そのため，これまでの汚職事件が，例えば，ロッキード事件では田中角栄の「金権体質」に注目が集まったように，あくまで個々の政治家の問題として捉えられていたのに対して，リクルート事件は自民党全体の体質的な問題として認識された。

　こうして「**政治改革**」が進められることになったが，そこで問題視されたのが，政治家があまりにも多額のカネを支持基盤の維持・拡大のために使っているという点であった。そして，汚職のない政治を実現するためには，政治家にカネがかからないような仕組みをつくり出す必要があると考えられた。

　なぜ選挙でカネがかかるのか　それでは，政治家はどうして多額のカネを使わないといけなかったのか。その主な原因として考えられたのが，当時，衆議院議員選挙で採用されていた中選挙区制という選挙区制度であった。中選挙区制の下では，1つの選挙区から複数の当選者が出るため，自民党のような第一党を目指す政党の場合，多数派を形成するために各選挙区に複数の候補者を擁立しなければならない。その結果，「同士討ち」といって自民党の候補者同士が争う現象が生じるが，彼らは同じ政党に所属するのだから，政策面での違いは現れにくい。そうすると人柄で勝負ということになるが，多くの有権者にとって，政治家の人柄とは，端的にいえば，どれだけ自分を大切に思ってくれているかということになる。そして，それは，多くの場合，サービスの量で示される。

　ここでは，葬式の香典を例にとって考えてみよう。2人の国会議員が弔問にきて，片方が3万円，もう片方が5万円の香典を出したとしよう。一般の人にとって，国会議員と親しく話す機会はそんなに多くない。そうすると，自分が大切にされているかどうかは，結局，その香典の金額によって判断しがちにな

る。だから，国会議員は，ライバルの国会議員よりも多額の香典を包もうとする。そして，それがエスカレートしていき，サービス合戦が発生することになる。政治家はいくらお金があっても足りないということになる。

小選挙区制
という処方箋

では，どうすればよいのか。1つの選挙区から1人の当選者しか出ない小選挙区制にすれば，各政党とも1人の候補者しか擁立できなくなり「同士討ち」はなくなるので，サービス合戦もなくなるだろうと当時の人々は考えた。

また，小選挙区制にすれば，政党間での対立となるので，政権交代が起きるのではないかという期待もあった。この時期，政治学者や評論家などの間では，日本で政権交代が起きないことをおかしいとする見方が強かった。それでは，どうすれば政権交代が起こすことができるのか。野党が一致すれば自民党に勝てるかもしれないのに現実にはバラバラだ，小選挙区制にすれば野党は単独では自民党に勝てないので団結せざるをえなくなるであろう，そうしたら自民党に対抗できるもう1つの政党が生まれるかもしれない，そうなれば政権交代も夢ではない，というような論理展開で小選挙区制の導入が主張されたのである。

こうして1996年の衆議院議員総選挙から小選挙区比例代表並立制が導入された。また，1993年に政党助成法が成立し，一定の条件を満たした政党に対して，政党交付金が国庫から交付されることになった。

(2) 政治改革の結末

これらの制度改革は，日本政治に大きな変化をもたらすことになる。理論的な説明は他章に譲るとして（⇒第8-10章），概観すれば次のようになる。

まず，党幹部の権力が強まったとされる。小選挙区制の下では，各政党は候補者1名にしか公認を出さない。そのため，立候補を考えている人にとって，党の公認をもらえるか否かが決定的に重要になる。公認がもらえないと，政党からの組織的な援助は期待できないし，有権者の少なくない部分は政党の名前で投票先を決めるため，圧倒的に不利になる。こうして公認の重要性が高まるとすれば，その公認を出す権限をもっている党幹部の権力は強まる。また，政党交付金も政治家個人ではなく政党に配分されるので，その配分権をもっている党幹部に対して，国会議員たちは頭が上がらなくなる。こうして党幹部の言

うことに，心の底ではおかしいと思っていても，逆らいにくくなったのである。

「風」に左右される政治家たち　　第 2 に，選挙にあたって「風」の影響力が強まった。小選挙区制の下では，以前よりも政党名で投票先を決める有権者が増える。人々の政党に対するイメージは，一般的にはテレビなどのマスメディアを通じて形成されるので，その扱われ方によって変わりやすくなる。こうして「風」が発生し，「追い風」を受けて大勝する政党が出る一方で，「逆風」で惨敗するような政党も現れる。

　このように「風」の影響力が強まると国会議員の行動も変化する。中選挙区制の下では，地元でのサービスを熱心に行うほど当選に近づいた。しかし，選挙での当落が「風」によって大きく左右されるようになると，自分がいくら有権者に働きかけても当選につながらないと考える政治家も出てくる。こうして政治家と選挙区の有権者との関係は以前に比べて希薄になっていった。

政権交代とその結末　　第 3 に，実際に政権交代が起きた。2009 年に民主党と社会民主党，国民新党を与党とする鳩山由紀夫内閣が成立して自民党は下野した。しかし，民主党政権は内部分裂を繰り返して瓦解した。なぜ，そうなってしまったのか。民主党は，小選挙区で自民党に対抗するために，政策や理念の違いを無視して合併を繰り返し大きくなった政党だった。そのため，「反自民」という点でしかまとまりがなく，その自民党を打ち負かした後は，今まで表に出さずにすんでいた政策や理念の違いが噴出することになったのである。民主党が 2016 年に消滅した後，自民党に対抗できるだけの力をもった政党は現れていない。こうして自民・公明両党を与党とする安倍晋三内閣は稀にみる長期政権となったのである。

📖 さらに勉強したいときに読んでほしい 3 冊

①石川真澄・山口二郎，2010，『戦後政治史〔第三版〕』岩波書店.
　　長年にわたって政界を覗いてきた新聞記者の手による政治史。政界の雰囲気を掴むのに最適。
②福永文夫，2014，『日本占領史 1945-1952——東京・ワシントン・沖縄』中央公論新社.
　　占領期の日本を政治，経済，社会と幅広く目配りして書かれた良質の通史。
③北岡伸一，2008，『自民党——政権党の 38 年』中央公論新社.
　　自民党の構造変化と政治家の個性とをバランスよく記述することで自民党政治の軌跡を活写。

第**4**章 政治参加
▶なぜ私たちは参加したくないのか？

1 政治に参加しない日本人

(1) みんな政治に参加したくない

政治参加と民主主義　私たちは民主主義と呼ばれる国で，日々，生活を営んでいる。民主主義といっても人によって中身は異なるが，あえて単純化すると民主主義とは「『みんな』のことを『みんな』で決める」（田村 2019：144）政治制度のことだ。

　多くの人の政治参加は民主主義にとってなくてはならないものだ。私たちの政治参加は，政治を行うためのシステムへの入力，つまり民主主義を動かすエネルギーのようなものである。ガソリンのない車が動かないのと同じで，政治参加のない民主主義はうまく作動しない。「みんな」で決めるためには，「みんな」が参加していなければならないのである。

参加拒否意識の強さ　政治参加は重要ではないと主張する人はそれほど多くない。しかし，多くの人が政治に参加したいと考えているかというと，実はそうではない。むしろ多くの日本人は，政治になど関わりたくないと考えている。日本人はとても強い**参加拒否意識**をもっているのだ。

　早稲田大学の研究者が中心となっている研究チームが，2010年に全国の有権者を対象に実施した政治意識調査の結果は，このことをはっきりと示す（図4-1）。この図にあるように，日本人は政治参加に強い拒否感をもっており，多くの政治参加項目に対して，半数以上の人が「関わりたくない」と回答している。

　日本人の参加拒否意識の強さは何も今に始まった話ではなく，1996年に行われた意識調査の結果からすでに明らかにされていた（西澤 2004）。後に示す政治参加率の現状を踏まえると，この状況は，今日においてもそう大きくは変化し

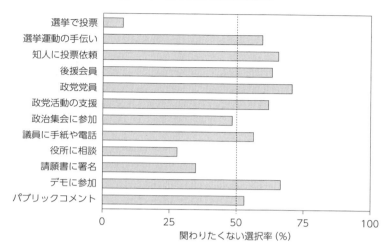

図 4-1　日本人の参加拒否意識

出典：Waseda-CASI2010 の結果に基づき筆者作成。調査の詳細は GLOPE Ⅱ の HP（https://www.waseda.jp/fpse/gcoe/）などを参照のこと。

ていないと考えた方がよい。今も昔も，日本人は投票参加を除き，政治参加を全般的に拒否し続けているのである。

(2) 政治から遠ざかる日本人

投票参加率の推移

　　図 4-1 が示すのはあくまで意識の問題である。たとえしぶしぶであっても，多くの人が実際には参加しているなら，参加拒否意識の強さは深刻な問題ではないかもしれない。しかし現実はそう甘くない。日本人の政治参加率は低く，さらにいえば低下してもいるのだ。

　投票参加は最も基本的な政治参加である。そこで衆議院議員総選挙（衆院選）の投票率をみてみよう。1967年の衆院選の投票率は約74%と比較的高い。しかし1996年は約60%，2017年は約54%へと下がってしまっている。

　投票率の低下は，参議院議員通常選挙や統一地方選挙にも共通してみられる。詳細は総務省のホームページ（https://www.soumu.go.jp/）で確認してほしいが，どちらの投票率も低下傾向にあることは明らかだ。日本の投票率は，先進

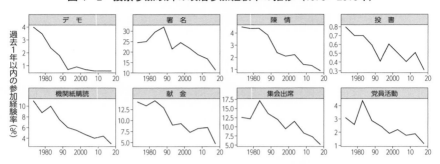

図4-2 投票参加以外の政治参加経験率の推移 (1973〜2018年)

出典：「日本人の意識」調査をもとに筆者作成。詳細はNHK放送文化研究所のHP（http://www.nhk.or.jp/bunken/）などを参照のこと。

国のなかで極端に低いわけではない（山田 2016）。しかしこのまま低下し続ければ，日本は投票率の低い国になるだろう。

投票以外の政治参加率の推移　さらに日本では投票以外の政治参加率も低下している。NHK放送文化研究所が1973年から5年ごとに行っている「日本人の意識」調査の結果から，投票以外の政治参加経験率の推移を確認しよう（図4-2）。投票以外の政治参加経験率も長期的に低下傾向にあることがこの図からわかるだろう。

　この図が明らかにしている事実はもう1つある。それは投票以外の政治参加経験率の低さである。過去1年以内の参加経験率平均値がもっとも高いのは「署名運動に協力した（署名）」である。しかし，これでさえ2018年の調査結果では約11％である。「マスコミに投書した（投書）」や「デモに参加した（デモ）」に関しては1％にも満たない。日本人は選挙で投票するが，それ以外の政治参加にはほとんど関わろうとしないのだ。

(3) 政治参加とは何か

政治参加の多様性　本章では政治参加を定義する前に，政治参加の調査結果を紹介した。政治参加には多様な活動が含まれることを，具体例を示すことで知ってほしかったからだ。

　政治参加は投票参加だけではないし，また，そうあるべきでもない。なぜな

ら選挙だけで，私たちの意見を政治に反映させることは不可能だからだ。選挙は私たちの意見を集約する機能をもつ。集約とはいくつかの意見は代表するが，残りは削ぎ落とすことを意味する。そのようなこぼれ落ちてしまう声があるからこそ，投票以外の様々な活動が民主主義の国では認められている。政治参加は多様だし，そうでなければならないのだ。

政治参加の定義 ここで改めて政治参加を定義しておこう。蒲島（1988：3）によれば，政治参加とは「政府の政策決定に影響を与えるべく意図された一般市民の活動」とされる。この定義のポイントは次の5点である。第1に政治参加はあくまで行動であって意識ではない。第2に一般市民の活動であって職業的に行われる活動ではない。第3に政府に影響を与えることを意図する活動である。第4に実際に政府に影響を与えたかどうかは問わない。第5に誰かに動員された活動も含まれる。

　もちろん研究目的などによって何が政治参加かは変化する。定義とは，あくまで議論の射程がどこにあるかを示すための宣言にすぎない。例えば非民主的な国家における政治参加を研究する場合は，暴力行為なども政治参加に含めることになるだろう。本章では蒲島の定義から政治参加を捉え解説していくが，それは範囲を明確化した方がわかりやすいからであり，この定義が絶対的に正しいと考えているわけではない点には注意してほしい。

(4) 政治参加を知るための3つの視点

構造・効果・原因という視点 政治参加率が低下しているというと，すぐに「参加率を上げなければ！」と主張する人がいる。問題意識をもつことは悪いことではない。しかし「彼を知り己を知れば百戦殆うからず」というように，運動するにしても，まずは政治参加を理解することが重要だ。

　そこで本章では，政治参加について構造，効果，原因という3つの視点から解説する。これらの視点から政治参加を眺めることで，政治参加の必要性や参加率を上げるための処方箋を考える際のヒントを得ることができるだろう。

　政治参加は多くの活動を含む包括的な概念である。個々の参加は相互に無関係ではなく，一定のまとまりをもつ。第2節ではこの政治参加の構造を解説する。第3節では政治参加の効果を解説する。参加することで何がどのように変

わるのか。ここではこの疑問に答える研究を紹介する。第4節では政治参加の規定要因を検討する。政治参加を説明する理論モデルに基づきながら，4つの規定要因をそれぞれ解説していく。

2　政治参加の構造とは？

(1) 政治参加の形態に基づく分類

活動形態に
基づく分類法

政治参加は様々な一般市民の活動により構成されている。そして，デモに参加する理由と選挙運動を手伝う理由が異なるように，個々の参加には独自の特徴や論理がある（山田 2004）。しかし，それぞれの参加の特徴ばかりに目を向けていると，今度は全体像がみえづらくなる。異なる活動をうまく体系化し，全体を見通せるような枠組みがあれば，私たちは政治参加をさらに一歩踏み込んだ形で理解できるようになるだろう。

　政治参加の構造に関する研究とは，個々の参加の背後にある共通項を見出し，全体像を捉えることが可能な枠組みを発見したり，それを構築したりする研究をいう。定義に正解はないのと同じく，整理する方法にも正解はない。そのため政治参加には多様な分類法が存在するが，大きく分けると活動形態に基づく分類と参加者の特徴に注目する分類の2つがある。

　まずは活動形態の特徴に基づく分類について紹介しよう。篠原（1977）は，

表 4-1　政治参加の特徴に基づく分類法

スタイル	形式	レベル	参加の具体例
間接的	制度的	中央	国政選挙での投票
		地方	地方選挙での投票
	非制度的	中央	圧力団体活動
		地方	アドボカシー活動
直接的	制度的	中央	国民投票
		地方	リコール
	非制度的	中央	市民運動，デモ
		地方	住民運動

出典：篠原（1977：35）図4をもとに筆者作成。

政治参加を①スタイル，②形式，③レベルによって，8つのタイプに整理する方法を提案している（表4-1）。このように政治参加を細分化しつつ，構造的に把握することで，いつの時代に，どの参加が重視されていたのかを理解することができるようになる。とくに，それぞれの国における政治参加の発展史を考察する場合などに，この分類は役立つだろう。

(2) 政治参加の一次元階層モデル

政治参加の一次元論

政治参加は，活動の特徴だけではなく，参加する理由やどのくらい参加者が重複しているかといった点からも分類できる。その際，政治参加を一次元的に捉えることができるかどうかが重要な論点になる。

　政治参加の規定要因などに関する議論を整理した研究によると（ミルブレイス1976），政治参加は参加するためのコストの高低の順に，一次元的な階層構造に整理できるとされている。参加の難易度が低い活動から順に，より難易度が高い活動へと，人々は参加経験を積む。そのような形で政治参加は構造化できるという説明である。

　一次元的に政治参加を整理できるという主張は，どの政治参加も**社会経済的地位**（socio-economic status: SES）という共通要因に規定されているという考えに支えられている。どの政治参加もSESと関連するので，あとは活動の難易度が参加するかどうかを決める。このような発想に基づき，政治参加は一次元的な階層構造だと説明されたのである。精緻な分析からこの一次元モデルが支持されることを実証する研究もある（荒井2014）。

(3) 政治参加のモード論

政治参加の多次元論

しかし，政治参加をこのように一次元的に捉えると，参加の多様性が見失われてしまう。そこで政治参加を，参加者の論理からみても多次元的な構造にあることを主張するモデルが提示された。それが**政治参加のモード論**である。

　政治参加のモードとは，「個人と政府を結びつける方法に関し，相互にシステマチックに異なる複数の活動のセット」（ヴァーバほか1981：62）とされる。

この説明は難しいので噛み砕いて説明すると，政治参加には相互に異なる参加者間のまとまり（モード）があり，それらのモードによって政治参加は構造化されているという説明である。このモードごとに分ける視点は，参加者の論理の違い，活動の結果の違い，さらには活動的になっていく過程の違いを知るうえで重要である。一次元モデルだとこれらの相違を無視しかねない。そのような問題意識を背景に，政治参加の多次元性を強調するモード論が提唱された。

4つの参加モード
政治参加には大きく分けて4つの異なるモードがあるとされる。第1は投票であり，これは主に国や地方の選挙における投票参加者により構成されるモードである。第2は選挙活動であり，これは政党活動の支援や政治集会への参加者などによって構成されるモードである。第3は地域活動であり，これは地域課題を解決するための様々な団体活動への参加者を中心に構成されるモードである。第4は個別接触であり，これは私的な問題について，国や地方の公職者に接触する人により構成されるモードである。

　国際比較調査の分析結果などからこのモード論は実証されたこともあり，今日では政治参加の構造を多次元的に捉えることの方が一般的だ。しかし，モードの数や質は国や時代によって異なる。情報技術の進歩の影響など，従来の見解を適用できない状況がモードを変えることもある。日本人の政治参加構造は時代のうねりのなかで大きく変容しつつある。

(4) 日本の政治参加構造とその変化

　日本の政治参加はどのような構造になっており，どのように変化しているのか。この点については，有権者の側に注目するアプローチから様々な研究が蓄積されてきた。結論を先取りすると，日本の政治参加構造は新しい活動形態の出現や急激な社会変動などの影響を受けて，参加間の関係が不安定化する方向へ変化しつつある。政治参加の内実は複雑化してきており，全体像を把握することが難しくなりつつある。

日本人の参加モード⑴
1970年代から80年代の日本人の政治参加は，投票参加，選挙運動，地域活動（地域・住民運動）という3つ，あるいはこれらに個別接触を含めた4つのモードにより構成されていた（蒲島

1988)。そして，この日本の政治参加構造は，比較的安定していたと考えられ
ている。

　ところが1990年代に入ると状況が変わる。1990年代以降，政治参加の構造
は，様々な社会経済状況の変化から不安定化した（山田 2008）。非営利組織が行
う活動への参加者が増加し，既存の政治参加のモードとは異なる新しいモード
も出現した（三船 2008）。日本の参加モードは，質的にも量的にも，1990年代を
境に大きく変化したのである。

日本人の参加モード(2)　　インターネットなど情報技術の発展は，政治参加のあ
り方をさらに複雑化させている。TwitterやFacebook
などのソーシャル・ネットワーキング・サービス（SNS）と政治参加の関係か
ら，この変化を説明しよう。SNSは，政治家と一般の人々を直接的につなぐ道
具として機能する。しかしすべての人がSNSを利用するわけではなく，特定
の年齢層に利用者が偏っているのが現実だ。そうすると，利用する人としない
人の間で，政治参加のあり方に相違が出てくる。結果として政治参加の構造は
複雑化していく。

　政治参加のモード論にみられるように政治参加にはいくつかの下位次元があ
る。しかし，従来の3ないし4つのモードの理論は，現代日本の政治参加構造
を説明するモデルとしては，適切ではなくなりつつある。現代日本の政治参加
構造を知るには，近年の社会変動を視野に入れながら，もう少し研究を積み重
ねていく必要がありそうだ。

3　政治参加にはどのような効果がある？

(1) 政治参加の効果を知る必要性

参加の効果とは　　政治参加はなぜ重要なのだろうか。非常に単純な問い
だが，これに答えることは簡単ではない。たしかに，
理念的には政治参加がなければ民主主義はうまく機能しない。しかし，現実で
は人々の参加がなくても，政治が行われる例はある。無投票選挙はその典型
だ。このような現状では，「参加は大事だ」といくら叫んでも説得力は生まれ
ない。

政治参加は何にどのような影響を与えるのか。**政治参加の効果**を分析する一連の研究は，なぜ政治参加が必要なのかを理解するうえで有益である。その例としては，政治参加は人々をよりよき「市民」へと成長させるという参加の教育効果がある。政治への参加を通じて，政治への知識や関心はさらに高まり，市民としての寛容性や思慮深さが増していく。だから政治参加は大事だし，参加を推奨しなければならないという考えである。

　政治参加は，その定義にあるように，政府の政策決定に影響を与えることを意図した一般市民の活動だ。したがって政治参加の意義を説明する方法としては教育効果だけではなく，実際に私たちの政治参加が選挙結果や政府の政策にどのような影響を与えるのかを説明するというアプローチもある。実際に政治を変えるのだから参加は大事というわけだ。

　さらに政治参加は，政府の政策決定に対する影響を超えて，私たちが暮らす社会のあり方を変えることもある。とくに大規模な社会運動は，政治制度や政策に影響を与えるだけではなく，何をどのように考えるかという人々の態度や価値観に影響を与える場合がある。

　政治参加にはこのように参加者を，政府の政策決定を，さらには社会のあり方を変える力がある。もちろん，これらの効果が本当にあるのかは実証的に検証されなければわからない。ここでは参加の効果を分析した研究を紹介することで，政治参加の意義を考えるヒントを提供することにしたい。

(2) 参加者を変える

> 参加の教育効果

　政治参加の効果として第一に考えるべきは参加の教育効果である。この点について，若年層を対象に参加の効果を検証した研究がある (Freie 1997)。この研究では，選挙キャンペーンへの参加が若年層の政治的態度にどのような影響を与えるのかが分析されている。選挙キャンペーンへの参加は，政治に対する疎外感を払拭する場合もあれば，逆に疎外感が広がる場合もあるとされる。

　一方，選挙キャンペーンへのインターンシップを利用し，参加の教育効果を検証した研究は (Mariani and Klinkner 2009)，異なる結論を導き出す。この研究によれば参加は，政治に対する自身の影響力や政治への信頼感を増すことに貢

献するという。また，日本の投票啓発活動に注目した研究もあり（中谷 2012），そこでは明るい選挙推進協議会での活動者と一般有権者の間に政治や選挙に対する重要性認識に関して差があることが指摘されている。これらは教育効果に肯定的な結果を示すものだといえる。

　教育効果とはやや別の観点から参加者を変える効果を論じる研究もある。人々の政治参加は過去の政治参加の帰結であることを明らかにする研究は，その一例だ（荒井 2014）。政治に参加した結果，それを有効だと感じれば次も参加し，そうではない場合は棄権する。そのような動態的な学習の帰結として政治参加を捉えるなら，政治参加を通じて私たちは，自身のとるべき未来の行動について学んでいるともいえるのだ。

(3) 政策を変える

シミュレーションによる効果の分析　政治参加は政府の政策にどのような影響を与えるのか。選挙結果に影響を直接的に与えるのは投票参加である。そのため，多くの人が投票すると，選挙結果や政府の政策がどのように変わるかを知る必要がある。

　この問題に取り組むアプローチは，大きく分けると 2 つある。第 1 は投票率の値を変化させることで選挙結果がどのように変化するのかを，シミュレーションにより推定する方法である。出口調査や国勢調査の結果を用いて非投票者がどのような人たちかを推定し，投票率の上昇が特定の政党などに有利に働くかどうかを検証するのがこの研究の特徴だ。ただ，先行研究のシミュレーションの結果は（Citrin et al. 2003），投票率の向上は選挙結果に大きな影響を与えないというものだった。

疑似実験による効果の分析　シミュレーション研究は興味深い事実を明らかにする一方で，非投票者の考え方をどのくらい正確に予測しているか不明な点などいくらか問題を抱える。そこで，あたかも現実社会で実験が行われているかのような状況をみつけ，それを利用し，投票率の効果を分析しようとする研究が出てきた。これが第 2 に取り上げる疑似実験（quasi-experiment）である。

　疑似実験により投票参加率が経済的不平等の度合いに与えた影響を分析した

研究をみてみよう（Carey and Horiuchi 2017）。この研究は，1993年に義務投票制を廃止したベネズエラを事例に，投票率の低下が経済的不平等の強化につながっていることを明らかにした。

　また義務投票制による投票率の増減が，革新的な政党や福祉の拡充など左派的政策への支持に与える影響を分析している研究もある。例えばオーストラリアを事例とする研究は（Fowler 2013），投票率の増加が左派政党（労働党）への投票率や年金政策に影響を与えていることを明らかにしている。スイスを事例にした研究も同様に（Bechtel et al. 2016），義務投票制の導入が左派的な政策への支持を増大させることを示している。

　投票率の増加が左派的な政策などへの支持を増加させる主な理由は，投票参加者と棄権者の間に，好ましい政策に対する考え方の違いがあるからである（Matsubayashi 2014）。義務投票制の導入は左派的政策を好む人の投票参加を促すため，このような政策変動が生じるのである。

(4) 社会を変える

抗議活動への
参加の効果

デモなど抗議活動への参加は，投票参加などと同じく次のデモへの参加を規定するとされる（栗田 1993）。しかし社会運動に関しては，そのようなミクロな視点からの効果論は稀であり，どちらかというとマクロな視点からその影響を検討する研究が多い。

　社会運動は，ある特定の問題に対して，それを変えることを目的に行われる。そのように説明すると，社会運動は政策への影響に限定される印象をもつかもしれないが，それにとどまらず，社会のあり方を変える可能性も秘めている。社会運動は，その運動をみたり経験したりした人の価値観を変化させ，社会のあり方を変えることもあるのだ。

　その例として紹介するのはアメリカでの公民権運動だ。公民権運動を経験した州に住む人は差別是正措置に対する偏見や人種差別意識を強くもたない傾向にある。15万人以上を対象とする調査結果は，この事実を明確に示している（Mazumder 2018）。公民権運動は，長期にわたり人種差別を抑制する方向で社会に影響を与え続けていることの意義は大きい。

　社会運動やデモと聞くと，何かよくない印象をもってしまう人は多い。社会

運動など自分のエゴを押しつけるだけの「わがまま」だという人もいるだろう。しかし，社会運動には社会をより望ましい方向に変える潜在的な力もあるのだ。

4　政治参加を規定する要因とは？

(1) 市民の自発的参加モデルに基づく説明

市民の自発的 参加モデル	人はなぜ政治に参加するのか。どうしたら参加率を上げることができるのか。政治参加率を上げるには，ど

のような要因が参加を規定するのかを理解する必要がある。参加の規定要因を理解することで，何にどのようなアプローチをすべきかが明確になるからだ。

政治参加の研究は，政治参加の効果だけではなく，その規定要因についても明らかにしてきた。そのなかでも**市民の自発的参加モデル** (civic voluntarism model) は，政治参加の要因を包括的に説明するモデルとして広く知られている (Verba et al. 1995)。

このモデルによると，政治参加には3つの主な規定要因があるされる。第1は参加するための資源 (resources) である。資源があるかどうかは，参加できるかどうかに関わる。第2は指向性 (engagement) である。これは参加しようと思うかどうかという意思に関わる。第3は動員 (recruitment) である。動員は資源や積極性をもつ人を，政治参加の場に誘う。

もっとも，このモデルが取りこぼしている要因もある。とくに政治制度の影響は，このモデルでは十分に考慮されていない。そのため，これらに加えて政治制度と政治参加の関係についても，ここでは紹介することにしたい。

(2) 参加するための資源

社会経済的地位 (SES) と 資 源	SESは強く政治参加と関連する要因の1つだ。SESとは具体的にいうと学歴と収入である。学歴が高く高収

入の人は，よく政治に参加する。投票率が上がると経済的不平等が緩和されるのも，政治参加とSESの間に関係があるからだ。

SESはなぜ政治参加を規定するのだろうか。それを説明する理由の1つが，

SESは参加に必要な資源を生み出すからというものだ。参加するための資源は
いろいろあるが，よく指摘されるのはお金，時間，スキルの3点である。SES
はお金やスキルと関係があり，だから参加と関連する。

　政治に参加するには多くの資源が必要となる場合がある。たとえ参加したい
という意欲があっても，そのために必要な資源がないと参加することは難し
い。SESと政治参加の関連は，私たちに参加のための資源の必要性を明確に示
すものだ。

**お金・時間・
市民的スキル** 政治参加のための資源としてよく知られるのはお金と
時間である。政治運動を手伝うにしても，時間がなけ
れば難しいし，寄付や献金などはお金がなければそもそも不可能である。地域
活動も同様に，一定のお金と時間は必要だろう。このように参加には時間とお
金が必要なので，お金がある人や時間がある人は参加しやすいという関係が生
まれる。

　参加するためのスキルも重要である。スキルには大きく分けて2つある。1
つは認知的スキル（cognitive skills）である。これは，文字を書いたり数字を計
算したりするなど情報処理に関わる技術をいう。もう1つは市民的スキル
（civic skills）である。これは，集団行動を円滑化するためのファシリテーショ
ンスキルをいう。時間やお金だけではなく，これらのスキルも政治参加のため
の必要な資源となる。

　ただし，すべての政治参加がお金，時間，スキルを等しく必要とするわけで
はない（Verba et al. 1995；山田 2004）。政党の党員になったりするにはお金が必
要だが，投票参加にお金はそこまで必要ない。このように参加形態によって必
要な資源が異なる点には注意しておこう。

　さらに資源と参加の関係は，時代や場所によっても変化する。これは，SES
と投票参加の関係が一定ではなく変化しているところからいえる。かつて日本
は，SESと投票参加の間に明瞭な関係がない国とされていた（蒲島 1988）。しか
し近年，両者の間には明確な関連があることが明らかにされている（境家
2014）。

（3）参加への指向性

| 政治関心 |

参加のための多くの資源をもっていても，参加したいという動機がないと人は政治に参加しない。日本人の参加拒否意識の強さは，別の見方をすれば日本人の参加に対する動機の低さを示すものだ。しかし「参加したいと考える人は参加する」という説明には意味はない。「ジャイアンが暴力をふるうのは彼が暴力的だからだ」といっているようなものだ。そのため意欲とは異なる態度から，参加への指向性を捉えることが一般的だ。

その第1は政治関心である。政治関心は，投票参加を含む多くの政治参加を規定する，政治に対する総合的な指向性を概念化したものだ。政治に対して興味をもち，日々の政治ニュースなどに目を向ける人は，そうではない人より政治に参加しやすい。

| 政治的有効性感覚 |

第2は政治的有効性感覚（political efficacy）である。これは，政治に対して自身が影響を与えることができるという信念のようなものである。政治に対する影響をもっていると思わないと，参加してもムダだと思うだろう。したがって有効性感覚をもたない人は棄権，あるいは参加しないという決定をしがちになる。

ただし日本で有効性感覚が政治参加をどのくらい規定するかは曖昧である。有効性感覚と政治参加の関係は，参加形態やどの有効性感覚の指標を用いるかによって変化する（金 2014）。日本で有効性感覚が政治参加に与える影響について考える場合，注意深くなる必要がありそうだ。

（4）動　員

| 動員の重要性 |

資源を多くもち，強い指向性をもつ人がすべて政治に参加するわけではない。そこには何かきっかけが必要となることもある。そのようなきっかけをつくり，政治参加の場へと私たちを誘うのが動員である。政治家や政党だけではなく，友人や知人などからの「参加しよう！」という声がけが，政治参加に影響を与えるのだ。

動員と聞くと，何かイヤな印象をもってしまう人もいるだろう。しかし，ここでいう動員は，あくまで参加のためのきっかけづくりにすぎない。強制的に

参加させる行為を動員と呼んでいるわけではない。

| 動員の効果を
左右する要因 | 動員はたしかに政治参加率を上げるが，単に声がけすれば参加率が上がるかというとそういうわけではない。誰にどのようなメッセージを発するかで動員の効果は変化するし，さらに |

動員はたしかに政治参加率を上げるが，単に声がけすれば参加率が上がるかというとそういうわけではない。誰にどのようなメッセージを発するかで動員の効果は変化するし，さらに誰が動員するかによっても異なる（Green and Gerber 2015）。効果的ではない動員は，人々を疲弊させるだけだ。

動員は集団や組織を通じて行われることもある。そのため，自分がどのくらい組織に所属しているかというネットワークも政治参加と関係する。日本人の団体加入率は低下傾向にあるが（善教 2019），それは動員が難しくなっていることを示唆するものでもある。

(5) 政治制度

政治制度が参加
に与える影響

市民の自発的参加モデルが対象としていない政治制度の影響を最後に補足しておこう。資源や指向性だけではなく，政治制度も政治参加に影響を与える。ここでは次の2つの投票参加に影響を与える制度を紹介する。

第1は投票方式である。郵便投票制やインターネット投票制の導入は，投票参加に必要なコストを減らすため，投票率が上がると考えられる。たしかに自宅で気軽に投票できる方が投票率は上がりそうだ。しかしこれを検証した研究によると（Goodman and Stokes 2018），全体として投票率は微増するものの，どのような技術を用いているかによって効果に差が出るようだ。インターネット投票制度を導入したら一律に投票率が上がるわけではない。

第2は選挙管理である。投票所の数や閉鎖時刻の変更は投票率に影響を与える。当日投票の投票所数が減ったり，投票所の閉鎖時刻が早まったりすると投票率は低下するのだ（松林 2016）。逆にいうと投票所を増設したり投票可能な時間を長くしたりすると，投票率が上がる可能性はある。選挙管理のあり方も，投票率に影響を与える重要な要因なのである。

5　参加を嫌いという前に

(1) 政治参加に戸惑う必要はない

政治参加の効果を知れば，自身が政治参加することの
政治参加の量と質　意味や政治に参加する人を増やすことの意義を理解で
きるようになる。政治参加の規定要因を知れば，参加率を上げるための方策に
ついて具体的に考えることができるようになる。みんなが政治に参加すべきか
どうかは難しい問題だが，政治参加に対して強い拒否感を抱き，参加しない人
が多数を占める日本の現状では，政治参加率を上げることは重要な課題だろう。

　「政治のことを何も知らないのに関わっていいの？」このような不安を抱く
人は多いのではないだろうか。しかしそのような戸惑いを抱き，政治から距離
をおく必要はない。政治参加には教育効果がある。知らないからこそ知るため
に参加するのだ。

　政治に参加しないような人がたくさん参加すると，選挙結果の「質」が低下
すると主張する人がいるかもしれない。しかしこの見解は実証的には強く支持
されない (Dassonneville et al. 2019)。たしかに政治参加は義務ではない。しか
し，参加する権利などない，社会を悪くしてしまうかもしれないなどと臆病に
なる必要もないのだ。

(2) それでも，政治が嫌いなあなたへ

もちろん，政治に関わるかどうかは個人の自由だ。嫌
政治的な営み
への拒否感　だ，おもしろくないという人を強制的に参加させるこ
とは避けなければならないかもしれない。参加を拒否する人に対する政治参加
の強制は，無意味なものだという人もいるだろう。

　冒頭に示したように，日本人の多くは政治参加に対して強い拒否意識をもっ
ている。その根底にあるのは，参加のコストに対する拒否意識というよりも，
政治そのものに対する拒否意識ではないか。日本人は「政治的な営み」が，そ
もそも嫌いなのかもしれない。

　この点を検証したある興味深い研究を紹介しよう (坂本ほか 2019)。この研究

では，NPO活動を説明する際，そこに明確な政治性が加わると「関わりたくない」という認識が強化されることが明らかにされている。とくに保守的な傾向をもつ人に対して，デモとNPOの関連が強いという情報を与えた場合，その人たちのNPOへの参加意欲が減退するようだ。

政治参加のディレンマを超えて　政治は必要ではあるけれども，同時にそれは，ときに激しい対立が生じてしまうような営みでもある（⇒第1章1）。その意味でいうと，政治が嫌いだという思いは，実はとても理に適った「正しい」考えだという見方もできる。しかし，そのような認識をもつ人が多数を占める社会を変えない限り，日本の政治参加の現状は変わらない。

　政治参加には様々なものを変えていく力がある。政治参加を嫌う社会を変えるには，あるいはもしあなた自身が参加を嫌いな場合は，そのような自分を変えるためにも，政治の場に一歩足を踏み出してみてはいかがだろうか。

📖 さらに勉強したいときに読んでほしい3冊

①蒲島郁夫，1988，『政治参加』東京大学出版会.
　日本人の政治参加の実態を実証的に分析した政治参加を学ぶうえでの必読書。
②坪郷實編，2009，『比較・政治参加』ミネルヴァ書房.
　日本を含む様々な国の政治参加について解説がなされている編著作。
③山田真裕，2016，『政治参加と民主政治』東京大学出版会.
　政治参加に関する理論やモデルを多角的かつ網羅的に解説した教科書。

第5章 投票行動

▶どうやって代理人を選ぶのか？

1 何のために投票するのか？

(1) 代理人としての政治家

政治の最も重要な機能は，人々から集めた税金の使い道を決めることである。会社員や公務員など一定の所得のある人はもちろん所得税を払っている。無職や大学生など所得が低い人も少なくともコンビニやスーパーで買い物をするたびに商品価格の8％か10％の消費税を払っている。政治は，そうして集めた税金を何にどれくらい使うのか，いつどのようにして誰にどれだけ配分するのかを決める機能をもつ。

| 政治が配分するもの |
例えば，生活保護である。日本に住んでいる人は，生活に困窮したとき，憲法で保障された基本的人権に含まれる健康で文化的な最低限度の生活を維持するために，政府から一定のお金を受け取ることができる。その元となるお金は人々から集めた税金である。このように所得の低い人たちがお金を受け取ることができるのも，そうした税金の使い道が政府によって決定されているからである。これは決して当たり前のことではない。そのような税金の使い道が政府によって決定されていない国では，生活に困窮した人がそのまま見捨てられることもある。

大学の学費無償化も同様である。世界をみればヨーロッパを中心に複数の国々で大学の学費無償化が行われている。そうした国では大学生は学費を払わなくてよい。つまりこれは，大学生という立場にある人が学費に相当する分だけ，税金からより多くを受け取るという決定を政府が行っているということである。一方で日本ではそのような決定が行われていないため，大学生は基本的に学費を支払わなくてはならない。

政府が配分するのは税金だけではない。権利や名誉も同様である。例えば，

現在世界中で合法化の流れが起きている同性婚も，要は政府が結婚するという法的な権利を異性間にのみ配分するのか，それとも同性間にも配分するのか，という問題である。また毎年春と秋に叙勲が行われるが，これは政府が国や社会に対して功績があった人に勲章を与えることによって，名誉を配分するということである。ここにも誰にどの勲章をいつ与えるのかという問題が存在する。

(2) 主権者としての国民

　こうしたお金，権利，名誉など基本的に誰もが求める価値のあるものを人々に配分する機能を指して，アメリカの政治学者デヴィッド・イーストンは政治のことを「社会に対する価値の権威的配分」と定義した（イーストン 1968）。ここで権威的配分というのは，市場における自由な競争や合意に基づく交換を通じて価値が配分されるのではなく，人々を従わせるだけの権威をもつ政府が価値の配分を行うことを意味する。例えば，重い障害をもつ人は労働市場において企業に雇われ，その働きに応じて配分されたお金で生計を立てることは難しい。そこで政府が国民に基本的人権を保障するという方針の下，集めた保険料のうち障害をもつ人の取り分を決定し，障害年金として配分する。民主主義である日本において政府の権威に裏付けを与えるのは，あくまで主権者としての国民の合意である。つまり王様や独裁者ではなく，国民が税金の使い道を決めるのである。

> 代表民主制

とはいえ，実際にこれを国民が行うのは難しい。なぜなら，国民は一般的にそれを行うだけの十分な能力や時間をもっていないからである。例えば，先に述べた生活保護の問題も，最低賃金で働いたよりも多く支給されるのはおかしいとか，日本国籍をもたない人にも支給されるのはおかしいなどと，税金の使い道に関するさまざまな論点が考えられる。これを適切に検討するには生活保護の実態がどうなっているか，法的に問題がないか，これによって生じる不利益やコストは何かなど多くのことを考慮する必要がある。

　そこで政治を国民に代わって行うのが，高度な知識と能力をもち，それに専念する時間を与えられた政治家である。国民は選挙によって，政治家を選ぶ。選ばれた政治家は国民に代わって様々な角度から問題を検討し，国民の利益の

ために税金の使い道を決める。第 1 章 3 で述べたとおり，このように主権者としての国民が選挙で選んだ政治家を通じて政治を行う仕組みを代表民主制という。以下では選挙で投票する権利をもつ国民のことを有権者，選挙に立候補している政治家を候補者と呼ぶ。

2　争点投票とは何か？

(1) 争点で投票することの重要性

　代表民主制が機能するためには，有権者が政策争点に基づいて投票する候補者を決めること，すなわち**争点投票**を行うことが求められる。実際，2016年の選挙権年齢の18歳への引き下げに先立ち高校生向け主権者教育の一環として総務省と文部科学省が作成した副教材では，「情報を得て，争点を整理・分析し，自分で考え，私たちの代表者を選ぶ」(総務省・文部科学省 2016：62) ことの重要性が説かれている。なぜ政策争点で投票することが重要かというと，これができない限り政治家は自分に投票してくれた有権者の利益ではなく，自らの利益の実現のために政治を行うかもしれないからである。

有権者の意見が反映される仕組み　どういうことか。まず選挙では候補者は様々な公約を掲げて，有権者に投票してもらおうとする。公約とは要するに価値の配分，ほとんどの場合税金の使い道に関する有権者に対する約束である。例えば，福祉の充実を公約として掲げる候補者は，当選すれば税金をより多く生活保護や児童手当などの公的扶助に配分する政策を実行することを約束している。一方で，福祉の見直しを公約として掲げる候補者は，それらに配分される税金を少なくすることを約束している。

　政策に関する意見が対立し争点化しているなかで，各候補者の公約を比較し有権者は自分の意見に最も近く自らの代理人として最もふさわしい候補者に投票する。そして実際に当選した政治家が政治を行うのをみて，公約を実現してくれたと思えば次の選挙でもその候補者に投票するし，公約を破ったと思えば別の候補者に投票する。政治家も落選すればただの人である。次の選挙で再選されることを最大の目標とする政治家は，できるだけ多くの票を得て次の選挙で勝つために公約を実現しようと努力する。

理屈のうえではこのようにして，国民の意見が政治に反映される。つまり，有権者が選挙を通じて公約違反をした政治家に罰を与えることができるからこそ，代理人としての政治家が主権者である国民の意見に耳を傾け，それを反映した政治を行うのである。

争点投票を行い，こうした仕組みを機能させるために，有権者はいくつかの条件を満たしている必要がある。第1に，選挙において候補者間で対立が起きている争点について，自分自身の意見をもっていなければならない。仮に有権者が争点に関する自分の意見をもっていなければ，候補者の公約と自分の意見と照らし合わせて投票することはできず，政治家が公約を破ったところで罰を与えようとは思わない。

　第2に，その争点について候補者がどのような意見をもっているのかを認知している必要がある。仮にある争点に関する自分の意見があったとしても，候補者がどのような公約を掲げているのかを知らなければ，有権者は正しく自分の意見を代弁してくれる候補者に投票することができない。したがって投票した候補者が公約違反をしたところでそれがわからず罰を与えられない。

　第3に，その争点が自分にとって重要だと思っている必要がある。仮にある争点に関する自分の意見をもち，候補者の公約を認知していたとしても，その争点自体重要だと思わないなら，それに基づいてどの候補者に投票するかを決めることはない。

要するに，有権者が争点について自分の意見をもち，候補者の公約を認知し，かつその争点を重要だと思わない限り，争点投票を行えず，候補者が公約違反を理由に有権者に罰せられることもない。そうなると政治家は有権者の意に反して政治を行うことができ，仮に有権者が福祉の充実を望んでいたところで，その意見が政治に反映されることはない。政治家は有権者が争点投票しない争点については白紙委任状を渡されているようなものであり，大多数の有権者の利益ではなく，自分自身やその問題に強い利害をもつ一部の有権者の利益のために税金を配分することができる。有権者がその争点で投票すると思わなければ，世論調査で大多数の有権者が反対している政策さえ与党は実行するだろう。

(2) 合理的有権者の想定

　このように，代表民主制が理想どおり機能するためには，有権者は争点投票を行う必要がある。ところが残念ながら実際のところ，多くの有権者は争点投票ができていない。アメリカの場合，多くの有権者は大統領選挙の候補者の主要な政策的立場すら正確に理解していない (Delli Carpini and Keeter 1996)。日本でも，衆議院議員選挙などの国政選挙における選挙区の候補者の公約を正確に答えられる人はどれだけいるだろうか。多くの有権者は争点によって候補者を区別できておらず，候補者間の違いがわからないのである。

　これは，多くの有権者は合理的に投票できないことを意味する。ここでいう合理的とは，実現されるべき政策について望ましい順位づけとしての選好をもっていて（争点について一貫性のある自分の意見をもっていて），かつこの選好に合致した候補者に投票している（候補者の公約を認識し，自分の意見に最も近い候補者に投票している）という意味である。代表民主制はこのような合理的な投票ができる有権者を想定している。

3　政党支持とイデオロギーによる投票

(1) スマホ選びと候補者選び

　では，代表民主制が想定するような争点投票ができる合理的有権者は少ないとして，いったい多くの有権者は何に基づいて投票先を決めているのだろうか。そもそもなぜ選挙において候補者を争点に基づいて選ぶのが多くの有権者にとって難しいのだろうか。ここではこれらの問いについてやや本筋からそれるが，スマートフォン選びとの比較で考えてみたい。

いちいち調べる
のは面倒くさい

人々はいったいどうやって自分のスマホを選んでいるのだろうか。とにかくスマホにはたくさんの種類がある。しかし基本的に人々が欲しいのは予算内で最大限スペックが高いスマホだろう。これをみつけるための正攻法は，やはりすべてのスマホについて，CPU，RAM，バッテリー容量，カメラの画素数，本体重量，生体認証機能，耐久性，価格，デザインなど事細かに調べ，その情報をもとに比較検討して自分の好みに合ったものを選ぶ，というものである。しかし実際にこんなことを

してスマホを買っている人はほとんどいないと思われる。というのもそれには大変な労力がかかるからである。そこまで情報機器に関心がない多くの人々にとって、スマホを選ぶのにできるだけ頭も時間も使いたくない。かといって、適当に買って後悔もしたくない。

ブランドで
選ぶのは簡単

そこで多くの人々がスマホを選ぶ際にみるのがブランドである。スマホのブランドには例えば、iPhone, Galaxy, Xperia, AQUOS, arrowsといったものが含まれる。ブランドの名前は消費者に商品の特徴に関するヒントを与える。人々はそれぞれのブランドに対して、高機能なのはこれだとか、安いのに最先端なのがあれだとか、壊れにくいのはそれだとかイメージをもっており、そのイメージに基づいて自分に最も合ったスマホを選んでいると考えられる。そんなふんわりしたブランドのイメージで選ぶなんていいかげんだと思うかもしれないが、これが必ずしも誤った選択を導くとは限らない。なぜならそれぞれのブランドに対するイメージは、現在はもう忘れてしまったかもしれないが基本的に過去に何らかの経験があって形成されたものであり、良いイメージをもっているブランドは、やはりそれだけ自分にとって満足できる理由があると推測されるからである。

(2) ヒューリスティクス

このように、不確実な状況下において物事を判断するために必要な情報を集める際の認知的コストや時間的コストを低減するために用いられる認知的簡便法のことを**ヒューリスティクス**（heuristics）という。スマホ選びの例でもわかるように、人々はヒューリスティクスを日常生活において無意識に使用している。別の例を挙げると、大学に入学し知り合いが1人もいない語学のクラスで友人をつくりたいとする。誰に最初に話しかけるだろうか。気が合わない人に話しかけて仲良くなろうとしても拒絶されたり、いったんは友人関係になっても結局疎遠になったりして時間が無駄になるだけだろう。できればずっと友人でいられるような気の合う人に話しかけたい。しかし、いかんせん入学したばかりで情報が足りず不確実性が高い。そんなとき、例えば1つのヒューリスティクスとして使えるのが服装である。自分と同じようなセンスの服を着ている人だったら気が合うのではないか、など服装からその人の性格を推測するの

である。

| 合理的無知 |

以上の問題は，投票する候補者を選ぶことにも当てはまる。選挙では候補者が乱立することも珍しくない。選挙区から 1 人しか当選しない定数 1 の衆議院小選挙区でも 6 人くらい候補者がいることがあるし，定数が 6 の参議院の選挙区では20人くらい立候補することもある。また市議会議員選挙など市によっては定数が40以上もあり，立候補者が50人を超えることもある。そのなかから誰に投票するかを決める際は，理想的には経済，福祉，外交など様々な政策に関する各候補者の公約を比較検討し自分の意見に最も近い 1 人に投票したい。

　しかし，こんなにたくさん候補者がいるなかでそれを行うのは不可能である。またたとえ候補者の数が少なくても，よほどの政治マニアでない限り各候補者の公約を調べるのに多くの時間と労力をかけたいと思わないだろう。なぜなら自分がもっているのはたかが 1 票であり，それで選挙結果が変わるとも思えないからである。要するに情報収集のコストに見合った利益を得られないからこそ，有権者は政治のことを知ろうとしない。これを有権者の合理的無知という。有権者が候補者間の違いがわからず争点投票できないのも仕方ないし，ある意味当たり前なのである。

(3) 政党ラベル

　とはいえ，時間と労力はかけたくないものの，最も自分の利益になる候補者には投票したい。そこで選挙での候補者選択における代表的なヒューリスティクスとして用いられるのが，政党ラベルである。つまり，情報不足で不確実な状況下において，有権者はできるだけ自分の利益に適った政治を行う候補者は誰なのか，候補者の所属政党をみて判断している。そして自分が支持する政党の候補者が自分の利益を最も実現してくれると信じて投票する。

　このような政党ラベルに基づく投票は，もともとアメリカで発展してきた政党帰属意識（party identification）の概念に基づいている。なぜ帰属意識と呼ぶかというと，アメリカの場合例えば「私は民主党を支持する」という言い方ではなく，「私は民主党の者だ（I'm Democrat）」という言い方がされるように，「私」が政党という集団を外から応援するのではなく，その集団に属しているという

感覚が一般的だからである。

感情的愛着としての政党帰属意識　1960年代のミシガン大学の研究者たちによると、政党帰属意識とは政党に対する感情的愛着のことである（Campbell et al. 1960）。大人へと成長する社会生活において人は家族をはじめとする周囲の環境から政治的な事柄について自然と学び、自らの政治意識を形成する。政党帰属意識はこうした政治的社会化のなかで、主に両親から受け継ぐ形で育まれると考えられた。例えば父親が熱心な民主党支持者の場合、その子どもは普段の生活のなかで父親が政治の話をするのを聞いたり、あるいは父親と会話したりするなかで自然と民主党に対して好意的な感情を抱くようになり支持するようになるのである。

　やや誤解を生みかねない例だが、それは子どもが親と同じ野球チームのファンになるということに似ているともいわれている。関東在住の阪神ファンや関西在住の巨人ファンは、おそらく親がそれぞれのファンであり、一緒にテレビで試合を観たり、ときには球場に行ったりしていたのではないだろうか。このようにして形成された特定の政党に対する感情的愛着としての政党帰属意識は、その政党に多少スキャンダルが発覚したり、その政党が政策上の失敗を犯したりしたところで簡単には揺るがず、長期間持続するとされる。

業績評価としての政党帰属意識　一方で、政党帰属意識は親から自然に受け継がれただけではなく、何らかの理由があって形成されたとする考え方もある（Fiorina 1981）。この考え方によれば、政党帰属意識はその政党の過去の業績について回顧的に評価した「途中集計（running tally）」のようなものであり、政党が好景気をもたらすなど実績を上げていると思えば政党帰属意識は強まるし、反対に実績が上がっていないと思えばそれは弱まる。また低評価が続けば政党に対する帰属意識はなくなるし、他の政党がより良い実績を上げていると思えば、帰属意識をもつ政党が変わることもある。したがってこの考え方に立つなら、現在特定の政党に帰属意識をもっているということは、すでに忘れていたとしても何らかの理由で有権者が過去にその政党が実績を上げたと判断したということである。そうした政党の業績に対するプラス、マイナスの評価の蓄積が政党帰属意識なのである。

| 政党支持態度 |

政党帰属意識は，日本では**政党支持態度**と言い換えられる。なぜなら日本では，アメリカのように有権者が自らを集団としての政党に属しているのではなく，自らは党の外部にあってそこから党を支持すると考えるからである。上で述べた政党帰属意識の議論を日本に当てはめるなら，例えば両親が自民党を支持していることにより，ある有権者は最初自然と自民党支持者となる。そのまま自民党に対して感情的愛着をもち続け，何があっても支持する人もいるかもしれないが，多くは自民党の業績次第で政党支持態度が変わりうる。自民党の実績を高く評価すれば自民党支持態度は強まるし，反対に低く評価すれば自民党支持態度は弱まる。あまりに低評価が続く場合，支持を失うかもしれない。それどころか場合によってはマイナスの評価となり，有権者にとって自民党は絶対に投票したくない「拒否政党」となるかもしれない。また親がどの政党も支持していない場合，その有権者も無党派になる可能性が高いが，日々の生活のなかで自民党への業績評価が高くなれば，自民党への支持が芽生えるかもしれない。

　このようにして獲得された政党支持態度は，候補者を選択するうえでの有力なヒューリスティクスとなる。候補者がどのような人物なのか，どのような公約を掲げているのかよくわからなくても，有権者は政党ラベルをみて自分が支持する政党から出ている候補者なら自分の政策選好に適った政治を行ってくれると考え投票するのである。政党支持態度は投票選択を説明する最も根本的な要因とされており，日本では大多数の有権者は自分の支持する政党の候補者に投票している。なぜその政党を支持するのか理由を明確に答えられなくとも，それが過去の業績評価の蓄積の結果である限り，選挙で政党ラベルをヒューリスティクスとして候補者に投票しておけば，とりあえずは自分の意見と近い候補者に投票できると考えられるのである。

　一方で政党ラベルがその当落に大きな影響を与える政治家たちも，次の選挙で再選するために自分の所属する政党の評価を上げようと，有権者の声に耳を傾け，政治において有権者の利益を実現しようとする。この意味において完全な形ではないにせよ，政党を通じて代表民主制の理想は実現しうるのである。

(4) イデオロギーラベル

　さらに選挙での候補者選択におけるもう１つ別の代表的なヒューリスティクスが，**イデオロギー**である。イデオロギーとは，様々な政策争点に関する意見が一定の傾向をもって１つのイデオロギーのラベルと結びついている政治信念体系のことを指す。それは例えば，保守，革新，リベラル，右派，左派といったものである。一般的にアメリカの保守は，政府による市場規制反対，最低賃金設定反対，福祉反対，人工妊娠中絶合法化反対，同性婚反対などの争点態度を共有している。反対にリベラルは，政府による市場規制賛成，最低賃金設定賛成，福祉賛成，人工妊娠中絶合法化賛成，同性婚賛成などの争点態度を共有している。

　こうしたイデオロギーが社会で広く認知されている場合，候補者のイデオロギーラベルを知るだけでその政策争点に関する立場が推測できる。例えば，保守とされる候補者がいたとして，有権者はその候補者が各争点について具体的に何を言っているのかを知らなくても，保守なのだから福祉にも同性婚にも反対しているのだろう，などと推測をすることができる。すると可能な限り多くの争点で自分と同じ意見をもつ候補者に投票したい場合，自らを保守的と思う有権者はリベラルな候補者は避け，保守的な候補者に投票すればよい。もちろんこの推測が必ずしも当たっているとは限らないが，イデオロギーラベルと特定の争点態度との結びつきが広く共有されている社会では，イデオロギーは有権者にとって少ない労力で自らの代理人を選ぶうえでの有力な手がかりとなる。

(5) 政党支持とイデオロギーの衰退

　しかしながら，現在の日本においては政党ラベルもイデオロギーラベルも選挙での候補者選びにおけるヒューリスティクスとしての機能が弱くなってきている。まず政党支持態度について，**図5-1**にあるとおり時事世論調査によると1960年代には支持する政党をもたない有権者，いわゆる**無党派層**の割合は２割未満であったが，その割合は年々増え続け，1990年代前半に急増した後は現在に至るまでおおむね５〜６割で推移している（選挙があると無党派層の割合は一時的に減る）。こうした支持する政党をもたない無党派層にとって政党ラベルは，自らに近い政策意見を持つ候補者を選ぶ際に何の手助けにもならないだろう。

図 5 - 1　無党派層の割合の推移（1960〜2019年）

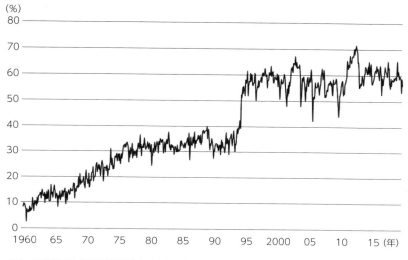

出典：時事通信社「時事世論調査」をもとに筆者作成。

　同様にイデオロギーについても，図 5 - 2 にあるとおり明るい選挙推進協会の調査によると1970年代から1980年代には自らを保守とも革新とも思わない有権者の割合は 4 割弱であったが，その割合は1990年代半ば以降 5 割弱に増加している。これだけみれば，まだ政党支持態度に比べてイデオロギーの低下は緩やかに思えるが，問題はイデオロギーラベルと各政策争点態度との結びつきに関する共通理解が失われているということである。

　例えば革新が意味する政策争点態度の認識が候補者と有権者とで異なれば，同じ革新という言葉を使っていても，実際はそれぞれ異なる政策争点態度をもっているということを意味する。これではイデオロギーラベルを手がかりに正しい候補者を選択できない。実際かつて日本では保守が日米同盟賛成・憲法改正賛成，革新が日米同盟反対・憲法改正反対というように，それぞれのイデオロギーがどのような政策争点態度を意味するのか社会で広く共有されていた。しかし，近年とりわけ若年層とそれ以外とではその意味が大きく異なっており，共通理解が成立していないといわれている（遠藤・ジョウ 2019）。この場合，自分の政治的意見は革新だと思った有権者が，革新を自称する候補者に投

図 5 - 2　保革イデオロギーの割合の推移（1972〜2017年）

図 5 - 2　保革イデオロギーの割合の推移（1972〜2017年）

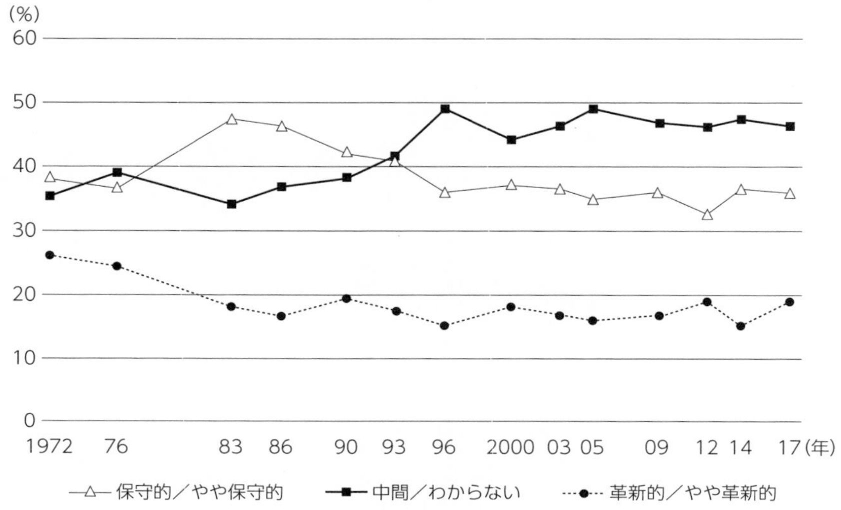

出典：明るい選挙推進協会「衆議院議員総選挙全国意識調査」をもとに筆者作成。

票しても自らとはまったく意見の異なる候補者に 1 票を託すことになるかもしれない。

4　候補者評価と経済評価による投票

(1) 候補者属性

　ただし仮に政党ラベルもイデオロギーラベルも投票するうえでの手がかりとならなくても，有権者はまた別のヒューリスティクスを用いることができる。候補者の属性である。有権者は，様々な候補者個人の属性からその候補者の能力を推測し，自分にとって利益となる候補者に投票する。それゆえ特定の属性をもつ候補者は選挙を有利に進めることができる。

　世襲議員

なかでもその代表的な存在が世襲議員である（⇒第 8 章 1 ）。一般的に世襲議員は，もともと議員であった親や親族から，地盤，看板，鞄のいわゆる「三バン」を受け継ぎ議員になった

政治家のことを指す。地盤とは選挙区における支持基盤のことであり，具体的に後援会組織のことを指す。世襲議員は一から後援会をつくる必要がなく，親や親族から強固な後援会組織を受け継ぐ。また看板とは，姓に付随する知名度である。親や親族の議員が長年政治活動をしていたことにより蓄積された知名度が，その議員と同じ姓をもつ新人候補者にも引き継がれる。さらに，鞄とは主に選挙資金のことを意味する。政治資金パーティや政治献金を通じての集金のルートだけでなく，世襲議員は政治資金の受け入れと支出を行う資金管理団体を親や親族の議員から受け継ぐ。これら「三バン」がある結果，世襲議員は非世襲議員と比べて選挙で強く，再選される割合が高い（飯田・松林・上田2010）。

候補者の知名度

有権者にとってとりわけ世襲議員の姓は有力なヒューリスティクスとなる。1つには，親や親族の議員の実績を想起させるため，有権者はまったくの新人でも世襲議員の能力が高いのではないかと推測する。例えば，かつてその選挙区の議員を務めた親や親族が，公共事業を地元に多くもってきたことで知られる場合，その跡を継いだ議員にもそのイメージが投影される。首相など重要な役職を務めた場合も同様であり，首相の子があとを継いで議員になった例は，田中角栄首相の子・真紀子，福田赳夫首相の子・康夫，小渕恵三首相の子・優子，小泉純一郎首相の子・進次郎など枚挙に暇がない。これらの姓は地元選挙区ではそれ自体ブランド化しているといえる。

　また有権者は，能力が高そうだというだけでなく，単に名前を知っていて親近感を覚えるという理由でも投票する。政策争点についての明確な意見がなく，支持政党やイデオロギーもない有権者にとって，選挙で複数の候補者を区別しそのなかから1人に投票することは容易ではない。全員同じにみえる。しかしそのなかに知っている名前の候補者がいれば親しみを覚え，投票してみようという気持ちが起こるであろう。世襲議員のみならず芸能人，評論家，スポーツ選手など著名人が選挙に立候補し当選することは決して珍しくないが，彼らの経歴を考えれば多くの場合，有権者は政策や政治家としての能力を評価して投票したのではなく，単に知っていることによる親近感から投票したと考えられる。

　候補者の経歴といった後天的な属性もさることなが
ら，見栄えの良さや性別など先天的な属性によっても
有権者の投票は左右される。アメリカでの研究によると，連邦議会議員選挙に
おいて見た目が良いと判断された候補者ほど得票率が高い（Todorov et al.
2005）。これは見た目が良い候補者ほど有能だと有権者に評価される傾向にあ
るからである。さらにアメリカの有権者の間には性別にまつわるジェンダース
テレオタイプが存在することが多くの研究において示されている。代表的なも
のとして例えば有権者は，男性候補者には安全保障に強いというイメージを抱
く一方，女性候補者には福祉に強いというイメージを抱く傾向があるという
（Sapiro 1981-82）。これは完全に偏見ではあるとはいえ，候補者に関する十分な
情報をもたない有権者は，こうしたステレオタイプを頼りに投票する候補者を
決めるのである。

　これらはアメリカでの話であるが，日本でも十分に考えられることである。
日本のマスメディアをみれば，特定の政治家を指して「美しすぎる議員」，「イ
ケメン議員」などと，能力や実績と関係なくその外見が取り上げられることが
よくあるし，若くて見た目が良い候補者を積極的に擁立しているとされる政党
もある。さらに，福祉に力を入れている政党は女性議員を擁立する傾向にあ
る。これらは上で述べたジェンダーステレオタイプに沿った現象といえるだろ
う。

　このように候補者の属性を参照することは，候補者間
の違いを見出すコストを下げ，投票する候補者を決め
るのを助ける。とりわけ支持する政党をもたない無党派層にとってこの意味は
大きい。しかしながら，これによって政治において有権者の利益が実現する可
能性は低い。なぜなら有権者は候補者の公約違反に対して罰を与えることがで
きないからである。多くの有権者が候補者の公約をもとに政策争点で投票せ
ず，知名度が高いというだけで政治家を選んだ場合，その政治家は次の選挙で
再選されるために公約を守る動機がない。単に知名度が高いことが理由で当選
した政治家にとって次の選挙に勝つためにとる行動は，例えばマスコミの露出
を増やすことである。その一方で，政治で最も重要な税金の使い道の決定では
公約を無視し，大多数の有権者の利益ではなく，自分自身や一部の有権者の利

益を実現しようとするかもしれない。

(2) 経済投票

　有権者にとって比較的簡単でかつそこそこ合理的なのは，経済状態で投票先を決めることである。すなわち経済状態が良いと思えば，政権を担う与党の候補者に投票し，悪いと思えば野党の候補者に投票する。このような投票のあり方を**経済投票**という。ここでいう経済状態は，国全体の景気と家計の状態の2つに分けられる。前者に基づく投票を社会志向投票（sociotropic voting）と呼び，有権者はGDP成長率や失業率などで表される国全体の経済状態を考慮して投票する。また後者に基づく投票を個人志向投票（pocketbook voting）と呼び，有権者は自らが経験した世帯所得の増減など個人的な暮らし向きの状態を考慮して投票する。

　先にも述べたとおり争点投票を行うためには，争点に関して少なくとも自分の意見があり，かつ候補者の公約を認知する必要があったが，経済投票では経済状態が良いか悪いか判断でき，かつ与党の候補者が誰であるかがわかるだけでよい。争点投票のように完全な意味で合理的ではないが，「悪い経済状態よりも良い経済状態を望む」という有権者全員に共通する選好が与えられたとき，悪い経済状態をもたらした政権与党を選挙で罰することは，少なくともこの選好には合致しており合理的であるといえる。

　こうした経済状態に基づくある程度合理的な投票の存在により，「景気を良くしてほしい」という有権者の願いを政治家は実現しようとする。政治家は不景気のときには公共事業など財政出動を行い，会社や個人の仕事を増やそうとするし，政策金利の引き下げなど金融緩和を中央銀行に求めることにより会社や個人がお金を借りやすくしようとする。なぜなら，景気が悪化すると与党は次の選挙で負けてしまうからである。実際，経済成長率が低いときには選挙で与党の得票率が低下するという顕著な傾向が，日本を含む世界中の国々で観察されている。つまり，代理人としての与党の政治家には再選のために景気を良くしようという強い動機が働いており，少なくともこの意味では有権者の投票により代表民主制は機能しているといえるのである。

📖 さらに勉強したいときに読んでほしい 3 冊

①飯田健・松林哲也・大村華子，2015，『政治行動論──有権者は政治を変えられるのか』有
　斐閣.
　代表民主制における有権者の政治意識と政治行動に関する理論と実態について概説した初級
教科書。
②山田真裕・飯田健編，2009，『投票行動研究のフロンティア』おうふう.
　1990年代以降の発展を踏まえて投票行動研究にまつわるトピックを幅広く紹介した上級教科
書。
③谷口将紀，2020，『現代日本の代表制民主政治──有権者と政治家』東京大学出版会.
　独自のデータをもとに政治家がどの程度有権者の意見を代表しているのか検証している研究
書。

第**6**章 利益団体
▶利益を主張するってどういうこと？

1　利益団体とは何か？

(1) 利益団体の定義と種類

利益団体の定義

政治過程で活動している集団には様々なものがあるが，その1つが利益団体である。利益団体とは，政府の外部から公共政策に影響を与えるために活動する組織である（Wilson 2011）。

現代の社会には様々な団体や組織が存在している。それらは共通の職業・業種・関心などを基礎としてつくられ，通常は社会のなかで活動している。だがそれらの団体・組織が政治に関わる事柄に関心をもち，何らかの活動を行う場合に，それらは利益団体とみなされる。

その具体的な例として，かなり特殊ではあるが大学生のバスケットボールのサークルを考えてみたい。バスケサークルは趣味の団体であってその活動内容に政治的な要素はない。しかし，サークルが練習に使っている市営のコートが，民間企業に売却されて駐車場になる計画が判明したとする。それを知ったバスケサークルがコートの売却を中止することを市に対して求めると，このサークルも利益団体として活動したということになる。

このように利益団体というのは様々な団体・組織の政治に関わる部分に注目した名称であり，実体を指すものではない。現代の社会では，多くの団体が利益団体となる可能性をもっている。

セクター団体

日本における代表的な利益団体の1つに，日本医師会がある。医師にとっての本業は医療活動であり，医師はそれによって収入を得ている。医師の団体である医師会も学術専門団体であることを標榜し，開業医の生涯研修や地域医療の推進などの活動を行っている。だが医師が行う診察や処置の値段（診療報酬）は，健康保険法に基づいて厚

生労働省が定めているので，医師が自分の仕事からどのくらいの収入を得られるかは政府の決定に左右される。そのために医師たちは政府に対して自らの要望を主張する動機をもち，日本医師会やその関連組織である日本医師連盟を通じて，政治のなかで様々な活動を行っている。

　もう1つ代表的な利益団体としてよく名前が挙がるのが農協（全国農業協同組合中央会，JA全中）である。農家の仕事は農作物や畜産物を育てて販売することで，それによって収入を得ている。農協も主な事業内容は作物の流通など農家の経済活動に関わるものである。だが農家の場合にも，土地や農薬・肥料などの使用について法令で制限があるうえに，競争相手である海外産の農産物をどのような条件で輸入するかなども政府が決定しているので，自らの仕事をするうえで政治に関わっていく必要がある。そのために農協やその関連組織である農政連（全国農業者農政運動組織連盟）は活発に政治活動を行っている。

　同じように，自動車や家電などの製造業，スーパーマーケットなどの流通業なども政府の政策によってその業務が影響を受けるし，労働組合は労働条件その他が労働法によって規制されているので，政府に対して要望を主張していく動機をもっている。これらのような，職業や業種に基づいて組織されている利益団体のことを**セクター団体**と呼ぶ（村松・伊藤・辻中 1986）。セクター団体はそこに所属する個人や企業が政治に利害をもつ範囲内で，部分的に政治に関わるような性格をもっている。

| 政策受益団体と
価値推進団体 |
経済的な区分に基づいて組織されるセクター団体に加えて，政府の活動範囲や規模が拡大した現在では，特定の政策や制度を基礎として組織された団体が存在する。社会福祉協議会は慈善組織に起源をもつ民間の団体であるが，現在では社会福祉法に規定があり，運営資金や人材の面で行政機関への依存度が高い組織となっている。健康保険組合連合会は，企業などを単位にできている健康保険組合の全国組織であるが，その存在自体が国の医療保険制度を前提としている。こうした政府の活動に密着して存在する団体を**政策受益団体**という。

　これらに対して，利益団体のなかには職業・業種や政策によって対象が限定されないような利益や目標を追求するために最初から結成され，政治に参加するようなものも存在する。例えばアムネスティ・インターナショナルは政治犯

の支援，難民の保護，死刑廃止などの問題に取り組んでいる国際組織であるが，それらの目標はアムネスティのメンバー自身の利益ではないし，メンバーが人道上の危機にさらされているわけではない点でセクター団体や政策受益団体とは性質が異なっている。自然環境の保護や行政の監視などを目的として活動する団体の場合も，その目標が特定の集団だけに関わるものではないことは同様である。こうした団体は**価値推進団体**，あるいは公共利益団体と呼ばれる。

(2) 民主主義と利益団体

**利益団体は
なぜ必要なのか**　利益団体は欧米では19世紀末頃からその活動が注目されるようになり，日本でも1950年代末に「圧力団体」という名称で報道されるようになった。「圧力」という語には自分たちの要求を押しつけるといった批判や非難が含まれている。たしかに利益団体の活動には政策を歪めるような面があるが，それでも利益団体が存在し活動することは現代の民主主義に必要である。

　現代の民主主義において政治に参加するといえば，まずは各種の選挙で投票し，代表者を選出することが連想される。選挙は民主主義の基礎となる制度であり，また最も身近な政治参加の手段でもある（⇒第 **4・5** 章）。だが選挙には時期が限られている，選挙の争点が自分の関心事と一致しない場合があるなどの問題点がある。利益団体は時期を選ばずに，任意の問題について活動できるという点で，選挙の短所を補完し，選挙以外で人々の意思を政治に反映させる手段としての役割をもっている。

なぜ組織が重要なのか　選挙以外の政治参加の手段は利益団体にとどまらないが（⇒第 **4** 章），そのなかで利益団体が重要である一因は組織された集団というその形態にある。現代の民主主義は成人の国民全員が参加する大規模なものであるために，個人として行動しても政治に大きな影響は与えられない。人々の声を増幅して政治に影響を与えるためには集団となることが必要であり，20世紀初期には政治の基本単位が個人から集団に変わったと主張されていた（バーカー 1954）。

　政治の世界では様々な集団が活動しているが，デモや集会などで集まった人々と利益団体が異なっているのは組織をもち，誰が所属しているのかがはっ

きりしていることである。メンバーの範囲が決まることで，団体が代表すべき利益や考えの範囲も明確になる。また組織があることは，活動を一時的でなく継続して行うことや，計画をもって行うことのためにも必要である。

　また，本章で利益団体を考える際のキーワードの1つは「交換」であり，利益団体と他のアクターとの間での交換や利益団体内部での交換に注目している。様々な種類の交換が確実に行われ，継続していくためには，組織が存在して機能していることが必要になる。このように利益団体が組織をもっているということは，単に人数が多いということにとどまらない意味をもっている。

利益団体の数と規模　利益団体が代表する社会的な利益とはどのようなものだろうか。組織とは複数の人間の相互作用の集合体なので，まったくの個人的な利益は利益団体の基礎とはならない。また，社会の大多数の人々が共有しているような利益は，利益団体よりもむしろ政党によって選挙を通じて代表される。個々の利益団体が代表するのは両者の中間にある，社会全体からみると一部分あるいは相対的に少数の人々の利益である（Holyoke 2014）。また，1人の人間は複数の属性をもっているが，利益団体はそのうち職業や思想信条など1つの属性だけを代表するという意味でも部分の代表である。

　このような特徴のために，利益団体は少数者の利益を実現する手段であるという批判が存在してきた。だが団体の数やどれくらいの人が所属しているかをみると，利益団体は特殊な少数者ともいえない。

　利益団体は政治過程で活動している組織全般を呼ぶ名称で，株式会社や一般社団法人のような制度上の概念ではないので，現代の日本にどれくらい存在するかを正確には把握できない。そのため政治・行政に関わっている組織・団体の数を主な種類別に挙げることでその数を推定する。経済センサス基礎調査（2014年度）によれば，「会社以外の法人」「法人でない団体」が約45万ある。それとは別に自治会・町内会など地縁団体が約29万8千ある。利益団体として活動する可能性がある組織・団体は，このような規模で存在している。

　最も所属する人数の多い団体は労働組合の中央組織である連合（日本労働組合総連合会）であり，約700万人が加盟している。また健康保険組合連合会は直接のメンバーとはいえないとしても，約3千万人の保険加入者をカバーしてい

る。自治会・町内会に至っては加入していない世帯の方が少数派になるだろう。このように，個々の利益団体は少数あるいは部分の代表であっても，集計した場合には利益団体はそれほど特殊な存在ではないし，何らかの形で利益団体と関わりをもっている人の方が社会のなかで多数を占めるだろう。

2　利益団体は何をしているのか？

(1) アドボカシー活動

> **アドボカシーと**
> **ロビイング**

利益団体の政治への関わり方を表す「**アドボカシー**」という言葉がある。アドボカシーとは「公共政策や世論，人々の意識や行動などに一定の影響を与えるために，政府や社会に対して行われる団体・組織の働きかけ」の総称 (後・坂本編 2019) である。利益団体の活動のうちで，組織の管理運営以外の活動はすべてアドボカシーであるといってよいだろう。

　様々なアドボカシーのなかで，利益団体が行う活動としてまず連想されるものはロビイングである。**ロビイング**とは利益団体の政策についての意向や考えを，政策を決定する者に伝える行為である (Pekkanen et.al. 2014)。この言葉は，アメリカ連邦議会の議場の外 (ロビー) で議員に陳情することを指すものとして，1860年代から使われるようになったという (内田 1980；Herring [1929] 1967)。ロビーという語は利益団体の別名としても用いられており，アメリカでは特定の業界や地域に関わる利益団体の集合体を指して「砂糖ロビー」「ジャパン・ロビー」などの表現が使われたりもする。

　ロビイングのやり方は，利益団体の代表が政治家や政府職員に直接に面会したり文書を提出したりして要望を伝えること (直接ロビイング) に加えて，団体の一般メンバーが署名を行ったり集団で地元の政治家に手紙を書いたりすること (間接ロビイング) など多岐にわたっている。

　ロビイングの対象となるのは，政策の決定に関わりをもつ者や組織，すなわち政治家や行政機関とその職員である。政治家は法律や条例などを制定する権力をもち，行政機関は政策の原案の作成や決定された政策の実施などに関わっている (⇒第**11**章)。利益団体はそれぞれ自らの目標に応じて，法令の制定に関

心をもつ団体は政治家を標的としてロビイングを行い，政策や事業の実施や許認可・処分などに関心をもつ団体は行政機関を標的とする。

　利益団体は主として自らと似通った政策上の位置や考えをもつ者や組織にロビイングを行っており，異なる見解をもつ相手に対して働きかけることは少ない（Hall and Deardorff 2006）。ロビイングは相手の意見や行動を変えさせるよりも，元々考え方や態度に共通する部分があるアクターを支援する行為という性格が強い。

| ロビイング以外の
アドボカシーの手段 | ロビイングは政策の形成・実施に直接関わるアクターへの働きかけであるが，それ以外にもアドボカシーの |

手段として，以下のようなものが存在する（松田・岡田編 2009；ボリス／スターリ 2007）。

①一般市民や世論への働きかけ

　利益団体はメディアでの広告などを通じて，その活動が一般市民に受け入れられるように努めている。また利益団体は調査研究の結果を公表することなどを通じて，団体が関わる問題について世論を形成しようとする。

②選挙過程での活動

　利益団体は様々な形で選挙に関わっている。特定の政党と友好関係にある利益団体は多く，それらの団体は政党や候補者に投票するようメンバーを動員している。また候補者の選挙運動のスタッフを利益団体が提供することや，利益団体が政党に対して候補者を供給する場合もある。

③訴　訟

　アドボカシー活動の多くは資金やメンバー数といった何らかのリソースを必要とするが，それらを十分にもたない団体が訴訟によって主張を実現しようとすることは多い。リソースが乏しい団体や政治・行政とコネクションをもたない団体も裁判では平等な取り扱いを期待できるという利点がある。

④政治過程以外での活動

　利益団体が目標を達成するために，社会・経済領域で活動する方が有効な場合がある。例えば，問題がある企業に対する規制を政府に求めるよりも，不買運動やネガティブキャンペーンなどを行う方が企業の行動に大きな影響

を与えることもある。このような活動は政治的消費者主義と呼ばれ，政治的な目標を経済的な手段によって実現するアドボカシーの一種である。

(2) 活動と影響力

アドボカシー
と交換関係

利益団体のアドボカシーはなぜ成果を上げられるのだろうか。言い換えると，なぜ政治家や行政機関は利益団体の主張に耳を傾け，その実現に協力するのだろうか。以下の部分では交換という観点からアドボカシーを考えたい。

　アドボカシー，そのなかでも特にロビイングの基礎には交換関係が存在している。利益団体が目標の実現を期待してロビイングを行う際に，その標的となる政党・政治家や行政機関もまた利益団体に対して何らかの期待や要望をもっていることは多い。

　政治家の根本的な動機は選挙で再選されることであり，政党の場合も選挙で議席を拡大することは重要な目標である。その選挙において利益団体はまとまった数の票を動員できる組織である。また，政党の第一の目的は政策の実現であるが（川人ほか 2011），利益団体によるロビイングは政策形成や立法に有用な情報を含んでいる。これらに加えて，利益団体は政治資金の提供者でもある。政党や政治家の側も利益団体がもつ票・資金・情報を必要としており，そこに両者が互いに求めるものを交換する機会が生じる。

　行政機関も様々な場面で利益団体に依存している。行政機関が政策を作成する際に，その政策に関連する団体がもつ情報や専門知識が必要となる場合があることも多い。また，政策に関係する団体の協力がなければ政策の円滑な実施が難しい場面も存在する。このために政策を作成する際に行政機関の側から関係する団体に調整を求める場合もあり，英国ではこのような現象を協議（consultation）と呼んでいる（Jordan and Richardson 1987）。日本においても行政機関と利益団体のインフォーマルな情報交換から，審議会などの諮問機関に団体が代表を送ることなどの，利益団体と行政の協力が観察されている。

　このように，政策に関わるアクターとの間で求めるものを交換することを通じて，利益団体はその利益や目標を実現している。その際に重要な要素は利益団体の組織である。利益団体が単なる人間の集まりではなく組織をもっている

ことで，持続的で確実な交換を行うことが可能になる。

連合とネットワーク　利益団体がアドボカシー活動を行うときに単独で行動することは少なく，他の団体と連合することもアドボカシー活動の１つである。日本の利益団体についての調査でも，活動領域が同じか近接している団体は協力し合う傾向があることがわかっている（辻中編2016）。

　利益団体が協力する相手は他の団体に限られず，前に述べた政党・政治家や行政機関とその職員などもそこに含まれる。特定の政策領域でこれらのアクターがつくり出している相互の関係を**政策ネットワーク**という（風間 2013）。政策ネットワークの形状はそれぞれの政策ごとに異なっている。

　政策ネットワークの一種に，特定の政策をめぐって政治家・行政機関・利益団体の３者によって形成される**下位政府**・鉄の三角形と呼ばれるものがある。このネットワークは少数のアクターからなる閉鎖的なものであり，それぞれのアクターは相互に利益を交換しあうことで強固な協力関係をつくり出している（図6-1）。マスメディアなどで政官業の癒着などと表現されるのは，この下位政府である。下位政府に組み込まれた利益団体は，とりたてて活発なアドボカ

図6-1　閉鎖的・固定的な下位政府（鉄の三角形）

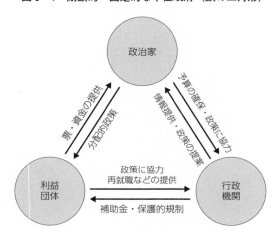

出典：筆者作成。

88

図 6 - 2　開放的・流動的なイシューネットワーク

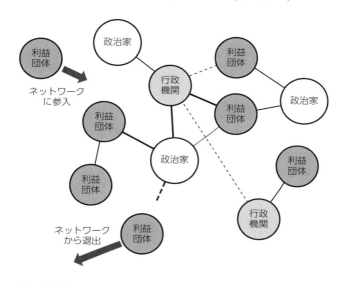

出典：筆者作成。

シーを行わなくてもその利益を維持することが可能である。

　政策ネットワークの別の形態が**イシューネットワーク**である。イシューネットワークは不特定多数のアクターによって形成される開放的で緩やかに結びついたネットワークである（図6-2）。ネットワークにはアクターの出入りが多くその構成は流動的であり，アクター間の結びつきも利益だけでなく専門知識などにも基づいている（Heclo 1978）。現実に存在する政策ネットワークは，下位政府とイシューネットワークを両極としてその中間で何らかの形をとっている。

3　組織化と政治過程への参入

（1）組織化と集合行為問題

集合行為問題と
フリーライダー

　一般に利益団体は，産業化や都市化によって社会に存在する利益が多様化し，地域を基礎とした議会によっては代表しにくい利益が増加してきたために，それらの利益を政治に表出する

ために発達してきたと考えられている（辻 1950）。こうした見方は大まかには当てはまるが，その一方で社会に存在する利益の分布状態がそのまま政治の世界に反映されているわけではない。納税者の利益，非正規労働者の利益などは，社会のなかで多くの人に共有されているが，それらを代表する有力な利益団体は存在しない。その一方で人口の１％以下の規模の集団を代表するような利益団体が多数存在し，自らの利益を効果的に実現している。

何らかの社会的利益が存在するからといって，その利益を主張して活動する利益団体が必ずしも存在するわけではないことは，**集合行為問題**によって説明される。マンサー・オルソンによれば，利益団体が目標とする政策は公共財としての性質をもつという。公共財とは，その利用がだれに対しても開かれており，また利用の対価を負担しない者を排除できないような財である。利益団体が求める政策も，実現した場合の効果は利益団体に属しているかどうかに関係なく，政策の対象とされた人々すべてに及ぶ。

この状況で利己的な個人にとって合理的な行動は，利益団体に所属して会費を払ったり活動に参加したりするといったコストを負担することなく，利益団体の活動の成果だけを受けとるフリーライダーになることである。

この問題を図式化して考えてみたい。利益団体の活動から人々が受ける利得は，利益団体が実現した政策の便益から，利益団体に加入することの費用を差し引いたものである。利益団体のメンバーとフリーライダーでは，団体に所属する費用を負担しない分だけフリーライダーの方が利得が高くなる。仮にフリーライダーが続出して政策が実現しなかったとしても，フリーライダーは最初から何の努力もしていないので利得はゼロであり損はしていない。

このように，人々が自分の利得を合理的に判断する場合にはフリーライダーが支配的な行動になるので，利益団体は形成されない。その結果ある種の社会的な利益が実現されないことになる（オルソン 1996）。個人にとって合理的な行動を集計すると社会全体として好ましくない帰結が生じるような場合に，集合行為問題が発生しているという。

強制と選択的誘因　集合行為問題に着目した説明は，ある種の利益団体が組織されにくいことをうまく説明する。だが現実の世界には多くのメンバーを擁する利益団体が存在し，活動していることをどう理

解すればいいのだろうか。

　利己的な個人を利益団体に参加させる手段は2つある。1つは団体への加入を強制することである。日本の大企業では，社員として雇用されると同時に企業別の労働組合にも加入する場合が多い。専門的な資格をもつ職業では，同業者の団体に加入することが営業の事実上の条件になっている場合が多い。こうした場合には，本人の意思に関わりなく団体に加入させることで，組織が維持されている。なお，ここでいう強制には，参加を断れない状況をつくり出したり監視をすることによって，フリーライダーを抑制することも含まれている。

　もう1つの手段は，団体に所属しないと入手できない便益をインセンティブとして提供することである。メンバーだけに限定して団体が提供し，それによって人々を団体に参加させようとする種々の便益を選択的誘因という。選択的誘因には団体のメンバーのみが利用できる割引その他の金銭的な特典など（物質的便益），共通の関心をもつ人々の交流機会の提供など（連帯的便益），自分の思想・信条を活動を通じて示す場を提供することなど（表現的便益）が含まれている（Salisbury 1969）。団体に所属することで得られる便益が，団体に所属する費用に見合うものであれば，利益団体はメンバーを獲得して組織を維持することができるだろう。

(2) 政治的起業家と利益団体の形成

政治的起業家と団体の形成　オルソンが利益団体論に理論的なインパクトを与えた1960年代後半は，現実の世界では逆に社会運動が高揚した時期であり，価値推進団体を中心に利益団体が著しく増殖した時代でもあった。前の部分ではメンバーを確保する手段について述べたが，それ以前に誰がどのようにして利益団体を組織化するのだろうか。

　ロバート・ソールズベリーは利益団体の組織化のメカニズムを**政治的起業家**と交換という概念によって説明しようとする（Salisbury 1969）。社会のなかに自分の利害について問題を感じている人々が存在していたとしても，現状を変えるために自分が率先して活動しようと思う人はめったにいない。だがそういった人でも，誰かが先頭に立って利益団体をつくり参加を呼びかけてくれたならば，団体に加入したり，その活動を支援してもよいと思うかもしれない。

その一方で，利益団体を組織して活動することで政策が実現し，そこに利得が生じるならば，組織化と活動の費用とリスクを引き受けようとする者が登場することもある。そうした政治的起業家が利益団体を創設し，様々な便益を提供することでメンバーを集め，メンバーから提供されたリソースを利用して利益団体を運営していくというのがソールズベリーによる説明である。

　ここで留意したいのは，政治的起業家は世のため人のためといった利他的な動機で活動しているわけではないことである。政治や社会に変革を起こしたいという動機はあるにせよ，政治的起業家は基本的には経済の世界の起業家と同じように，政治の世界での自分の成功を追求する存在である。基本的には自分のことを第一に考える人々が交換によってつながることで，利益団体は形成され存続していくと，このモデルでは考えられている。

　政治的起業家が利益団体を立ち上げた後に，団体から

外部からの支援

メンバーへの様々な便益の提供と，メンバーから団体への費用や参加の提供のバランスがとれている限り，利益団体は存続することができる。だが団体を創設するときに，団体を維持するのに十分なメンバーを集めることは実際には難しい。そのため，事業としての利益団体を成功させるにはメンバーによる費用負担だけでなく，団体の外部から援助があることが重要になる（Walker 1991）。

　2000年代に行われた大規模な団体調査では，約3割の団体が設立時に行政など外部の支援者から資金援助を受けており，またその後の団体収入の約15％が外部からの援助である（辻中・森編 2010）。また最近ではNPOの分野を中心に，新しい団体に対して組織運営を支援したり，リソースの提供者などとの関係を仲介したりする中間支援組織が発達してきている。こうした組織も組織化の費用を軽減する点で注目される。

4　21世紀の利益団体政治とは？

利益団体の後退 と市民社会組織

日本の政治において利益団体の活動が目立つようになったのは1950年代末である。その後の利益団体は政治過程のなかで利益を表出する経路を確保し，それに伴ってその活動は目立た

ないものになっていく。利益団体の影響力が最も大きかったのは1980年代であったと思われる。この頃にはセクター団体の多くが下位政府を通じて自らの利益をそれなりに実現していた。主要な利益団体を対象とした1980年の調査では，利益団体の活動が政治に対して「非常に影響力を持っている」「かなり影響力を持っている」という回答が全体の約6割に達している（村松・伊藤・辻中 1986）。

しかし利益団体は2000年代以降にその活動・影響力をともに低下させている。2010年代に行われた調査によれば，利益団体と政党の関係は以前よりも疎遠になっており，政策の実現・阻止に成功した経験をもつ団体は1980年調査の約4割に減少している（辻中編 2016）。その一方で，同じ時期にはNPO法の制定や公益法人改革によって，市民社会組織と呼ばれる新しい団体の増殖がみられた（後・坂本編 2019）。またこれらNPOなどの組織が政策形成や立法において重要な役割を果たしていることも注目されている（勝田 2017）。

利益団体の後退と新しい団体の台頭は両方とも，政府の役割や活動領域の縮小という変化に起因する。2000年頃からの規制緩和や政府部門の民営化などによってそれまで存在していた下位政府が解体し，政府の政策と結びついていた団体は利益を十分に維持することができなくなった。その一方で社会的に必要な活動だが政府が行わなくなったものを，政府に代わって担うような市民社会組織が登場してきた。このように利益団体の世界では構成の変化が起きているが，台頭してきている市民社会組織の多くは財政などの組織基盤が弱いものが多いために，全体としては利益団体の地盤沈下が起きていると思われる。

小さな政府の時代の利益団体 従来の利益団体の目標は，アドボカシー活動を通じて政府による規制や補助金などの政策を実現するというものであった。だが政府活動が縮小し，従来型の活動がより困難になっているとともに，利益団体の活動に新しい方向性がみられるようになっている。

新しい方向性の1つは，前の部分でも言及した政治的消費者主義のような，政治的な目標を政治過程の外にある手段で達成しようとする傾向である。小さな政府が目指されているときに新しい規制を政府に求めるのは困難であるが，情報通信技術の発達によってボイコットなどの手段は行いやすくなっている。また政策による対応は決定から実施までに時間がかかるのに対して，政治過程

外の手段はターゲットに影響を与えるまでの時間が短いという利点もある。

　もう1つの新しい方向性も政府の縮小に関わるものである。規制緩和や民営化に伴って，それまで政府が行ってきた活動を民間企業などが行うことになるが，そこには新しい利益やビジネスチャンスが生まれる。そのため従来とは逆に，規制の緩和や撤廃に利益を見出して主張するような動きが出てきている。ただしこうした動きは現状では個別の企業や経営者を中心としており，社会における利益の表出ではあるものの，組織された利益としての利益団体の枠からはやや外れた現象ともいえる。しかしながら労働分野における規制緩和が多数の人材派遣会社を生み出したように，規制緩和が新しい業種をつくり出しているので，そこで新たな利益の組織化が起きるかもしれない。

　利益団体は社会に存在する利益や考えを政治過程に表出する組織なので，経済や社会の変化の影響を受けて新しい団体が台頭したり衰退する団体が出てきたりする。技術の変化はアドボカシー活動の形態に影響を与えている。また現在は一般的な傾向として人々の組織離れがみられるが，同時に非営利組織などの分野で新しい組織が増えている（坂本編 2017）。利益団体の世界はこうした複雑な現状を反映しながら，時代とともに変化していく。

📖 さらに勉強したいときに読んでほしい3冊

①辻中豊編，2016，『政治変動期の圧力団体』有斐閣.
　　約300の団体への調査に基づいて，2010年代の日本の利益団体の全体像を考察した研究。
②宮本太郎・山口二郎編，2016，『リアル・デモクラシー──ポスト「日本型利益政治」の構想』岩波書店.
　　日本の代表的な利益団体を取り上げ，その活動の現状を描写する事例研究。
③勝田美穂，2017，『市民立法の研究』法律文化社.
　　アドボカシーがどのように立法に結びつくのかを，5つの法律の立法過程を中心に検討した研究。

第**7**章 メディア
▶私たちはメディアに踊らされる？

1 なぜメディアと政治を考えるのか？

(1) 教科書でよくみる「メディアと政治」論

　本章では，メディアと政治と私たちの3者をめぐる関係性について考えていきたい。私たちは，普段，政治に関する情報のほとんどをテレビや新聞，ネットなどを通じて得ている。もし，テレビや新聞などで政治の情報が伝えられなければ，私たちは，今，政治のなかでどのような議論が行われているのかを知る術をほとんどもたない。もちろん，議会に傍聴に行ったり，政治家に話を聞きに行ったり，身近な知り合いに話を聞いたりすれば政治の情報は得られる。しかしそのためには，仕事や学校を休んだり，解説が必要だったりと，莫大なコストがかかる。そう考えると，政治の情報をわかりやすく，しかもほぼ無料で提供してくれるテレビや新聞，ネットなどのメディアは私たちにとってとてもありがたい存在といえる。

　ただし，メディアがいつも私たちにとって「ありがたい存在」であるとは限らない。例えば，新聞やテレビは時々，誤報を伝えることもある。あるいは，ある政治の事実について極端に偏った解釈をして報じれば，結果的に，誤った情報が社会に広がってしまうこともある。

**コミュニケーション
ツールとしてのメディア**　各種のメディアは私たちが政治的な判断をする際の重要な材料を提供する公共財としての役割を担っている。同時に，私たちは，メディアの情報を鵜呑みにせず，その情報を自律的に捉え直して1人ひとりが真偽を見定める目＝メディア・リテラシーをもつことが重要であると言われる。

　……とはいえ，私たちがメディアを通じて政治の情報に触れるとき，「これは本当の情報だろうか？」と疑うよりも，しばしば，そこに映し出される政治

家の言動などのコンテンツの方に注目しがちである。テレビの政治報道のなかでは，ある政治家は自らを救世主のように，ある政治家は悲劇の英雄のように演じ，テレビはそれを，ときにドラマチックに，ときに嘲笑って伝える。私たちもそれに呼応して，その報道内容に強くうなずく人もいれば，報道が偏っていると感じる人もいるだろう。

このように，情報の受け手である私たちと，情報の送り手であるメディア，情報源となる政治家や政党は，常に，相互の「コミュニケーション」をしている。良い友達関係を築くためには十分なコミュニケーションが必要なのと同じように，私たちが政治と良いお付き合いをするためには，メディアを一方的に受け入れたり拒否したりするのではなく，「対話」の姿勢をもつ必要があるといえる。

(2) メディアへの信頼

私たちとメディアのコミュニケーション方法を考えるとき，その政治情報をどのように得ているのかという情報環境はとても重要になる。例えば，外食店を調べるとき，パッとすませたければ家からの距離で考えるだろうし，おいしさを重視するなら，食べログの「星」の数で決めたりするだろう。すなわち，私たちは日々，目的に応じて，数多ある情報源のなかから信頼できる情報を取捨選択することで意思決定をしているのである。

メディアへの信頼度　では，私たちは，様々なメディアをどの程度信頼しているのだろうか。この点について，各メディアに対する信頼度を確認してみよう。図7-1は，公益財団法人新聞通信調査会の世論調査の結果をまとめたものである。これをみると，テレビや新聞の信頼度は2013年頃から現在までほぼ変わらず，インターネットの信頼度は低下傾向にあることがわかる。

ネット上では，テレビや新聞などのマスコミをもじって，「マス・ゴ・ミ」と揶揄されることがある。例えば，ある政治家Xの失言を批判的に報道する新聞やテレビに対して，政治家Xを支持する勢力は，「マス・ゴ・ミは，発言全体の文脈からすれば理解できる発言の一部だけを切り取って，政治家Xを貶めようとしている」といった具合である。また「マスゴミ」批判では，既存の新聞やテレ

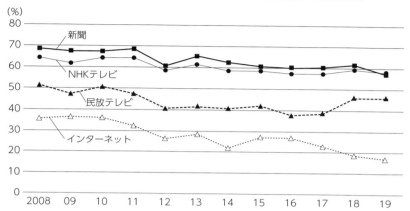

図 7-1　新聞・テレビ・インターネットへの信頼度（100点満点）

＊50を中間として，高いほど信頼，低いほど不信であることを示している。
出典：新聞通信調査会，2019，「第12回 メディアに関する全国世論調査（上）」『メディア展望』（696）：22,
をもとに筆者作成。

ビに対して，特定のイデオロギー的立場（⇒第 5 章 3・第 8 章 2）に基づいて偏った報道をしている（偏向報道）と糾弾することがよくある。

（3）メディアの政治的中立性

　では，新聞やテレビは本当に「偏向」しているのだろうか，それとも，実は政治的に中立な報道をしているのだろうか。一般に，マスメディアを構成するテレビ局や新聞社の多くは営利企業である。そのため，テレビの視聴率競争のように，1 人でも多くの読者や視聴者を獲得しようとする。同時に，日本人全体のイデオロギーの分布は釣鐘型であることが知られている。つまり，日本人の多くは，極端に右にも左にも偏っていないのである。そうした状況のなかで，もし，ある会社がイデオロギー的に偏った報道をすれば，その社は多くの客を失うことになり，いずれ会社は立ち行かなくなる。つまり，多くの視聴者や読者が政治的に極端に偏っていない限り，経済的利益を追求する各新聞社やテレビ局も，その「顧客」にあわせて，中立的な報道にならざるをえない。こうしたポジション取りは**メディアの戦略的中立**と呼ばれる。

このように，経済利益を追求するメディアは，戦略的
に中立であろうとしている。しかしながら，新聞やテレビは偏っていると感じる人も少なくない。では，なぜ，新聞やテレビが偏っているといった感覚に陥るのだろうか。

**偏っているのは
メディア？私たち？**

　政治コミュニケーションの分野では，人がこのように感じる原因についても研究されている。その1つは，敵対的メディア認知（知覚）である。敵対的メディア認知は，自分に有利な情報と不利な情報が同時に与えられると，自分に不利な情報の方にだけ過剰に反応する心理的メカニズムである。そのため，テレビや新聞ではある政治的な話題の賛否とも報じていたとしても，受け手の敵対的メディア認知によって，自身と異なる意見の情報ばかり気になってしまい，その結果，報道内容が偏っていると感じられる。また敵対的メディア認知は，どのような人にもみられる現象であるが，とくに，扱う争点や政策に関心の高い人において，より強く働くこととも知られている (Hansen and Kim 2011)。

　また，新聞やテレビが偏っていると感じさせる原因はもう1つある。それが第三者効果と呼ばれるメカニズムである。第三者効果とは，「自分は冷静なので騙されないが，他の人は新聞やテレビが伝える特定の政治的な考え方に誘導されている」と考える心理傾向を意味する。第三者効果も，国や時代にかかわらず，多くの人に共通してみられる (Sun et al. 2008)。

　このように，情報の受け手である私たちには，さまざまな認知バイアスが働いている。では，私たちが冷静に政治的な判断ができるスキルをもっていれば，仮にメディアが偏った情報を流したとしてもはねつけることができるのだろうか。そもそも，新聞やテレビは世論を操作できるほどの強大な力をもっているのだろうか。こうしたメディアと政治をめぐる問いについて，以下では，メディア研究の歴史に沿って説明していきたい。

2　ラジオ・新聞時代のメディア研究

(1) 古典的なメディア観
　皆さんは，普段，新聞やテレビの影響力をどのように感じているだろうか。

例えば，夜のテレビ番組で「知られざる納豆パワー！」といった内容が報じられると，翌日，スーパーから納豆が消えて，品切れ状態が続く……といった現象はよくある。このような現象を考えると，どうやら，新聞やテレビにはきわめて大きな影響力があるようにも感じられる。では，政治の報道に関してはどうだろうか。テレビや新聞では，様々な識者が「安倍政権はケシカラン」と批判している一方で，安倍首相率いる自民党は，国政選挙で大勝し続けている。そう考えると，新聞やテレビには影響力がないようにも思える。

| 「メディア最強説」は本当か？ |

政治コミュニケーション研究の重要なテーマの1つは，各種のメディアが，私たちの意思決定に与える影響力について検証することにある。なかでも，メディアの効果を最も強く評価する見方は**強力効果論**と呼ばれる。例えば，1930〜40年代のナチス・ドイツの独裁者アドルフ・ヒトラーは，政治をよく知らない大衆に対してラジオを通じて訴えかけることで，ドイツ市民の「洗脳」に成功したといった話を聞いたことのある人も多いだろう。こうした政府による広報戦略（プロパガンダ）を例に，メディアの情報が，受け手の心に直接かつ強い影響をもち，受け手側もその情報を無抵抗に受容すると考えるメカニズムは**皮下注射モデル**（または**魔法の弾丸モデル**）と呼ばれる。今風にいえば「メディア最強説」ともいえる強力効果論は，最も古典的なメディア効果の見方である。

　ただし，強力効果論は，きわめて単純なモデルであるが，必ずしも実証的に検証されているわけではない。実際に，アメリカ・コロンビア大学の社会学者ポール・ラザースフェルドらの研究グループによる1940年代以降の実証的な研究によってこの見方は大きく否定されることとなる。

(2) 強力効果論から限定効果論へ

　ラザースフェルドらは，1940年の大統領選挙において，当時はラジオを中心とするメディアの影響力を検証するため，オハイオ州エリー郡で同じ対象者に7回にわたって継続して調査を繰り返すパネル調査（とくにエリー調査と呼ばれる）を行った。もし，強力効果論が正しければ，ラジオなどのメディア接触が多い調査対象者ほど，選挙期間中に，その人の意見はメディアの主張する方向に変化していくはずである。しかし実際には，ラジオなどメディアの影響で意

見を変えた人は，全体の1割にも満たず，ほとんどの人は，選挙前から政治的な考え方に変化はなかったのだ（ラザースフェルドほか1987）。

メディアの効果
は限定的！ では，なぜ，メディアは，人々の意見形成にさほど影響を与えなかったのだろうか。ラザースフェルドらは，この問いに対して，次のような仮説を考えた。つまり，ラジオなどのマスメディアの報じる政治ニュースは難しく，多くの人は，簡単に理解できない。そのため，多くの市民は，直接にメディアの情報から知識を得るのではなく，政治の情報を嚙み砕いて教えてくれる身近な人＝オピニオン・リーダーから得ているのだろうというものであり，**コミュニケーションの二段階の流れ仮説**と呼ばれる（カッツ／ラザースフェルド1965）。

　この見方に基づけば，仮に，偏った政治情報をメディアが報じても，その意図が視聴者に伝わるかどうかは，オピニオン・リーダーの解釈次第となる。その結果，メディアは，多くの人々に対して，直接に強い影響を与えることはできない。全体として，メディアは人々に対して限定的な影響しか与えないとするこの見方は**限定効果論**と呼ばれ，強力効果論の見方を根底から覆すものであった。

限定効果論の
メカニズム ラザースフェルドらが主張する限定効果論では，そのメカニズムに関して，以下の2点が重要な論点として示された。その第1は，メディアの影響力は，その人の意見を変えさせる効果（改変・説得効果）ではなく，オピニオン・リーダーを介して，政治的先有傾向と呼ばれるその人がもともともつ意見を強化・補強する効果として機能するという点である。第2は，「一対多」として強い影響力をもつと考えられてきたマスメディアの効果は，実は，受け手のきわめて身近な交友関係（対人ネットワーク）の影響を強く受けているという点である。

　こうした論点に基づいて，とくにジョセフ・クラッパーは，限定効果論のメカニズムをより詳細に検討した（Klapper 1960）。クラッパーは，メディアの影響力が限定的にしか機能しない理由を，次に示す受け手の認知バイアスに基づいて説明した。

　人は，自分にとって好ましい意見や情報だけを選択的に見聞きしたり（選択的接触），好ましいように解釈したり（選択的知覚），考え方に合う情報だけを記

憶したり（選択的記憶）する。こうした現象は選択的メカニズムと呼ばれる。一般に，政治の話を噛み砕いて教えてくれる身近なオピニオン・リーダーは，そもそも，自分と同じような政治の意見や考え方をもっている人の場合が多い。そのため，メディアが仮に自分とは異なる意見を報じていたとしても，自分と同じ政治的意見をもつオピニオン・リーダーは，フォロワーにそれをあえて伝えなかったり，「メディアは間違っている」と伝えたりするだろう。自分と異なる意見に接することのないフォロワーは，考え方を共有している対人ネットワークに基づいて，その人の政治的先有傾向を強化していくのである。

(3) 限定効果論の終焉とテレビ時代の幕開け

　限定効果論は，対人ネットワークや選択的メカニズムなど，その後のメディア研究に対して重要な知見を数多く提供してきた。しかし，1960〜70年代以降の情報環境の変化，とりわけテレビの普及は，限定効果論の前提を大きく変えることになった。

　　限定効果論の限界　　テレビが伝える情報量は，音声だけのラジオ放送に比べても圧倒的に多く，しかも新聞よりもわかりやすく伝えてくれる。多くの人々は，テレビの政治報道を通じて，自分だけで政治のことがわかるようになったし，それゆえに限定効果論が重視していたオピニオン・リーダーの役割は，ニュースキャスターやテレビのコメンテーターが担いうるものとなった。

　さらに，映像による情報伝達への変化は，私たちの情報環境だけでなく，政治家の振る舞い方にも大きな影響を与えた。テレビ時代において，自らを良くみせたい政治家は，政策内容だけではなく，ルックスや振る舞い方など「映え」を意識するようになった。例えば，2000年代初頭に長期政権を築いた小泉純一郎首相は，新聞よりも，テレビや夕刊紙での映り方や描かれ方を意識していたといわれる。とくに小泉は，テレビニュースで使われやすいように，自身の主張をわかりやすく一言で伝える「ワンフレーズ・ポリティクス」を多用した。こうしたテレビを積極的に活用した政治スタイルは「テレ・ポリティクス」と呼ばれ，とくに，これまで政治に関心のなかった人々の支持をうまく獲得したと言われている（池田 2007）。

3 テレビ時代のメディア研究

(1) テレビは政治と私たちの関係を変える？

　テレビが各家庭に普及した1960〜70年代以降，メディア研究においても，テレビの影響力はあるのではないかと考えるようになった。このような1960〜70年代以降の見方は，かつての強力効果論の見方ではなく，メディアの「報じ方」の方に注目するアプローチから**新しい強力効果論**と呼ばれる。新しい強力効果論は，アプローチ方法の総称であり，その見方に立った重要な研究成果を以下ではそれぞれ詳しく説明しよう。

(2) 議題設定効果

　多くのテレビニュースは，〇時から〇時といったように，厳格に放送時間が決められている。そのため，あるニュースを取り上げるときは，そのニュースをめぐる複数の視点があったとしても，そのなかからいくつかをピックアップせざるをえない。また，国会などでは，数多の政策について日々議論されているが，テレビニュースでは，そのなかからテレビ局が選んだ話題だけが報じられることになる。つまり，私たちが重要な政治のテーマと考えているものは，新聞社やテレビ局側が重要だと考えたテーマに過ぎないともいえるのだ。

　| 何が問題かを決める力 |　マックスウェル・マコームズとドナルド・ショーは，新聞やテレビが報じる政治的なテーマは限定的であることに注目した研究を行った。マコームズらは，1968年アメリカ大統領選挙において世論調査を行ったのと同時に，選挙期間中に，テレビや新聞で報じられた争点の割合も調べた。世論調査では，選挙期間中にまだ投票先を決めていない人に対して，「政府が取り組むべき政策課題はなにか」と尋ねた。そして，私たちが重要だと考える政策課題と，メディアが報じた政策の割合を比較したところ，両者がほとんど一致していることを発見した (McCombs and Shaw 1972)。この結果から，私たちが重要だと考える問題は，新聞やテレビが報じた話題のなかから形づくられていることがわかる。このようなメディアの効果は**議題設定効果**と呼ばれる。

　またマコームズらの研究は，メディアの影響力に関して，人の意見を変える力ではなく，「何を問題とするか」という側面で強い影響力をもつことを説明するものであった。さらに議題設定効果の発見は，限定効果論の見方を塗り替えて，それ以降の新しい強力効果論の出発点となる役割を果たした。

(3) プライミング効果

　議題設定効果の発見以降，多くの研究者は，メディアの報じ方に基づく新しい強力効果論を深堀りしていくことになる。その重要な成果の1つが**プライミング効果**である。プライミングとは，ある人・モノを評価するときに，評価よりも前に与えられた情報があると，それを頼りに判断するという認知心理学のメカニズムである。

直前の報道こそが重要？

　　　　　　　　　　　　シャント・アイエンガーとドナルド・キンダーの研究は，選挙の直前に新聞やテレビがどのような内容を報じていたかによって政治家や政党の評価基準が変化することを明らかにした。アイエンガーらによれば，選挙直前に，新聞やテレビを通じて国防や安全保障の話題に多く接触した有権者は，大統領を評価する際に「外敵から国民を守ってくれるか」という軸で考えていたのに対し，インフレ（経済）に関する話題に多く接触した有権者は「うまく経済を立て直してくれるか」という軸で評価するようになった (Iyengar and Kinder 1987)。

　さらに，こうしたプライミング効果は，政策内容についてだけでなく，様々な政治的な意思決定の場面で働くこともわかっている。例えば，党首討論などで党首という政治家個人にフォーカスした報道が多くなると，有権者が政党を評価するときに，各政党の政策ではなく，党首個人の印象を重視するようになる (Takens et al. 2015)。

　プライミング効果を応用した少し風変わりな研究も紹介したい。近年，世界中で問題視されるフェイクニュース（ウソの情報）をみた後に，本当の事実を伝えるニュース情報に触れても，本当の情報にまで懐疑的になり，さらにメディア全体への信頼度も低下させてしまう (Van Duyn and Collier 2019)。

　これらは海外を事例にした研究であるが，日本でも，選挙前に新聞やテレビで提供される話題にプライミングされることで，各党の評価基準が変わる可能

性は十分にある。例えば，ある政権が経済政策に失敗していたとしても，選挙期間中，外交・安全保障の話題ばかり報じられれば，知らず知らずのうちに，私たちは経済政策の失敗を軽視して政府を評価してしまうかもしれない。

(4) フレーミング効果

　テレビでは，全く同じ政治的なテーマでも，その伝え方によって私たちの受け止め方が大きく異なることがある。例えば，新型コロナウイルスが日本で蔓延していることに関する2つの仮想ニュースを比べてみよう。ある報道番組Aでは，ニュースキャスターが「日本中にウイルスが蔓延しているのは政府の対応が杜撰なためだ」と説明している。他方で，別の報道番組Bでは，感染症の専門家が「日本中に感染が蔓延しているのは，マスクをしない人がいるからだ」と報じている。このとき，同じ話題であっても，報道番組Aをみた人は，政府の対応やその責任を，報道番組Bをみた人は，個人や社会の対応やその責任に考えをめぐらせるだろう。このように，どのような枠組みで政治的な話題を報じるかによって，受け手の感じ方や印象が変化する現象を**フレーミング効果**と呼ぶ (Iyengar and Kinder 1987)。

> **バラエティ番組化する政治報道**

　フレーミング効果は，単に特定の政治的なテーマだけでなく，より広い政治番組のあり方に関しても生じる。とくに，テレビの政治番組には，政治家や白髪交じりの政治評論家が小難しい議論をするお堅い番組から，お笑い芸人などがおもしろおかしく政治を伝えるバラエティーテイストなものまで幅広くある。前者のようなスタイルの番組はハードニュース，後者のタイプはソフトニュースと呼ばれ，「政治」のフレーミング方法の違いによって分類することができる。

　とくにソフトニュースは，政治のことをよく知らない視聴者にも理解できる話題として，例えば政治家の失言やスキャンダルなどを好んで報じる。そのため，ソフトニュースが増加していくと，もともと政治に詳しくない人の政治への冷笑的な感覚（政治的シニシズム）や，政治不信を増長させていくとの指摘もある（カペラ／ジェイミソン 2005）。また，マシュー・バウムは，多くのアメリカ人が，2001年9月11日に発生したアメリカ同時多発テロのニュースをソフトニュースで知ったと回答している点に注目する。ソフトニュースは，外交や安

全保障などの複雑で難しい政治の話題もわかりやすく伝える。そのため、とくに普段は政治に関心のない多くのアメリカ人が、ソフトニュースを通じてこの問題を見聞きしたことで、安易にアフガン戦争参加を支持してしまった可能性を指摘する（Baum 2003）。さらには、政治に関心のない人はソフトニュースであってもみないため、政治の知識格差を拡大させるとの見方もある（Prior 2007）。もっとも、日本では、ソフトニュースの接触が、政治の知識のない層の選挙への関心を高める効果があるとの知見もある（稲増・池田 2009）。ソフトニュースがその国の政治のあり方を変えうる力を秘めているという点ではいずれも興味深い研究である。

4　ネット時代のメディア研究

(1) ソーシャルメディアは政治に変化をもたらすか？

　かつて、ラジオからテレビにマスメディアの主人公が変わっていったように、2000年代以降、テレビ時代からインターネットの時代に変化した。特に若い人にとって、政治のニュースを見聞きする際は、新聞やテレビではなく、Twitter，Facebook，LINE，Yahoo! ポータル，まとめサイト，YouTube などのWEBサービスからの方が多いかもしれない。このような新聞やテレビなどのような一方向の情報発信を行うメディアは既存メディアと呼ぶのに対し、インターネットを通じた双方向の情報交換を可能とするメディアは、ソーシャルメディア（またはニューメディア）と呼ばれる。

ソーシャルメディアは誰を利するか　ネット時代の到来によって、私たちのコミュニケーション方法は大きく変わった。とくに、2013年参院選より、インターネットを利用した選挙活動が解禁されたことは重要な転機である。この制度変更により、政治家や政党なども、各種のWEBサイトやTwitter などのソーシャル・ネットワーキング・サービス（SNS）を通じて積極的に情報発信を行っている。このようなネット選挙の解禁は、政治にどのような影響を与えるのだろうか。政治家におけるインターネット利用の拡大がもたらす影響には、大きく分けて2つの考え方がある。1つは、ネットは誰でも安価に利用できるので、とくに政治的なリソースの少ない新人や野党に有利に働

くとする「平準化仮説」である。その一方で，ネットをうまく活用するために
は，一定の人的・金銭的・技術的なコストがかかるため，相変わらず，政治的
リソースの多い現職などに有利に働くとする「通常化仮説」がある。上ノ原
(2014) は，ネット選挙が解禁された2013年参院選の選挙期間中におけるTwitter
上の候補者の「つぶやき」を分析して，どちらの仮説が妥当するかを検討した。
その結果，小政党の候補者の方が（ばらつきはあるものの）Twitterを積極的に利
用していることがわかった。このことから，日本の現状は平準化仮説の方が近
いと指摘する。ただし，主要政党の候補者のつぶやきは，演説場所の告知・報
告などにとどまっていた点も明らかにされている。他方で，有権者側・政治家
側の双方から包括的に分析した岡本 (2017) では，2000年代以降のネット選挙
の状況は通常化仮説の方が近いと結論している。今後，ネット選挙がさらに盛
んになってデータが増えれば，どちらの仮説が妥当かより深い検証ができるだ
ろう。

(2) ソーシャルメディアが分極化をもたらす？

　現代人にとって，インターネットは，道路や病院と同じような生活インフラ
の一部となっており，同様に政治ニュースを手に入れる媒体も大きく変化して
いる。例えば，朝日新聞が2019年に行った世論調査では，「政治や社会の情報
をどこから手に入れているか」と尋ねたところ，「テレビ」88％，「新聞」65％
に対して，「インターネットのニュースサイト」は51％であり，インターネッ
トは新聞に迫る勢いである（『朝日新聞』2019年4月27日朝刊）。このようなメディ
ア環境の変化は，社会全体にどのような影響をもたらすのだろうか。

　　　SNSは正義か悪か　　　キャス・サンスティーンは，ソーシャルメディアの普
　　　　　　　　　　　　　及が政治社会の分極化を促すと指摘する（サンスティー
ン 2003）。なぜソーシャルメディアは社会の分極化につながるのか。それを解
く鍵は，前に説明した**選択的接触の強化**にある。例えば，私たちがスマホやパ
ソコンを使ってネットから情報を得ようとするときは，しばしばGoogleや
Yahoo! などで調べたい単語を検索し，みたいサイトだけにアクセスする。検
索サイトは，個人の過去の検索履歴や行動パターンに基づいて，人ごとに最適
化された検索結果を表示する。このように，ネットによる情報獲得では，私た

ちは自分に都合のいい情報だけにフィルタリングされた泡のなかで物事を見聞きするようになる。こうした現象はフィルターバブルと呼ばれる。

　あるいは，SNSでいえば，自分にとって不愉快な書き込みやダイレクトメッセージを送ってくる人をブロック（ミュート）することがある。自分と意見が異なる人をブロックし続け，近い意見の人とだけ過ごす「グループ」は心地よいかもしれない。しかし，あなたは，仲良しだけの「グループ」のなかで自分の意見に確信を深め，いつしか，異なる意見の人を攻撃し始めるかもしれない。このように，ソーシャルメディアは，選択的接触の強化をもたらし，政治的分極化を促すと「理論上」は考えられている。

　ただし，日本においてソーシャルメディアが社会の分極化を促しているのかに関する答えは出ていない。例えば，Kobayashi et al. (2018) では，NHKや大手新聞社のTwitterアカウントをフォローしている60万人以上のイデオロギー的なつながりを分析したところ，必ずしも特定のイデオロギーに偏っているわけではなかった（ただし，産経新聞のフォロワーは保守層に，東京新聞のフォロワーはリベラル層に偏っている）。あるいは，田中・浜屋 (2019) も，大規模な世論調査の結果より，SNSユーザーの4割近くが自分と異なる意見にも接触をしており，とくに若い人ほど分断は生じていないと結論している。

WEBサービスの多様化　ソーシャルメディアと一口にいっても，そのサービスは多種多様であるし，サービスの流行り廃りのスピードも恐ろしく早い。そこで，FactCheck Initiative Japan (FCJ) が2018年に行った世論調査では，ニュースを入手する際のネットサービスについて細かく尋ねているので確認してみよう。図7-2は，WEB上のニュースサイト・SNSのそれぞれについて，1週間以内に利用した人の割合について示したものである。

　これをみると，ニュースサイトではYahoo! ポータルサイトが圧倒的に多く，実に半数以上の人が利用している。ただし，それ以外の利用サイトをみると，NHKや大手テレビ局や新聞社のサイトがほとんどで，ネット専用のサイト利用はほとんどない。インターネット利用者が増えたといっても，実質的には既存メディアと同様の情報内容を得ているといえる。一方でSNSは，YouTubeが最も多く51％であり，次いでTwitter・LINEが27％となっている。また，この調査対象37か国のうち，Facebookがトップ3に入っていない国は日本だ

図7-2　1週間以内にアクセスしたことのあるサービス

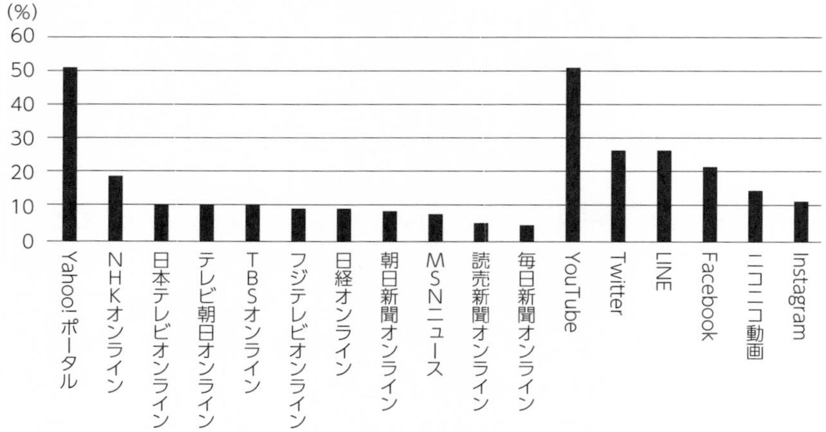

出典：Levy, David A. L. et al., 2018, "Reuters Institute Digital News Report 2018,"（2020年3月13日取得, https://www.reuterscommunity.com/wp-content/uploads/2019/03/digital-news-report-2018.pdf）を もとに筆者作成。

けである。

　また，**図7-2**には示していないが，「社会のニュースを得ているサービスはど れか」という質問でも，YouTubeが19％，Twitterが12％，LINEとFacebook がともに9％と同じ順位となっている。このようにSNSサービスの中心が， mixiやTwitterなどの活字系から，YouTubeやInstagramなどの画像・動画系 サービスに変化している点は，1960〜70年代以降の情報環境の変化と似ている といえる。

(3) ネット情報は政治の知識を高める？

　図7-2をみてもわかるように，Yahoo!ポータルサイトは，日本のWEBサー ビスのなかでも突出して人気である。Yahoo!ポータルサイトのトップページ には8つのニュースが常時更新されている。Yahoo!にアクセスしたら，たま たま気になったニュースが目に入ってアクセスした経験がある人も多いだろ う。このように，意図せず偶然に情報接触をすることは偶発的接触と呼ばれる。

この点に注目した Kobayashi and Inamasu (2015) は，Yahoo! ポータルサイトのたった 1 行のニュースを毎日（偶発的に）接触するだけで，知らず知らずのうちに，政治の知識が高くなることを明らかにしている。しかもその効果は，普段はエンターテイメント系のニュースを好む人にもあることが示されている。こうした「たまたま」政治の情報と接触することによって，意図せずとも知識や関心が高まることは副産物効果と呼ばれる。

　ただし，Yahoo! ポータルサイトのような WEB サイトは，ネット上ではきわめて稀である。私たちは，多くの場合，好きなサービスを自由に選んで，そのサービスだけを楽しんでいる。そのため，例えばアニメ好きの人はアニメサイトばかりみて，政治のニュースサイトなどみない，といった選択的接触も発生しうる。この点に注目した稲増・三浦 (2016) は，WEB サービスごとの接触頻度が，国内政治の知識および国際政治の知識にどのくらい影響を与えるかを検証している。また，この研究では，普段，政治ニュースと距離があると思われるエンターテイメント志向の人とニュース志向の人に分けて，どの WEB サービスが，両者の知識格差を拡大ないし縮小するのに寄与するかとの視点より分析している点でユニークである。分析の結果，Yahoo! などのポータルサイト・新聞社サイト・2 ちゃんねる（現・5 ちゃんねる）まとめサイトを利用するほど，国内・国際政治ともに知識の差を縮小するのに対し，Twitter・ニュースアプリの利用は，知識の格差を拡大させていることが明らかとなった。

(4) Youtuber は政治を変えられるか？

　本章では，ラジオ・新聞が中心の時代から，テレビを経て，インターネット世紀の現代まで，どのようにメディア・政治・私たちの関わりが変化してきたかについて説明してきた。各時代の説明からもわかるように，その時代や社会における支配的な媒体の変化にしたがって，メディア研究も連動して，新たな知見を発見し続けてきた。おそらく今後も，ネット時代が進むなかで，メディア研究も新たな知見を生み出すだろう。そこで最後に，今後のメディアと政治と私たちの関係について，筆者の私見を交えつつ議論したい。

　1990 年代後半にインターネットが普及しはじめた当初，「WEB は政治のあり

方を大きく変える」といったポジティブな議論が多くみられた。では2020年代のいま，どうだろうか。WEB上では差別的発言をするネット右翼が問題化されており，SNS上では常に何か・誰かが炎上している。他方で，テレビをつければ，健康番組と「日本スゴイ」番組がたくさん流れている。「メディアが映しだす世界」と「私たちの日常的な現実」のギャップはますます広がっているように感じることが多い。

　しかし，政治コミュニケーション研究者の立場からみれば，こうした環境は「理想」に近づくための試練のように映ることもある。例えば，SNSで炎上する政治家をみるたびに，Twitterは悪魔のツールだと思うことも多い。一方で，もし，この世界にTwitterがなければ，私たちは，この議員の本性を知らないまま，日本の未来を預けていたのか，と考えてみることもできる。Twitterは，現在のメディア・政治・私たちの関係を変えながら，数年後，数十年後のよりよい政治を実現するためのコミュニケーション機能の役割があるのかもしれない。そして，「NHKをぶっ壊す！」と宣言するYoutuberが政治家になる時代の訪れを，私たちは歓迎すべきなのか否か。みなさんがこのことを考える際，本章で紹介した政治コミュニケーション研究の知見がヒントとなれば何よりも幸いである。

📖 さらに勉強したいときに読んでほしい3冊

①稲増一憲，2015，『政治を語るフレーム——乖離する有権者，政治家，メディア』東京大学出版会。
　本章で取り上げたメディア理論を使って日本の情報環境の様相を詳しく分析する。
②蒲島郁夫・竹下俊郎・芹川洋一，2010，『メディアと政治〔改訂版〕』有斐閣。
　メディアと政治をめぐる各国の事例が豊富に紹介されている。
③谷口将紀，2015，『政治とマスメディア』東京大学出版会。
　とくに日本の世論調査データを用いた実証的な分析とその解説が豊富にある。

第8章 議員・政党

第**8**章 ▶政党って何のためにあるの？

1 議員は何をしているの？

　あなたは議員にどのようなイメージを抱いているだろうか。また，生活している地域の議員を知っているだろうか。駅前などで挨拶やビラ配りを見かけることがあるかもしれないが，テレビやネット等の映像で目にすることがほとんどであり，やはり遠い存在ではないだろうか。ただし，法律や税金の使い道を最終的に決めるのは，私たちの選択から生まれる議員である。

(1) 議員の仕事

国会議員の日常

　まず国会議員のスケジュールを通じて，実際に何をしているのかを覗いてみよう。**表8-1**は，2人の議員のスケジュールである。

　表の左側は東京に選挙区がある議員の1日である。朝から老人会旅行の見送りを秘書に代わってもらい，議員は8時から党本部での政策に関する会議に参加している。10時からは葬儀に参列しつつ，イベントや来客対応の後，14時から本会議に出席し，シンポジウムや後援会会合等に参加している。

　表の右側は岡山選出の議員である。日曜日であるが，こちらも朝から活動している。7時に事務所を出てから，朝市にはじまり，その後もマラソン大会，防災訓練，お祭り，ボウリング大会などの地域イベントに顔を出している。多くの人に会い，顔と名前を覚えてもらうこと，見えることを重視している。また，労働組合の会合に出席しつつ，葬儀への参列もあり，より特定の人々との信頼関係を保つことも重視している。時期や政党は異なるものの，地域イベントへの出席や葬儀への参列等，議員の活動には共通する部分も多い。

　国会議員は金曜日の晩には国会のある永田町から選挙区に戻り，週末は選挙

表8-1　国会議員のスケジュール

東京選出・衆議院議員・自民党・当選2回	岡山選出・衆議院議員・民主党・当選3回
2000年9月26日（火）	2009年2月1日（日）
7：30　老人会旅行の見送り（代理出席）	7：00　事務所発
8：00　土地区画整理事業促進議員連盟の勉強会	7：20　京橋朝市
労働部会	8：20　岡山市展示操法
8：30　内閣部会小委員会（有識者からヒアリング）	9：00　開成学区マラソン大会
国防部会	9：30　とみやま防災訓練
9：00　地元でのゲートボール大会挨拶（代理出席）	10：00　中山八幡宮　祝年祭
外交関係合同会議	10：45　恩徳寺　大護摩法要
10：00　ご葬儀（3件）	11：30　松林寺子ども会陽はだかまつり
11：00　原子力安全規制行政研究会国会シンポジウム	12：30　竜之口学区民ふれあいボウリング大会
12：30　日本の新生を進める議員の会役員会	13：00　ご葬儀
12：45　政調審議会	13：30　日本郵政グループ労働組合岡山支部旗開き
13：00　来客対応（3件）	14：00　ご葬儀
13：45　代議士会	15：50　西大寺郷土芸能フェスティバル
14：00　本会議（～17：10）	17：00　道文会総会
16：00　チャリティーゴルフ大会パーティー（代理出席）	19：30　街宣テープ録音等
17：10　かながわフォーラム21創立10周年記念懇親会	20：00　デスクワーク
17：30　勉強会	
18：00　少年法問題に関するシンポジウム	
通夜（2件）	
18：30　福島啓史郎君を励ます会	
20：00　後援会会合	
20：30　新小岩町づくり協議会勉強会	

出典：平沢（2000），林・津村（2011）をもとに筆者作成。

区の有権者とのつながりを保つようにするのが一般的である。東京近郊や新幹線で行き来がしやすい地域の場合は日々，東京と選挙区を往復することもある。選挙区ではミニ集会で支持者に会い，国会の活動を説明したり，有権者からの疑問に答えたりする。また支援者や団体からの相談を受ける。そして，週明けには東京に戻り，政党内での政策会議や国会で活動し，地元や様々な団体からの陳情や要望の実現，ライフワークとする政策に取り組む（立法活動は⇒第9章）。そのため，国会議員は国会の開会時に「金帰火来（月来）」という日程に

なる。国会議員は日曜も休まない，イメージされるよりも忙しい仕事である。

　なぜ国会議員はそこまで慌ただしく活動するのかといえば，それは選挙があるからである。かつて大野伴睦という政治家は「猿は木から落ちても猿だが，代議士が選挙で落ちればただの人」と述べた。議員にとって，落選は失業を意味するだけでなく，ただの人にはない影響力を失うことも意味する。議員の頭には選挙しかないのかと思った人もいるかもしれないが，逆にみれば選挙があるからこそ，議員や政党は私たちの望んでいることに注意を払い，私たちは議員，政党の方針に影響を及ぼせる。

後 援 会　　政治家はどのように支持を広げていくのだろうか。選挙運動は選挙期間中に限られない。対立候補も日々活動しているため，普段から1人でも多くの有権者をひきつけ，支持を広げる努力を続けなければならない。

　そこで，地方や国政に関係なく，日本ではほとんどの政治家が後援会をもっている。後援会というと，アスリートの遠征費用やトレーニングを積む時間のために，関係者が仕事や資金面で支えるものが想像される。ただ，政治の後援会は政治家側が積極的につくり，支持者から会費をほとんど徴収しない。後援会は政策や主義主張に共鳴する人々がつくる応援団というよりも，政治家自身が親族（血縁）や小中高校時代の同窓生，出身地域（地縁）やそれまでの仕事で知り合った人脈を通じて広げていく組織である。

　後援会は政治家がお願いしてつくるものであり，会員をつなぎとめようといろいろなサービスに努める。新年会，ゴルフ大会，バスツアーや国会見学などの東京観光旅行を企画する等，様々なレクリエーションを提供し，莫大な資金をつぎこむ政治家も珍しくなかった。また，冠婚葬祭への出席も信頼関係を維持する上で重視されてきた。今ではそこまでではないが，議員はそれでもいろいろなサービスを提供し，後援者への気遣いに神経を使っている。このように，後援会は議員による長年の努力によってつくられる選挙の基盤であり，選挙の時以外も日常的に活動している，非公式の党外組織である。

政党中心の中での個人戦　　ただ，後援会の規模は縮小している。自民党の調査（2014年）によると，各議員の後援会は平均3万人であり，当選1・2回の議員の支部は1万5千人であった。世論調査でも，後援会

の加入率は1970年代後半から2000年までは15％程度であったが，その後は減少し，2010年代には３％程度にまで縮小した。

　そのため，国政選挙の場合，後援会の票だけでは当選になかなか届かない。例えば，衆議院の小選挙区には平均42万人の有権者がいる。投票率が50％としても，21万人は投票する。そのなかで50％の票を得る必要があるとすれば，当選には10万５千票が必要になる。後援会関係者だけでは当選ラインに遠く及ばず，政党や内閣への評価が選挙結果を左右する面も大きい。ただし，候補者としては日々の支持拡大が当選の可能性を高める。とくに，衆議院であれば，小選挙区で敗れた場合も比例区で惜敗率から当選できる可能性もあるため，日常の活動はおろそかにできない。イベント参加や冠婚葬祭等の様々な有権者サービスの必要性に疑問を感じる人もいるかもしれないが，有権者の投票基準が政策だけではない点は，投票行動の章をみてほしい（⇒第５章２）。

スタッフ，資金

　国会議員には様々な活動を支える存在として，税金でまかなわれる公設秘書が３名いる。ただ，それだけでは人手が足りず，多くの議員は私設秘書も雇用している。私設秘書が多ければ，それだけ人件費がかかるものの，議員は平均で３～４名を雇用している。秘書の重要な仕事は後援会や支持者の世話をみることにあり，議員の政策研究や立法活動にはあまり関与しない。

　また，ほとんどの議員は選挙区に事務所を構えている。事務所をおけば，光熱費や水道代，機器や備品代などの経費がかさんでいく。さらに，選挙区をまわるための車やガソリン代もかかる。政党や議員による差も大きいが，私設秘書の人件費や事務所費等の合計は平均で年間２千万円になる。

　活動資金の多くは，政党交付金という私たちの税金である程度まかなわれている。1980年代末からの相次ぐ政治資金スキャンダルを受けて，お金のかかる政治への批判が起こり，1994年に政党助成法が成立した。現在では政党交付金320億円が議席率や得票率に基づいて各党に配分されている。共産党は受け取っていないが，他の政党はその一部を議員に配分している。

　しかし，それだけでは足りないため，議員は様々な方面から資金を集める場合も多い。ただ，個人献金の活発なアメリカとは異なり，日本では個人で献金してくれる人はあまりいない。政治資金パーティーが開催される背景には，先

の人件費や事務所費用をまかなう必要があるからである。議員自らの資金の持ち出しも含めて，選挙を戦う生活は，資金繰りとの戦いでもある（谷 2009）。

(2) 日本の国会議員の特徴

議員への道

議員という仕事は他のものと異なり，高校や大学等を経た後にすぐに始められるものではない。18歳や21歳で出馬できる国々も世界の6割を占めるが，日本では衆議院議員への立候補は25歳，参議院は30歳からとなっている。何らかの職業や社会活動の経験を積んだうえで，議員を目指すのが一般的である。

どのような人が国会議員になっているのだろうか。国会議員になる前の経歴をみると，地方政治家，秘書，官僚，労働組合などの団体役員，会社役員，政党役員が多い。政党別にみると，自民党は地方政治家，秘書，官僚が多く，共産党と公明党は政党役員が多い。議員への道が政党毎にある程度つくられている。

多い世襲議員

国際比較からみると，日本は世襲議員の多さが特徴である。**世襲議員**とは，三親等内（曽祖父母，祖父母，父母等）に国会議員の経験者がいる場合を指すことが多い。例えば，安倍晋三首相の父は安倍晋太郎，祖父は安倍寛（父方），岸信介（母方）であり，父や祖父も衆議院議員を経験している政治家一家である。

図8－1は世襲議員の国際比較であり，日本の数字をみると，1955年以降に増加し始め，80年以降は25〜30％が世襲議員である。アイルランドを除くと，日本は他の国々が10％以下であるのとは大きく異なる。

先にみた個人中心の選挙，日常活動の結果が，世襲議員の多さの背景にある。中選挙区制の下では，同じ政党の候補者が競争することもあり，政党よりも候補者自身への支持を増やす必要性が高かった。さらに，引退する議員や関係者が多くの時間と資金を費やしてつくられた後援会を親族に引き継ごうとするため，結果として議員への道が狭くなっている。また，世襲議員の存在自体が政治家に適性のある人物を遠ざけ，潜在的な担い手を減らしている可能性はある。

世襲の多さや主な経歴をみると，日本の政治家は政治や政党に長く携わる

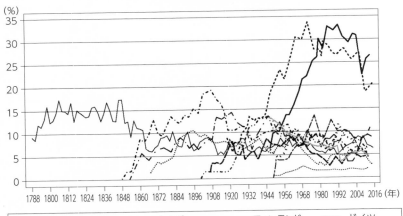

図 8-1　世襲議員割合の国際比較

凡例：
- ……… オーストラリア
- ……… カナダ
- ─── フィンランド
- ……… ドイツ
- ……… アイルランド
- ─── イスラエル
- ─── イタリア
- ─── 日本
- ─‧─ ニュージーランド
- ……… ノルウェー
- ……… スイス
- ─── アメリカ

出典：Smith（2018：40）。

人々のなかから選ばれてきたことがわかる。それでは人材が限られ，また新党は候補者を集める必要もあり，公明党と共産党を除く，多くの党では公募制が活用されてきている。ただ，政党内部や関係者から選抜されるのとは異なり，公募候補には政党との関わりが薄い場合もあり，時間をかけて働きぶりや能力が評価されていないため，当選後にその適性，言動が疑問視されることもある。

なぜ女性議員は少ないのか？　また，日本は女性議員の少なさも特徴である。列国議会同盟（IPU）が発表している下院（日本では衆議院）の国際比較をみると，日本の女性議員割合は10.2％，ランキングは193か国中165位である（2019年1月段階）。世界全体では24.3％であり，日本の割合はG7やG20の国々のなかでも最も低い。

　なぜ日本では女性の国会議員が少ないのだろうか。その背景には，制度と社会の両面から要因が指摘されている（三浦編 2016）。まず，制度面をみると，日本にはクオータ制が導入されていないことである。**クオータ制**とは，政治の意思決定の場における優位を是正するために，候補者や議席，政党幹部の一定比率を少数者に割り当てる制度である。憲法や法律で定める場合，政党が自主的

に定める場合がある。2019年現在，性別について，いずれかのクオータを導入している国は，127ヶ国に及ぶ（IDEA Gender Quotas Database）。例えば，韓国では比例名簿の最低50％は女性にする必要があり，名簿は男女を交互に並べるジッパー方式を義務づけている。また，小選挙区では各党の候補者の30％以上を女性とすることを努力義務として定めている。

　次に，小選挙区制である。小選挙区制では 1 名しか当選しないため，日常活動に多くの時間，労力を投入できる人物が公認を得やすくなり，女性が選挙に参入，当選する障壁が高くなる。他方，政党を選ぶ比例代表制では多様な候補者を擁立する必要があり，また組織が選挙を支援する面が強くなり，候補者個人が支持基盤を形成する負担は軽減される。そのため，女性が候補者，議員になる可能性も高く，日本でも比例代表制を衆議院よりも先に導入している参議院の方が女性議員比率は20.7％（2019年 3 月段階）と高い。

　ただし，女性議員が少ない要因は制度だけでなく，私たちの社会のなかにもある。根本的な要因は，固定的な性別役割分業意識である。列国議会同盟の調査によると，政治家になることを阻害するものには男女差がある。女性は家庭に入り，家族的責任を果たすべきという性別役割分業が強い場合，女性が家を出て，政治家になるハードルは高くなる。さらに，子育てと政治活動の両立は容易でなく，女性にとって障壁となりやすい。これは国際比較調査であるが，日本にも当てはまるであろう。この他に，男性候補者にもハラスメントはあるが，女性候補者の障壁は 1 票の力を振りかざす有権者のハラスメント行為（票ハラ）のように，日常や選挙運動のなかにもある。

　ここまで読むと，議員がすべき仕事とは何か，また議員を論じることは私たち自身を論じることと思われたのではないだろうか。議員はある程度まで有権者の姿を映す鏡であり，もし議員に不祥事や問題があるとすれば，それは個人の問題にとどまらず，制度や私たちがつくる社会をみつめる必要がある。

2　政党の役割とは？

　議員は政党というチームを組んで活動するのが一般的である。政党とはどのような存在であり，どのような役割があるのだろうか。

(1) 理念, イデオロギー

政党という存在

はじめに, 政党の名前を思い出してみよう。労働党や農民党など, 政党名に特定の人々を示す場合がある。また, 戦前日本の政党名をみると, 憲政党, 立憲政友会, 立憲民政党等, 「憲」の字が多い。戦後は自由民主党, 日本社会党 (後の社会民主党) 等, 主義を党名にしている。1990年代以降は日本新党, 日本維新の会など, 「新」の字が多い。明確な方向性を読み取ることは難しい場合もあるが, 何か既成のものを変革しようという意味があるのかもしれない。政党の名前には時代背景があり, 今は政党の主義・主張がみえにくくなっている。

名前をみていると, 政党は社会にある一定の部分を代表する存在であることがわかる。政党は特定の人々や主義を代表するものであり, 社会と国家にまたがる存在である。そして, 選挙を通じて政権を担う政党が入れ替わることで, 結果として全体の利益, 関心が反映されていく。

イデオロギー

ただし, 何が利益であり, どのようにそれに到達するのかは, なかなか一致しない。例えば, 経済発展と環境のどちらを優先するのかは折り合いがつけにくい。また, 平和のように目指す方向は一致するものであっても, それに到達する手段として, 軍事力の増強や均衡を図るのか, 軍備の縮小を通じて達成するのかは一致しにくい。このように, 国家や社会のあり方について, 考えは一様でない。そのため, 政治の話では, 「左」と「右」, 「左派 (左翼)」と「右派 (右翼)」, 「保守」と「リベラル」など, 立場の違いを示す言葉がでてくる。これらをイデオロギーと呼ぶ。

イデオロギーとは, 望ましい社会経済のあり方を示す価値や信念, 世界観である (⇒第5章3)。より詳細には, ①現状認識と将来ビジョンを備え, ②目標に到達するための方向性・段階を示し, ③多くの人々に訴えかけられるように, 単純な言葉で表現されるという特徴がある (蒲島・竹中 2012)。

イデオロギーは, ある価値に基づいて一貫している複雑な思想・意識の体系を, 誰にでも理解できるように, 単純な言葉・イメージ・シンボルなどによって表現する。難しい言葉をそのまま使用していては, 誰にも浸透しない。例えば, 小泉純一郎首相 (2001-06年) は「官から民へ」「地方でできることは地方で」として, 小さな政府の方向性を簡潔に提示した。

　イデオロギーは自己正当化の手段であり，どのような社会が望ましいのか，それに到達するにはどうしたらよいかを示したものである。ここでも小泉純一郎首相は自身の改革への反対派を「抵抗勢力」と批判すると同時に，「改革なくして成長なし」として規制緩和などの改革への賛同を求めた。その後，民主党は現状を格差社会として批判的に捉えたうえで，「国民の生活が第一」や「コンクリートから人へ」として自民党と異なる社会像，スローガンを提示し，それが目指すべき社会であるとした。

　このように，政党は何らかのイデオロギー，方向性を私たちに示す存在である。もちろん，イデオロギーの明確さやその実現へのこだわりには政党によって差がある。政策上の立場を表明し，その忠実な実現を重視する立場もあれば，仮に部分的であっても政策の実現を重視する立場もある。

(2) 対立軸と政党の役割

保守―革新 (リベラル)　戦後日本の政党は政策面で何をめぐって対立，協調してきたのだろうか。戦後政治は，憲法や安全保障を対立軸に展開した（保守―革新）。自民党などの保守側は日本国憲法（とくに 9 条）に象徴される戦後の民主化された体制を見直し，日米安全保障条約を基軸とする同盟関係を強化すべきとの立場を示した。社会党や共産党などの革新側は戦後の体制を維持・発展させ，日米同盟については距離をおくべきという立場をとった（⇒第 3 章 2）。変えようとする側を保守，守ろうとする側を革新と呼ぶのは，初めて読んだ人には少し不思議かもしれない。近年は保守や革新が何を意味するのかについて，世代によって認識が異なる面も出てきているが（遠藤・ジョウ 2019），先の意味内容は長期間にわたって共有されてきた。

　とくに議員や政党のなかでは，保守とは憲法の改正，日米同盟の強化，軍備力の増強等に賛成の立場を指す。他方，革新やリベラルとは，それらに反対や慎重な立場を指す。2010年代以降も自衛隊の海外での活動を積極的に展開するかどうか，安保法制のように日米同盟の強化を図るかどうかなど，争点が変化しつつも，憲法や安全保障問題は依然として対立している。議員レベルでは民進党という野党第一党が分裂してしまう原因の 1 つにもなり，無視できない。

　また，有権者からみた場合にも，保守―革新 (リベラル) イデオロギーは経済

よりも憲法や安全保障問題との関連性が強い。これは，他の多くの国が国家の社会経済への関わり方を軸に対立していたのとは異なる。一般に「左」と呼ばれる立場は，国家の役割を重視し，所得の再分配や社会保障の充実を重視する。他方，「右」の立場は，減税のように国家の関与の縮小を重視する。

しかし，日本では政府の規模や役割に関する問題が，2012年以降，時事問題の陰に隠れ，政党間の政策的な違いを特徴づける争点にあまりなっていない（谷口 2020）。その背景には，政党が時々の政治・経済状況によって立ち位置を変えるため，安定的な選択状況を有権者に提供できていないことがある。また，自民党・公明党政権が社会経済争点について，野党の主張を自らの政策として取り上げ，野党との政策の違いを小さくすることもあるだろう。

| 政党の役割 |

このように，政党には有権者，議員，政治全体にとっての役割がある。有権者からみると，政党があることで，候補者や政策をある程度，推測できる。○○党公認となっていれば，××の政策には賛成なのだろうと考えやすい。政党には私たちが物事を認識しやすくしてくれる面があり，政党は私たちが選択する際の手がかり（ヒューリスティクス）となる存在である（⇒第5章3）。

また，議員にとっては政党があることで，選挙を戦いやすくし，意思決定も進めやすい。同じ政党の候補者であれば，共通の政策を掲げ，有権者にもわかりやすく，選挙運動も効率的である。さらに，1つ1つの案件で常に多数派をつくろうとすると，かなりの時間を必要とするが，政党という形で集団になっていれば，物事も決めやすくなる。

政治システム全体からみると，政党は有権者を代表しつつ，統治を担う存在である。政党は人々の利益や関心を受け止める利益表出機能，それを一定の選択肢にまとめていく利益集約機能も担っている。また，議員になる候補者を見出し，それを育てていくリクルートメント機能も政党の役割である。そのため，政党は代表民主制にとって不可欠の存在である。

3　政党システムとは？

次に政党間の関係をみていこう。与党と野党があるように，政党同士の競争

や協力がある。それを理解するには，政党が何を目的として行動するのかを考える必要がある。はじめに，政党の目標と政党間関係の類型を示したうえで，日本の特徴を考えよう。

(1) 政党間の関係

政党の目標

政党は有権者からの支持を得るために，他の政党と日々競争している。ただ，競争するだけでなく，ある政党とは協力して選挙を戦い，国会で協力し，連立政権のように一緒に政権を運営することもある。**政党システム**（**政党制**）とは，政党が選挙や政権の形成，議会における決定といった場面で繰り広げる，競争と協力のパターンである。

個々の政党は何を考え，協力したり対立したりするのだろうか。政党には政権・公職の獲得，政策の実現，得票の最大化という3つの目標があり，それを追求する存在と考える。ただ，3つの目標を同時に満たすのは難しい場合が多い。例えば，連立政権に参加すれば，自党の政策を譲歩，もしくは望まない政策を受け入れることもある。それが公約違反として支持を失わせ，票が減るかもしれない。

政党間は根本的に競合的なものであり，協力している場合にも選挙，国会，政策決定の様々な場面でそれが表面化することがある。その背景には政党の目標の対立がある。例えば，消費税を10％に引き上げたとき，品目によって税率が異なる軽減税率が導入された。自民党は軽減税率の導入に消極的であったものの，連立を組む公明党は導入を主張し続けた。自民党は政策目標の追求よりも政権追求を重視し，公明党の主張に妥協したと考えられる。このように，政党の目標を想定すると，その決定の背景を推測することができる。

政党システムの類型

政党間の関係にはどのようなパターンがあるのだろうか。政党システムの類型では，政党数とイデオロギー距離が重視される。古くは一党制，二党制，三党制のように，政党数に基づく分類がなされていた。ただ，政党数の多い場合の違いや特定の政党が非常に強い場合など，数だけでは汲み取れない要素も多い。それに対して，ジョバンニ・サルトーリは，政党数とともに，政党システムのイデオロギー距離を組み込んだ類型を提示した（サルトーリ 1992）。それにより，政党間の競争と協力に

複数のパターンがあることを見出した。二党制とは異なる類型をみてみよう。

　はじめに，有力な政党が存在する場合である。例えば，日本の自由民主党である。自民党は1955年に結党し，2020年までに野党であった期間は約4年に限られる。日本以外にも，スウェーデンでは社会民主党が1932年〜76年まで，インドでは国民会議派が1952年〜77年まで長期政権を担った。このように，政権交代が頻繁にある国とそうではない国がある。**一党優位政党制**とは，複数の政党間で競争が行われているものの，1政党が継続して過半数を獲得し，事実上，政権交代が行われない政党システムである。

　次に，多党制のなかにも異なるパターンが示された。1つ目が穏健な多党制である。このシステムはイデオロギー距離の小さい3〜5の政党が選挙で競争し，単独もしくは連立政権によって政権交代する。すべての政党が政権を担当する機会をもち，政権には求心力が働く。ドイツや北欧諸国でみられる。2つ目が分極的な多党制である。このシステムは，イデオロギー距離が大きい6〜8の政党が選挙で競争し，中道政党が単独または連立して政権を担う。極右や極左の政権を担うことのない反体制政党を含み，中道政党を挟んで左右の野党が存在する。イデオロギー距離に開きがあるため，野党勢力の結集は困難である。1993年以前のイタリアがこれに当てはまる。

(2) 日本の特徴

なぜ政権交代が
起きにくいのか？

日本は政権交代がなかなか起きない一党優位政党制に分類され，1955年〜93年まではその典型例である。なぜ政権交代が起きにくく，一方で2009年には民主党への政権交代が起きたのだろうか。

　一党優位政党制が成立する背景を有権者からみると，政権を担う能力について，自民党とそれ以外の政党の間で大きな差があることである。1955年〜93年まで野党第一党であった日本社会党は，徐々に政権を担う政党としてみなされなくなった。他方で，1996年に結党した民主党は次第に政権担当能力があるとみられるようになり，2009年前後にはその評価が自民党と拮抗するほどになっていた。しかし，2012年以降は民主党の同評価が低下し，政権を失った。このように，政権交代の背景には政権担当能力評価の変化があった（山田 2017）。

もちろん，有権者は政権交代が必要であると考えている。例えば，70％の人々は政権交代があった方が良いと回答し，自民党支持層でも50％，無党派層では80％，野党支持層では96％に及ぶ（『読売新聞』2015年8月8日朝刊）。ただ，政権担当能力について，複数の政党が選べる形で尋ねたところ，自民党は75％の人々があると回答しているのに対して，立憲民主党は18％であった（『朝日新聞』2017年12月19日朝刊）。政権交代は必要であるものの，その受け皿が十分でないという問題がある。

| デュベルジェの法則 |

また，政党システムには選挙制度の影響も大きく，有名なものとして，**デュベルジェの法則**がある。それは，小選挙区制は二大政党制になり，比例代表制は多党制になるというものである。この法則は2つのメカニズムから成立する。

まず，小選挙区制には第一党が得票よりも多くの議席を過大に得る，機械的効果がある。小選挙区制では最も票を得た候補者が当選となり，2番手以降は議席を得られないため，第一党が得票以上に議席を得やすい。例えば，2017年総選挙で自民党は小選挙区で47.8％の票を得たうえで，75.4％の議席を得ており，第一党が過大に代表されている。

次に，小選挙区制には心理的効果もある。比例代表制の場合，有権者は自らの考えなどに近い政党に投票すると，それが割合に応じて議席になる。しかし，小選挙区制では有権者が勝つ見込みのない第3党に投票し続けても，その票が議席に結びつかず死票となる。中小政党を支持する有権者がそれに気づき，他の二大政党に投票先を変える。これらの結果，第3党以下の中小政党が淘汰され，二大政党に集約されていくと考えられる（デュベルジェ 1970）。

ただ，デュベルジェの法則が当てはまらない場合がある。それは，強力な地域政党が存在する場合である。日本でも大阪では日本維新の会が議席を得ることも多い。つまり，デュベルジェの法則は，厳密にみると，全国レベルではなく選挙区レベルで候補者が2名になることを意味する。もし，各選挙区の2名が「自民・立憲」，「自民・維新」，「公明・共産」と異なる場合，全国レベルでは二大政党制にはならない。そのため，強力な地域政党がない場合は，候補者が二大政党に集約され，全国レベルで二大政党制になる。

1994年の選挙制度改革は，政権交代可能な政党制が1つの目標とされていた。1996年から2009年まで，中小政党が残りつつも二大政党化に向かっていた。しかし，2012年以降は自民党の一強状態という言葉も用いられるようになった。小選挙区制は二大政党制をもたらすのであれば，なぜ二大政党制が成立せず，一強状態が生じているのだろうか。

　小選挙区制の下では選挙区で当選者は1名に限られ，2名の戦いであれば50％以上の票を獲得する必要がある。そのため，もし単独で過半数を占めることが難しい場合，政党は合併や連携をする必要がある。先の政党の目標との関係でみると，政権獲得・維持のために，自党の票の最大化や忠実な政策実現という目標は抑える必要がある。自民党と公明党は2000年以降，候補者を徐々に一本化し，選挙協力を継続している。2012年以降をみても，野党側は民進党結成（民主党と維新の党の合併），民進党の希望の党への合流等，合併や連携を優先する動きがみられた。ただ，野党同士が個別に選挙を戦うことも多い。

　野党間の合併や連携が難しい背景には，次の2点がある。まず，野党間には憲法・安全保障政策，社会経済政策の両面で一定の距離がある。例えば，日本維新の会は憲法改正に賛成の一方で，共産党は憲法改正に反対である。また，日本維新の会は原子力発電所の再稼働に賛成の一方で，立憲民主や共産党は再稼働に反対である。消費税についても野党間の立場は異なる。そのため，野党全体がまとまった連携は成立しにくく，候補者が一本化されにくい面がある。

　次に，比例代表制が組み込まれているため，各党が独自に候補者を擁立するインセンティブもある。小選挙区に候補者を擁立し，自党の比例票を掘り起こそうという面がある。先の政党の目標からみると，政権目標の追求よりも自党の集票，政策目標を追求する傾向が強い。2つの選挙制度を含む並立制において，小選挙区制は二大政党や二大ブロックに合併・連携する形の求心力が作用する一方で，比例区も存在するため，新党が参入しやすく，各党が独自路線を採る遠心力が作用する面もある。

　これらの結果として，与野党の選挙協力には差がある。候補者を一本化する与党に対して，野党は複数の政党がそれぞれ候補者を擁立し，同じ選挙区で競合することも多い。例えば，共産党は野党第一党の候補者が立候補している選

挙区にも独自候補を擁立することが多い。また，都市部を中心に新党が参入し，候補者調整がなされないことも多い。

　2012年以降の自民一強の背景には，並立制と政党側の対応がある。小選挙区制は第一党に有利に作用するため，自民党と公明党は徹底した候補者調整により，その恩恵を受けている。他方，比例代表制もあるため，独自路線を追求する面もあり，野党側はイデオロギー距離の大きさから，まとまった連携が取りにくい。このように，政党システムの状態は，選挙制度，イデオロギー距離，有権者と政党の行動から理解される。

　政党システムのあり方は，政治運営全体に影響を及ぼす。与党と野党が一党優位政党制という形で固定化すると，野党は野党としての役割も十分に果たしにくくなる。政権交代の可能性が低下すると，与党と情報の集まる官僚機構の結びつきが強くなる。それに対して，野党は情報収集，政策形成が困難になり，政府の監視や代替案の提起という役割も果たしにくくなる懸念がある。

4　議員・政党を変えるには？

　本章では日本の国会議員や政党を例にしつつ，政党の役割をみてきた。政党には，①候補者を擁立し，選挙を戦う，②政治の向かうべき方向を提示し，当面する政治課題を調査し，解決のための政策を提案する役割がある。そして，③多数派となった与党は政権を担当し，議会の運営を主導する一方，野党は政権を監視すると同時に，異なる選択肢を提示する。④有権者とのコミュニケーションの発信・受信における要となる役割もある。

　これらの活動を通じて，政党は現代の民主主義にとって不可欠な存在となっているが，議員や政党に対する人々の不満は強い。日本以外の国でも，議員や政党への評価は厳しく，あまり信頼されていない。また，日本では政治家が当選した後は国民のことを考えていないと感じる有権者が増加しており，私たちと距離のある存在になってきている。

　しかし，議員や政党のあり方は変えられる。特に1990年代以降は，選挙制度や政治資金を中心に様々な改革が試みられてきた。それらにより大規模な政治資金に関するスキャンダルは減少し，後援会中心の選挙も後退した。また，政

党内にある派閥の影響力も大幅に低下した。他方，選挙は政党や内閣の評価が重要になり，政党は党首や執行部の影響力が高まるなど，選挙や政党のあり方は変化した部分も多い。

　ただし，1つの制度だけで変化させられるとは限らない。議員の特徴や政党の行動を考える際に，政治制度，社会のあり方，イデオロギー，政党の目標という視点から考えた。なぜある現象が生じたのかは，1つの視点だけでは十分に理解できない。政党の決定を考えるには，政党の目標を考慮する必要があり，その目標追求のあり方は私たちがつくる社会と制度の影響を受ける。そのため，制度を変えても社会が変化しなければ，もしくは他の制度との関連性を考慮しなければ，想定された効果は出ないかもしれない。私たちが政党という代表民主制に不可欠な存在とどのように関わり，育てていくことができるかは，今後も課題であり続けるだろう。

📖さらに勉強したいときに読んでほしい3冊
①川人貞史・吉野孝・平野浩・加藤淳子，2011，『現代の政党と選挙〔新版〕』有斐閣.
　政党や選挙に関する教科書であり，理論やモデルの理解が深められる。
②中北浩爾，2017，『自民党——「一強」の実像』中央公論新社.
　政党の具体的な活動を多角的に捉えることで，政党の実態理解が深められる。
③待鳥聡史，2018，『民主主義にとって政党とは何か——対立軸なき時代を考える』ミネルヴァ書房.
　政党の歴史的な変遷と現代的な意味を考える1冊。

第**9**章　立法過程

▶どのように法律はつくられるのか？

1　政策と政治の仕組みを考える

(1) 守られなかった約束

民主党が目指したもの

民主党は，2009年の総選挙で，3300万を超える得票数（小選挙区）を得て，悲願だった政権交代を実現させた。しかし，次の2012年の総選挙で，民主党が獲得できた得票数はその半分にも届かなかった。有権者からの多大なる支持を一気に失った民主党は政権を退き，その後も党勢は低迷した。民主党政権に代わって登場したのが，第2次安倍政権である。

民主党は，なぜ政権を失うことになったのだろうか。その要因の1つとされるのが「過大」な選挙公約（当時はマニフェストと呼ばれた）である（伊藤 2014）。民主党は，「コンクリートから人へ」というスローガンを掲げて，政権獲得に動いた。「公共事業」に代表されるように，自民党がつくり上げた業界や地方への利益配分の仕組みから，雇用・福祉を通じて「個人」を直接支援する仕組みへと政策的な転換を試みようとしたのである。だが，いざ政権をとってみると，税収不足に加えて，あるはずだった財源は発見できず，コストがかかる政策案も多かったほか，党内での理念の共有も十分ではなかったことも手伝って，次第に選挙公約の実現が困難になっていった。

民主党は，また「官僚主導から政治主導へ」というスローガンを掲げて，政治の仕組みも改めようとした（三浦・宮本 2014）。構造的に官僚主導となりやすい政府の仕組みや政官業の連携である**鉄の三角形**に基づく政策決定の仕組みを改めるために，内閣に権力をより集中させることで，一元的な政治の仕組みを構想したのである。しかし，民主党政権は，党内の意思決定の仕組みなどを変えてはみたものの，思い描いたように政治が機能することはなかった。

　政治の世界には，意外にも約束がつきものである。首相の施政方針演説，政党間の協定，国際会議での政策の発表などは，いずれも公的に表明された政策上の約束，つまり公約である（山川 1980）。私たちにとって身近なのは選挙公約であろう。政治家は，有権者（⇒第 **4**・**5** 章）や利益団体（⇒第 **6** 章）との接触を繰り返しながら，政府に対する人々の要求を常に探っている。候補者にとって選挙公約とは，支持を拡大し再選するための手段であり，有権者にとっては，将来の効用であり，それを期待して投票する。そしてその候補者が当選し，公職に就くことで，選挙公約の実現に向けての政治責任が生じるしかけとなっている。

　政策が政治の仕組みを通してつくられるとすれば，選挙公約もまた，その政治の仕組みを前提としたものでなければならず，政策の革新を選挙公約に掲げるのであれば，政治改革もセットで提案しなければならない。その意味では民主党の 2 つの選挙公約の関係は，理に適うものであった。だが今ある政治の仕組みを利用して政治や政策を変えるには，政治の仕組みについての十分な知識と周到な準備，そして政治家の力量が不可欠であった。

　それでは，私たちは，いくらかであっても政治の仕組みを知っておくべきだろうか。民主政治が，政治家との約束に基づくものである以上，有権者にもそうした政治の知識は必要だ。そのうえで，私たちは政治家の選挙公約に耳を傾け，政治的な判断を下す必要があるだろう。そこで，本章では，立法過程のうち，①法案作成，②与党内手続き，③国会審議という 3 つの工程を取り上げて，政策をつくり出す政治の仕組みを説明する。本章では，55 年体制に由来するボトムアップ型の立法過程を扱い，次章では，現在主流となりつつあるトップダウン型の政治を扱うことで，全体として政治の仕組みの構造的な変化についての理解を深めることにしたい。

(2) 3 つの工程

官僚による法案作成　まずは各工程について概観したい。立法過程は，多くの場合，官僚（⇒第 **11** 章）が政策課題をみつけるところから始まる。とはいっても最初から法制化が検討されるわけではない。まずは既存の政策の微修正や転用といった方法が検討され，それでも問題の改善が期

待できない場合に，新規の政策や必要な立法措置が検討されるのである（西尾2001：259-264）。

　法案は各省の局や課といった単位で作成される。そこで重要になるのは意見の交換である。各省庁は**審議会**という場を設け，政策によって影響を受けることになると思われる関係者，社会問題や解決方法に詳しい専門家や各種団体などから委員を選び，特定の問題について審議を依頼し，答申を出してもらうことで，法案の内容を固めていく。各省は，また関係する他の省庁と法案の内容について協議し，調整を行う。各省が準備する法案は，さらに立法技術の観点から内閣法制局による審査をうけ，他の法令との整合性が高められていく。

　法案作成は，官僚たちが専門的，技術的な観点から行うようにみえるため，政治とは無関係に思えるかもしれない。だが，どの政策課題を優先させるのか，誰が政策の受益者となり，費用の負担者となるのかは，価値の権威的配分に関わる事柄であり，利害対立と利害調整としての政治が不可避となる。次節では法案作成をめぐる政治のあり様を説明する。

与党内での合意形成　　2つ目の工程は与党内での法案審査であり，そうした仕組みは**事前審査制**と呼ばれている。「制」という文字があるから，憲法や法律に定めのある制度と思ってしまうが，そうではない。国会に提出される前の法案を，与党がこっそりと（でも周知のことだが），そして実質的に審査する慣行を，そう呼んでいるのである（新藤2004）。どの世界でも，根回しくらいはふつうに行われる。事前審査制も，ある種の根回しといえなくもない。だが，大切なことは，この仕組みが，与党内で体系的かつ実質的に，そして長期にわたって存続してきたという点である。

　自民党での事前審査は次のように進められる。最初に法案を審査するのは政務調査会の部会や調査会等である。各部会は省庁に対応して設置され，そのメンバーには**族議員**と呼ばれる，特定領域の政策に影響力をもつ有力議員も含まれる。部会では，各省の担当局長や課長が法案について説明し，質疑応答のあとで，法案の修正が行われる（中島2014）。それが了承されると，その次のステップは，政務調査会の全体会である政調審議会である。各省の担当局長の同席のもと，部会長が了承された案件について報告を行う。最後のステップは総務会である。総務会は常設の党最高の意思決定機関である。ここでは，法案の

中身よりも，党内での意見対立や国会での野党の動向などをみながら決定が下される（岩井1988）。総務会で了承された法案には**党議拘束**がかけられ，党所属の国会議員には，国会で党の方針に従って行動することが義務づけられる。これを受けて，内閣は閣議決定を行い，法案提出の準備を進める。

国会における法案審議　　3つ目の工程は，いうまでもなく国会での法案審議である。ここでは国会での法案審議の手続きを確認しておこう。国会に法案を提出できるのは，内閣と国会議員である。国会は二院制を採用しており，法案は衆議院と参議院のどちらかに提出される。議長は法案を委員会に付託し，委員会は法案を審査し，その可否を議決する。本会議は，委員会委員長からの報告を受け，質疑や討論を行い，採決に移る。法案が可決されると，もう1つの議院に法案が送付され，同様の手続きで審議される。そして両議院で同一の法案が可決されると，法律は成立する。

　国会の制度をどこかで学んだ人がほとんどだろう。もちろん政治学を学ぶうえでもこれは必要な知識だ。ただ憲法や法律に規定される制度だけでは，政治の現実はわからないと思った人たちが，新しい政治学を開拓していった。いろいろな政治アクターが，議会やその周辺で作用と反作用を繰り返すことで描かれる政治的な軌跡が研究されるようになったのである。

2　法案作成過程とは？

(1) 誰が政策をつくるのか

政策デザイナーとしての官僚　　政府の関係者は，日頃から人々の要求や社会問題に気をかけている。例えば，循環型社会の構築が目指されているのに，自動車分野でのリサイクルは諸外国に比べて遅れているといった事柄である。政策課題の発見とは，社会や経済の仕組みだけでは解決されない問題に対して，政府が関与する必要性や道筋が見出されることを指す。問題状況や原因を調べ，政策実現に必要な条件を考慮して政策を構想することを，政策デザインと呼ぶ（石橋ほか2018）。政策のデザインが固まれば，それをもとに施策や事業が検討され，法案，予算案，そして各種行政文書に相応しい言葉を使ってプログラムが作成される。

　各省庁の官僚たちは，そのような意味で，政策のデザイナーであり，また政策のプログラマーでもあった。各省庁では事務を分担管理しており，彼らは自分たちに割り当てられた仕事やその周辺で，何か問題が起きていないかを監視することで，政策課題の発見に努めてきた（中島 2014）。仮に自動車のリサイクルに何か問題があれば，担当者はその問題を調査，分析し，外国の取り組みを調べるなどして政策課題と解決策をみつけようとするだろう。国会で審議される法案の多くは，官僚たちが作成した内閣提出法案であり，国会で修正されることもあまり多くはなかった。そのため政治家に比べて，官僚の影響力が大きいというのが通説であった。こうした議論は**官僚優位論**と呼ばれる。

局や課を中心とした政策づくり　　政策課題がみつかり，法律をつくって政策の実現が目指されることになると，局や担当課などを中心に，法案作成のための準備室が設けられる。法案の準備室には，大量のカップ麺・冷蔵庫・ソファー・簡易ベッドが備えられており，課長補佐や若手の職員が泊まり込みで，法案作成に向けた準備を行う（宇佐美 2012）。**表9−1**は，立法過程で作成され保存される文書の一覧である。これをみると官僚があちこちを走り回りながら，法案成立に向けて奮闘する様子を思い浮かべることができるし，やはり官僚優位だなと感じる人もいるだろう。

　各省の内部組織は，局・部・課・係といった単位に分けられ，それぞれに仕事が与えられている。課は省のなかでは上位の組織とはいえないが，そこは国の組織である。例えば「経済産業省製造産業局自動車課」は，日本の主要産業である自動車の車体や部品を所管する。日本有数の自動車メーカーや関連企業を対象にするということだ。同省のウェブサイト（https://www.meti.go.jp/policy/mono_info_service/mono/automobile/index.html，「政策について」の項目を参照）を眺めると，担当課が法案作成に関わる理由がみえてくる。自動車に関連するページには，まず「主要施策」「最新情報」「予算・税制・財投」などの項目があり，現在の取り組みが説明されている。自動車リサイクル法も担当しているようだ。そして「研究会等」「調査・報告書」という項目には，電気自動車，自動運転，クリーンエネルギーといった言葉が並ぶ。これらは自動車関連の政策課題のキーワードであろう。調査や研究を重ねつつ，近い将来の政策立案に向けて準備が進められていることがうかがわれる。

表9−1　標準文書保存期間基準（保存期間表）

事項	業務の区分	当該業務に係る行政文書の類型	具体例
法律の制定又は改廃及びその経緯	(1)立案の検討	立案基礎文書	基本方針，基本計画 条約その他の国際約束 大臣指示 政務三役会議の決定
		立案の検討に関する審議会等文書	開催経緯，諮問 議事の記録，配付資料 中間答申，最終答申，中間報告，最終報告，建議，提言
		立案の検討に関する調査研究文書	外国・自治体・民間企業の状況調査 関係団体・関係者のヒアリング
	(2)法律案の審査	法律案の審査の過程が記録された文書	法制局提出資料，審査録
	(3)他の行政機関との協議	行政機関協議文書	各省への協議案 各省からの質問・意見 各省からの質問・意見に対する回答
	(4)閣議	閣議を求めるための決裁文書及び閣議に提出された文書	5点セット（要綱，法律案，理由，新旧対照条文，参照条文） 閣議請議書 案件表 配付資料
	(5)国会審議	国会審議文書	議員への説明，趣旨説明 想定問答，答弁書 国会審議録・内閣意見案・同案の閣議請議書
	(6)官報公示その他の公布	官報公示に関する文書，その他の公布に関する文書	官報の写し，公布裁可書（御署名原本）
	(7)解釈又は運用の基準の設定	解釈又は運用の基準の設定のための調査研究文書	外国・自治体・民間企業の状況調査 関係団体・関係者のヒアリング
		解釈又は運用の基準の設定のための決裁文書	逐条解説 ガイドライン 訓令，通達又は告示 運用の手引

出典：経済産業省大臣官房総務課，2019，「標準文書保存期間基準（保存期間表）」（2020年3月10日取得，https://www.meti.go.jp/intro/consult/disclosure/data/pdf/01.pdf）を一部修正。

省庁と社会とのつながり　さらにウェブサイトをみていくと「参考リンク」という項目が現れる。これは「主要施策」「研究会等」「調査・報告書」などの「ご参考」ということだろう。リンク先には自動車関連の

業界団体や公益財団法人の名前がずらりと挙げられている。なぜこのようなところに，利益団体 (⇒第 **6** 章) が登場するのだろうか。

　これは各省庁が社会を支配・管理していることの証拠だと思う人もいるだろう。各省庁は許認可権や規制の権限をもち，行政指導を行う。そこに挙げられた団体や企業がその対象ということだ。ただ，日本の官僚制は公務員数，財政規模，権限のどれをとっても十分とはいえず，社会とのつながりを維持し，各種団体を動員することで，不足するリソースを補っていると考えられている (村松 1994)。

　また利益団体と各省庁との間には，情報交換を中心としたつながりも見つかっている (辻中 2000；濱本・辻中 2010)。そうした関係のなかで政策課題がみつかり，政策が形成されるのである。各省庁は社会からの圧力に対応しながら，情報や知識を資源に政策をつくりだすことで，行政機関としての責任を果たすことがあるとされる (笠 1995：78-80)。このように考えると「参考リンク」とは，各省庁のパートナー一覧ということになる。

　いずれにせよ，各省庁は社会と密接につながり，ときには社会的な利益の代弁者の役割を果たしながら (飯尾 2007)，政策の形成や実施の仕事をしている。だが，法案は，そうした関係性をそのまま表現したものになるとは限らない。あとでみるように，政治家がそこへ関与することがあるからだ。

審議会・私的諮問機関　会議という社会技術は，組織運営上のメリットが大きく，政治の世界でも頻繁に用いられている (山川 1994)。同じ時間，同じ場所に人が集まり，顔を合わせて議論をすると，各メンバーの意見がよくわかり，意見の調整もできる。合意が形成され，組織の方針が決まると，メンバーからの自発的な協力が期待できるし，メンバーに方針を遵守させることもできる。これに代表という社会技術を加えると，相当の規模の集団を束ねることもできる。議会は国民全体の会議体であるが，立法過程には，そこに至るまでに，いくつかの会議体がおかれている。

　審議会もそうした会議体の 1 つであり，主に省庁と社会とのつながりに関係する人々が参加する公式の場となっている。審議会は，法律や政令に基づき，国の行政機関に設置される合議制の諮問機関 (総数129，2018年現在) なので，公式というわけだ。メンバーには，大学教授，経済団体，公共的な団体，専門家

団体の役員が多い。審議会は，行政機関からの諮問を受けて調査や審議をし，答申を行うことで，政策の選択肢の検討や権威的な決定を下す役割をもつとされる（笠 1995）。なお，近年では審議会の改廃が進み，法律に定めのない私的諮問機関が増えている。こちらは政策課題や選択肢の検討をしているようだ。

　審議会は，官僚たちの隠れ蓑だといわれることがある。実際，審議会委員の人選から，議題，資料，答申の準備まで官僚が事務局として担当している。それにもかかわらず，国会審議では大臣や局長は「何々審議会でご審議いただいていますから」と答弁する，と審議会委員などを多く務めた，ある経済学者は回顧している（石 2014：9-10）。ただ，審議会がそうした性格をもちつつも，官僚たちは，審議会での議論をみて，それなりに社会に受容される政策を検討しているとの指摘があるほか（飯尾 2007：121-123），法律に基づいて審議会が設置されることから，与党が審議会の活動を事前にコントロールしているという研究もある（曽我 2006）。例えば，経産省は，自動車の廃棄時にリサイクルの費用が発生し，それを利用者に課す方式を検討していた。ところが，経産省産業構造審議会でいろいろな方式が検討された結果，不法投棄の恐れの少ない，購入時に費用負担が発生する方式でまとまったことがある（『日本経済新聞』2001年2月23日朝刊，2001年4月12日朝刊，2001年8月15日朝刊）。近年では，審議会の議事録などがインターネットで公開されることもあるので，官僚が圧倒的な影響力をもつとまではいえないだろう。

(2) 政府内部での調整

**法案をめぐる
省庁間の駆け引き**　社会から注目を浴びる公共問題には，多くの省庁が関心をもち，それぞれの立場から政策課題を発見しようとする。その結果，政策課題は省庁間で競合または対立することもある。例えば，自動車のフロンガスの回収は，自動車の車体などを所管する経産省と広く環境問題を扱う環境省のどちらでも，政策課題とすることができる。組織には，程度の差はあれ，セクショナリズムがある。そのため自分のところの仕事を優先に物事を考えがちになり，それが縄張り主義へと発展する（西尾 2001：233-236）。どの省庁も，新しい仕事をみつけては予算や権限を増やし，自分たちが築いてきた社会とのつながりを守ろうとする。管轄権をめぐる省庁間の争

いが生まれる背景にはこうした事情もある。

　しかし，法案は全会一致である閣議決定を経て，国会に提出されるため，それよりも前に政府内で調整される必要がある。作成中の法案は，他の省庁へ配布され，省庁間で質問と意見の提示を繰り返し，対面折衝を経るなどして合意が積み重ねられる（田丸 2000）。もし調整が不調に終われば，より上位の役職者が対応する。ここに政治家が介入することもある。

**鬼門としての
内閣法制局**

新しい法案は，憲法や既存の法律と齟齬が出ないように，技術的にも調整される必要がある。法案の審査は，内閣におかれる内閣法制局によって行われる。同局は「法の番人」と呼ばれることがある。審査は，各省担当者と内閣法制局の参事官との間で，質疑応答や討論を通して行われる。憲法や他の法律との関係，立法内容の法的妥当性から用字・用語の誤りに至るまで法案は厳しく審査される。そのため，題名と附則の文字だけが残ったとか，１条のチェックに３時間かかったといった話もある。しかし，厳格な審査には批判もある（西川 1997）。法的な整合性が重視されるあまり，状況に適した政策形成が阻害されるというのである。他方で内閣法制局は「政治の侍女」という顔をもち，政府の法律顧問として，政府の政策を擁護する役割が与えられている。例えば，PKO法や平和安全法制の立法過程で，内閣法制局は，憲法の解釈をめぐり，時の政権から法案成立に向けて協力を求められることもあったとされる。

3　与党内の手続きはどうなっているのか？

(1) ボトムアップによる合意形成

**一枚岩ではない
与党議員**

そもそも事前審査制は必要なのだろうか。与党のリーダーが首相を務めるわけだから，与党議員は内閣提出法案を無条件に支持してもよさそうである。議院内閣制（⇒第**10**章２）では，議会は，首相を選出して内閣を組織させ，その内閣に政策の形成や政府の運営に当たらせる。内閣は議会多数派である与党に代わって，与党の政策（公約）のために法案を作成し，それを与党が主導する議会で審議する。そう考えると，法律を制定することは，それほど難しいものではないようにも思える。2018年

の第196回国会では，内閣提出法案が66件（成立61件），衆議院議員提出法案は52件（成立16件），参議院議員提出法案は25件（成立４件）であった。野党がよく利用する議員立法とは異なり，内閣提出法案は優先的に国会で審議され，その多くが可決・成立していることから，与党の事前審査制は儀式のようにもみえる。

　しかし，与党所属の議員たちが，はじめから法案を支持しているとは限らないのである。政治信条，選挙区の状況，支援を受けている業界団体などの違いから，与党議員のなかには，内閣提出法案に好意的な者もいれば，そうでない者もいる。特に中選挙区制の下での自民党の組織は分権的であり，族議員に代表されるように議員は地元や業界といった個別利益を重視していた。小選挙区制の導入後も，2005年の郵政民営化法案の衆議院での採決では，自民党から37人の反対と14人の棄権・欠席があり，わずか５票差でなんとか可決された。しかし，この法案は参議院では与党議員の造反によって否決されてしまったため，小泉純一郎首相は衆議院の解散に踏み切った。民主党も政権獲得後に，事前審査制を廃止し，政策決定を内閣に一元化したところ，党内で政策を議論する場が失われてしまい，議員の間で不満が高まった（中北 2017）。

事前審査制のメリット　事前審査制では全会一致のルールが採用されていることから，合意形成を重視する意思決定のプロセスとなっている。理屈の上では議員が１人でも異論を唱えれば，法案は了承されないことになる。最初に説明した自民党政務調査会部会では，議員は，官僚から法案について説明を受けたあとで，疑問や要求を述べる（中島 2014）。官僚は，いったん議員からの意見を省に持ち帰り，法案を見直したうえで，再度部会での審査に臨む。こういうプロセスが繰り返されながら，法案についての合意が形成される。また複数の政策分野にまたがるような案件も，部会の仕組みのなかで調整される。例えば，自民党の環境部会はNPOの協力を得ながら，フロン回収法案を議員立法で提出することを検討していた。しかし，経済産業部会は，経産省が自動車リサイクル法案を検討していたことから，当初は法制化自体に反対していた（『朝日新聞』2001年１月31日朝刊）。だが省庁間だけでなく，部会間でも調整が進められたことで，多元的な要求が，１つの党の方針として統合されていったのである。このように，政務調査会の部会と審議会，そして総

務会へと，ボトムアップ式に決定を1つずつ積み重ねることで，党全体として
の意思の形成を促し，党議拘束を可能にする仕組みが事前審査制なのである。

　事前審査制は与党議員，官僚，内閣のそれぞれにとってメリットがあった（大
山 2011：83-85)。まず，官僚は，法案に対して，与党議員の意向を十分に反映
することによって，与党が主導する国会での法案成立を確実にすることができ
た。これは内閣にとってもメリットである。また与党議員は，法案作成という
面倒な作業を回避しながら，密室で業界団体や支持者の利益を政策に反映さ
せ，その見返りに再選の可能性を高めることができた。官僚たちが業界団体の
意向に配慮するのも，こうした理由からである。業界団体は官僚たちの天下り
を受け入れつつ，省庁と連携しながら，政策的な支援を受けて，存続すること
ができた。そして内閣も，官僚と族議員との間の政策形成を容認する限り，言
い換えるとリーダーシップを行使しないことで，内閣に対する批判や抵抗を和
らげ，政権の基盤を安定させることができたのである（新藤 2004)。

　憲法の規定により，法案の生殺与奪の権利を与党議員が握り，自民党が長期
政権を維持するなかで，彼らの政策能力は，短期的な異動を重ねる官僚を上回
るようになった。族議員に代表される政治家の政策形成能力の高さや立法過程
における政治家の優位性を認める議論は，官僚優位論に対して**政党優位論**と呼
ばれる。表9-1でみたように，立法過程で官僚たちは活発に活動をしている
が，この見方によればそれは政治家の意向を受けたものだと考えられる。1990
年代の選挙公約の調査から，保守系の候補者ほど地元利益を有権者に訴えてい
たこと，しかもそうした候補者ほど，選挙に強く，政治力をもっていたことが
明らかになっている（品田 2001)。こうした政治の仕組みがあったからこそ，自
信をもって保守系の候補者は有権者に選挙公約を提示することができたし，有
権者もそれに期待できたのであろう。

(2) トップダウンの政治へ

　　環境に適応
　　できない政治

政治の仕組みが，それを取り巻く国際環境や社会・経
済環境に適応しているとは，人々の要求が適切に公共
政策に変換され，人々から支持を受けている状態にあるということだ。戦後日
本が豊かになると，これまで述べてきたような政治の仕組みを使って，経済成

長の恩恵が地方の末端にまで配分されるようになった。与党議員が地元や業界に対して利益誘導活動を積極的に行ったからである。しかし，環境の変化により人々の間に新しい要求が生まれているにもかかわらず，適切な公共政策が実現できなければ，政治への支持は低下し始める。実際，社会の高齢化，産業の構造の変化，環境・人権，グローバル化といった問題が浮上すると，政治は新しい対応を迫られるようになったのである。

だが官僚たちが政策デザイナーを務める場合，彼らは担当する事務の範囲内で，政策の対象となる人々や集団との関係を通じて，政策課題をみつける。そのため，彼らのデザインは決まった業務を維持，管理するには適切であった。しかし，彼らは改革型のデザインを要する政策課題をみつけることには消極的であった。自分たちの仕事が失われるかもしれないからである。政党優位論によれば，政策デザイナーに対して指示を与えるのは族議員であった。彼らもまた業界団体や地元有権者との約束に縛られていた。そのため，新しい社会問題や政策手法が登場しても，適切な規模で政策を立案することによって政策を効率化したり，政策の受益者と費用の負担者の関係を再構築し，公平感を高めたりすることには，あまり関心がなかったのである。

政治改革の試み

1990年代の選挙制度改革，中央省庁等の再編，内閣機能強化は，首相のリーダーシップを強化するとともに，政策デザイナーの配置を変える試みであったといえる。首相官邸・内閣官房・内閣府による議題設定や政策立案，政策の調整を可能とする仕組みが採用された結果（⇒第10章2・3），主要な政策のデザインは官邸主導で行われるようになった。経済財政諮問会議などの政策会議が政府の基本方針を決定し，閣議決定後に，府省庁がその方針にしたがって，法制化を図り，さらにブラッシュアップが行われるというサイクルが生まれたのである（青木 2016）。そもそもリーダーには，問題をみつけ，目標と目標達成の方法を設定し，それを組織活動に落とし込み，鼓舞する役割が期待されるが（山川 1994），一連の改革によってそのための体制が整ったといえる。要するに政権交代と選挙公約を通じて，有権者が政策デザイナーの働きを変えられるようになったということである。

だが，与党の事前審査制は現在も存続している。事前審査制は，小泉政権で廃止が検討され，民主党政権ではいったんは廃止されたものの，その後復活

し，安倍政権ではこれを巧みに利用しているとされる（中北 2017：116-134）。政府の重要政策を事前審査制のプロセスに投入し，議員に党議拘束をかけることで，官邸主導を補完する役割がこの仕組みには与えられているとされる。

4　国会審議の実際

国会は「国権の最高機関であつて，国の唯一の立法機関」（憲法41条）である。しかし，17歳〜19歳を対象にした，ある調査（日本財団 2019）によれば，「国会は国民生活の向上に役立っているか」という問いに，ほぼ半数の回答者が「わからない」と答えている。国会審議の様子はテレビ中継などでみたことがあるだろう。でも，若者には，国会が国民生活に影響する組織だとは思われていないようだ。たしかに国会は，官僚が決めた法案にゴム印を押すだけの能力しかないという見解が，通説とされた時期もあった。しかし近年の研究では，国会の仕組みが政策形成に影響することがわかってきている。

(1) 議事日程をめぐる闘い

国会審議でも 多忙な官僚たち

国会の会期が延長されると怒りが湧いてくると，ある省庁に勤務する若手職員が言っていた。彼らの残業の理由の1つが国会対応だからだ（もっともベテランの職員であればとっくに諦めているだろうが）。議員が議案について質し，首相や大臣が答弁するのが国会審議の一般的なスタイルだ。法律が成立すれば，国民の権利が制限されたり，義務が課されたりすることもあるので，国民の代表が，会議が公開されるなかで，法案の内容や運用方法を批判的に質すのには意味があるし，会議録に記録が残るので，責任の所在も明確になる。もちろん，政府の答弁も政治的な約束の1つである。

表9-1にもあるように，国会会期中，官僚たちは答弁書の作成に追われる。閣僚は，議案の細部までは把握できないし，アドリブで答弁されてもあとで困るのは官僚たちだ。答弁書もまたボトムアップで作成される（中島 2014）。質問内容などは議員側から各省庁の担当者へ事前に伝えられる。それを受けて，担当係長や課長補佐が原案をつくり，法案作成と同様，下から上へ了解を積み重

ね，大臣にレクチャーが行われる。ただ国会審議の日程は与野党間の駆け引き
で決まるため，双方にとって準備は容易ではない。各省庁は，常に国会全体の
流れや会議の開催状況を把握し，組織的に国会対応に当たっている。

野党の国会戦略

通常国会の会期は150日である。だがこれが意外に短
い。通常国会では，予算案の審議が優先され，その後
に内閣提出法案だけでも何十本もの法案審議が控えている。二院制なので，委
員会審査と本会議での審議は2回行われる。加えて「金帰火来」のため審議が
難しい日もある。それに会期不継続の原則といって，会期末までに成立しな
かった法案は，原則廃案となる。与党は事前に審査を終えており，党議拘束も
あるため，法案の修正にはなかなか応じない。

この場合，野党は，国会でどのような行動を選択するだろうか。選択肢とし
て2つのことが考えられる。1つは，国会の審議機能を活用し，党の基本的な
政策に基づいて議論や討論を行い，有権者に争点への態度を表明して，支持を
得るという方法である。これは，次の選挙に備えて，政権担当能力や代わりと
なる政策案を有権者にアピールすることにつながる。もう1つは，国会の立法
機能を活用し，野党が日程闘争を行い，審議拒否を繰り返すなどして，法案の
廃案や修正を迫る方法である。国会は二院制，委員会制，会期制，会期不継続
の原則に加えて，議事日程を決める議院運営委員会は，慣行として全会一致の
ルールを採用している。これらの国会の諸制度には，法案審議を遅らせるとい
う粘着性を生み出す効果がある（岩井 1988）。

55年体制では，旧社会党は野党第一党ではあったが，政権を目指す意欲を
失っており，粘着性を利用する，後者を戦略として選んでいた。となると，国
会審議は，法案を守りきるか，廃案に追い込むかという与野党間のゲームの様
相を呈する。この場合，公の場では馴染みにくい交渉事もあるのだろう，与野
党の国会対策委員長会談のなかで，実質的な交渉・取引が行われた。つまり，
国会制度の外にある密室で，与野党間の非公式の取引が繰り返されてきたので
ある。議事日程を盾に野党が与党から譲歩を引き出す駆け引きは，**国対政治**と
呼ばれる。

(2)「政治」が少ない国会？

　以上のような見方をすれば，少なくとも国会が無能だとは呼べなくなるが，議論としてはやや後ろ向きである。だが，そうした審議形式のほかに，与野党が法案をめぐって討議を重ねる審議様式があることが実証的な研究により，発見されている（福元2000）。自動車リサイクル法をめぐる国会審議では，各党が主張を行い，経済産業委員会と環境委員会の合同審査には参考人が呼ばれるなど，丁寧な審議が行われたのはその一例である。しかし，全体としてみれば，日本の国会では，議論を重ねて法案を修正するとか，本会議で与野党が議論を戦わせるといったことが少ないとの指摘がある（大山2011；野中2016）。そうした主張の論拠となるのは，外国の議会の審議である。自民党が事前審査で行う法案修正を，フランスでは与党が議会の委員会で行うという。また日本の国会でも法案は修正されるものの，国対政治で決まってしまうので，どのような議論があったのかは国民にはよくわからない。例えば，自動車リサイクル法案でも，附帯決議が提案され，可決されたが，そのプロセスを会議録から読み解くことは難しい。また本会議の形骸化については，審議時間の観点からも確認できる。日本の国会の本会議の審議時間は年間59時間程度である。それに対し，イギリスやフランスでは1回あたり約7時間の審議が行われている。政策決定は最終的には多数決とならざるをえない。しかしその前に，公開の場で議論が行われ，合意を積み重ねることを政治と呼ぶとすれば，国会には政治が足りないといえるだろう。

事前審査制は廃止できるか　国会の活性化の障害として指摘されるのが，与党の事前審査制である。事前審査制をいったんは廃止した民主党政権でさえ，この制度を復活させたくらいだから，この制度が存続するのは，各政党の事情というよりも，構造的な要因があるからだろう。官邸主導となっても事前審査制が存続しているのは，①公明党との連立政権という制約，②民主党政権の挫折の教訓，③時間的制約が強い国会，④国会審議に関与できない内閣，という要因からだとされる（中北2017）。このうち，後者2つが国会制度に関する要因である。すでに述べたように国会審議は日程闘争となりやすく，加えて日本の内閣は，諸外国とは異なり，法案審議を促したり，法案を自由に修正したりする権限をもたない。内閣は，法案を提出すると，与党に法案

の行方をゆだねるしかなく、あとは答弁ミスをしないように野党からの質疑を
かわすだけになりがちである。

　立法過程は漏斗のように、出口に向かうほど管が細くなっている。細くなっ
た部分が国会である。法案に何か問題がみつかれば、審議が止まってしまう
し、それを救出する手立ても限られている。官僚が、修正の余地がないところ
まで法案の完成度を高め、与党が念入りに合意形成を行うのは、こうした事情
もある。そのため事前審査制だけを廃止すれば、予見可能性の低い立法過程と
なってしまうだろう。その意味で国会制度は政策過程、立法過程の全体を大き
く制約しているといえる。国会改革が進まない一因をこうした点に求めること
もできるだろう。

📖 さらに勉強したいときに読んでほしい3冊

①岩井奉信，1988，『立法過程』東京大学出版会.
　　55年体制下の日本政治と立法過程の関係が，体系的にまとめられた基本書である。
②大山礼子，2009，『日本の国会──審議する立法府へ』岩波書店.
　　日本の議会制の歴史や外国の議会との比較を踏まえながら，日本の国会のあるべき姿を探求
している。
③飯尾潤，2007，『日本の統治構造──官僚内閣制から議院内閣制へ』中央公論新社.
　　日本の統治の仕組みがどのように形成され，そしてそれが今どのように変動しつつあるのか
を，バランスよくまとめた良書である。

第10章 執政部

第**10**章 ▶日本の首相って強いの？

1 解散できる首相，できない首相

1番注目される存在　日本で1番よく知られた政治家は誰だろうか。この問いかけへの答えは人によって異なるかもしれない。だが，ニュースで1番取り上げられている政治家は誰かといえば，それは総理大臣（首相）で間違いない。

もちろん，首相以外の政治家が短期間非常に注目されることはある。例えば，2019年に小泉進次郎議員が結婚した直後は，彼についての報道量が大幅に増えた。とはいえ，それは一時的かつ例外的なことであって，年間を通じて最もコンスタントに報じられるのは首相である。全国紙の紙面や通信社のウェブサイトには，首相の毎日の行動が「首相動静」といったタイトルで掲載されている。このような記事がある政治家は首相だけである。

首相がこれほど注目される理由は，日本の政治において首相が果たす役割が大きいと考えられているからである。政策や予算の決定，政府の役職の決定（人事），外国との交渉（外交）など，多くの事柄に首相の意向は反映される。政治学では，このような状態について，首相に政治的影響力（権力）がある，という言い方をする。本章では，大きな政治的影響力をもつ首相のことを「強い」首相とも呼ぶことにしよう。

政治権力はどこから来るのか？　首相の政治的影響力の源泉は何だろうか。言い換えれば，どのような場合に「強い」首相が出現するのだろうか。これにはいくつかの答えが可能である。

まず，人気のある首相は影響力を確保しやすい。首相の人気は，個人としての好き嫌いで測られる場合もあるが，通常は首相が他の大臣とつくる内閣（政権）に対する支持率として測られる。内閣支持率は，新聞社やテレビ局など，

様々な報道機関が毎月のように世論調査によって調べている。支持率が高い内閣を率いる首相は，他の政治家や官僚に言うことを聞かせやすいのである。

次に，首相を支持する政党（与党）が国会でどれだけの議席を占めているかも，首相の政治権力に深く関係する。日本の国会は二院制なので，衆議院と参議院の双方で与党の議席が過半数を超えているとき，それも大きく超えていればなおさら，首相の意向は通りやすい。逆に，参議院での議席が足りない「ねじれ国会」だと，首相が望む政策は受け入れられにくくなる。ちなみに衆議院の議席が足りないと，ほとんどの場合にはそもそも政権をつくれず，例外的につくれたとしても長続きさせるのは難しい。

別の重要な要因が，与党内部での首相に対する支持の強さである。与党は首相と内閣を支える存在だから（逆に反対する存在が野党），与党に所属する政治家は首相を常に支持するはずだが，実際にはその程度は政治状況によって異なる。不人気な首相への支持は弱まるし，次の有力な首相候補が出現しても支持されなくなる。十分に支持されていない首相は，自らの意向ではなく，与党政治家の多数が望む方針に従って行動する場合がある。

首相の人気は有権者の判断やマスメディアの報道によって定まるところが大きく，本書では第5章「投票行動」や第7章「メディア」により深く関係する。以下の本章では，主に官僚や与党議員との関係を中心に，首相の「強さ」について考えていくことにしよう。

| 衆議院を解散 すればいい？ | 首相は他の政治家よりも強い政治権力をもつが，その程度は内閣支持率や与党の議席数，与党内での首相への支持によって変動する。このような変動への対抗手段であると同時に，変動の影響を受けるものとして，最も重要なのが衆議院の解散である。 |

衆議院を解散して選挙を行うこと（解散総選挙）で，与党の議席数を増やすこともできるし，そうなると与党内部での首相への支持も強まる。2014年や17年に安倍晋三首相が衆議院を解散した際には，与党に大きな勝利をもたらすことで，このような効果を得た。衆議院選挙は有権者の意向（民意）を問う方法として，どの世論調査よりも制度的で正統性が高いと考えられるから，そこでの勝利は首相の権力を強めるうえで大きな意味をもつ。

しかし，解散総選挙は賭けのような面をもち，首相はいつも勝てるとは限ら

ない。内閣支持率が低迷しており，解散総選挙によって野党に政権が交代してしまう恐れが強い場合や，与党内部で首相への支持が乏しい場合には，解散総選挙に踏みきることすら難しいことがある。1991年には，当時の海部俊樹首相は解散総選挙を行おうとしたが，与党だった自民党内部の反発を受けて断念した。2008年には，与党政治家の多くは麻生太郎首相が解散総選挙を行うと考えていたが，野党への政権交代を恐れた首相は解散できなかった。

2 首相の「強さ」って何だろう？

(1) 行政部門の長としての権限

> 官僚制とのかつての
> 弱い結びつき

首相が大きな政治的影響力をもっているとしても，それを使って自らの意向に沿った政治を進めようとすれば，具体的な政策を準備してくれる人が多数必要となる。そこで重要になるのが，行政部門で働く官僚（公務員）との関係である。なお，行政部門の組織とそこで働く官僚をまとめて，以下では「官僚制」という言葉を使うことにする（官僚制の全体像については⇒第11章）。

首相と官僚制の結びつきは，かつてはあまり強いものではなかった。官僚制に対する首相の影響力は限定的だったのである。その理由を知るには，まず日本が採用する**議院内閣制**という仕組みを理解する必要がある。

議院内閣制の下では，衆議院の多数派が与党となり，国会で首相を指名する。首相に指名されるのは，ほとんどの場合に与党のなかで最大の議席をもつ政党の党首である。戦後日本政治の場合，自民党の党首である総裁が首相になることが多い。

指名された首相は，首相以外の大臣（閣僚）を選任する。この選任には国会の指名や同意は不要である。閣僚は，財務省や外務省といった省のトップを務める場合と，経済財政担当大臣のように内閣府や内閣官房という組織の内部で特定の政策課題を扱う場合がある。後者は一般に特命大臣や担当大臣と呼ばれるが，以前は例外的におかれるだけだった。

言い換えれば，官僚が所属する省の指揮監督や運営管理については，その省の大臣が担っており，省があるからこそ大臣がいると考えられていた。これを

「分担管理原則」といい，長らく首相の官僚制との結びつきを弱めるように作用していた（曽我 2013）。

内閣機能強化による
新しい仕組み

自民党が1955年から93年まで長期政権を維持したこともあり，首相の影響力が十分に及ばない官僚制は，自民党の一部議員と直接結びついて政策をつくるようになった。このような議員を族議員と呼んだ。例えば，農林水産省は農業政策への関心が強い自民党議員（農林族）と結びつくといった具合である。官僚制と族議員が打ち出す政策は，しばしば現状維持志向が強く，首相のリーダーシップによる政策転換の妨げになっていた。

　このような政策過程のあり方を変えるために取り組まれたのが，1990年代後半の行政改革である。当時の首相であった橋本龍太郎の名前をとって，橋本行革と呼ばれることが多い。橋本行革では，細分化され前例や現状維持に囚われがちな政策立案を変えるため，複数の省庁を統廃合する省庁再編と，首相リーダーシップを重視した**内閣機能強化**が図られた。今日存在する国土交通省，文部科学省，総務省などは統廃合により生まれた省である。

　より決定的な効果をもったのが，内閣機能強化である。先に述べた内閣府や特命大臣はいずれも，首相からの直接指示に基づいて政策立案を進めるために創設された。首相を補佐する官房長官の下にある内閣官房という組織も拡充され，内閣府とともに首相リーダーシップを支えることになった。分担管理原則は緩和されて，大臣のいる省に対しても首相は直接指示を出せるよう改められた。首相が執務する官邸も，大きめの邸宅からビルへと建て替えられ，危機管理を含めた業務量の増大に対応できるようになった（図10-1・図10-2）。

官邸主導の出現

内閣機能強化によって，首相は名実ともに行政部門の長としての役割を確立することになった。首相が重要だと考える政策課題については，新しい立法や既存の法律の改正，予算面の準備作業を各省の官僚に直接命じられるほか，より重要度が高いと判断されれば内閣府や内閣官房での立案も可能である。最も大切だと判断すれば，特命大臣などをおき，その下で内閣府や内閣官房の官僚に常時取り組ませることもできる。官僚制との関係で，首相は強いリーダーシップを行使する存在になったのである。

図10 − 1　旧官邸

出典：首相官邸ホームページ（2020年 3 月11日取得，https://www.kantei.go.jp/jp/guide/guide01.html）。

図10 − 2　新官邸

出典：首相官邸ホームページ（2020年 3 月11日取得，https://www.kantei.go.jp/jp/guide/guide04.html）。

　このような新しい仕組みは，報道などで「**官邸主導**」と呼ばれる政策過程の
あり方を生み出した。官僚制との関係でいえば，官邸主導には 2 つの側面があ
る。
　1 つは，政策課題の重要性の判断が，首相とその側近（官房長官や首相秘書官

など）にゆだねられる傾向が強まったことである。政府が取り組む事柄や選択肢の優先順位を定める作業が，首相と官邸に常駐して執務する少数の側近たちによってなされるようになった。各省に所属する官僚や族議員たちの影響力は低下し，現状を大きく変革する政策が採用される可能性が高まった。近年の外交・安全保障政策は，その典型例である。

　もう1つには，その裏返しとして，ある政策課題の重要性を首相や側近に認めてもらうことに，各省の官僚は強い意識を向けるようになった。それは，自らが取り組もうとする政策の官邸への売りこみという面があるとともに，官邸から高く評価される行動をとろうとすることにもつながる。首相や側近の意向を過剰なまでに慮（おもんぱか）る，いわゆる「忖度」が官僚制に広がった一因は，ここにあるといえよう。

(2) 政権党の党首としての権力

バラバラだった与党
　1990年代の橋本行革以前の時期，官僚制に対する首相の影響力行使には，さまざまな制約があった。同じ頃，与党内部ではどうだったのだろうか（⇒第9章3）。

　戦後日本の衆議院において長く使われてきた選挙制度が，中選挙区制である（制度の詳細は⇒第3章4）。中選挙区制時代，1955年の結党からほぼ一貫して与党であった自民党は，毎回250〜300程度の議席を獲得していた。この議席数は選挙区数のほぼ倍だったので，自民党は各選挙区において平均2人の当選者を出していたことになる。有権者が投票する候補者は1人だけ（単記非移譲制）だから，自民党支持者は同じ選挙区に複数いる自民党候補者のどちらかを選んで投票する。それを自民党候補者からみると，他の自民党候補との競争があることを意味する。

　同じ自民党に所属している以上，大きな政策の方向性には違いがなく，競争の行方を決定づけるのは支持者への利益誘導や固い支持組織（後援会）の形成などであった。それを支えたのが派閥である。ほとんどの自民党議員は派閥に所属し，支持者への利益誘導，政治資金の確保，さらには大臣になるなどの党内昇進を支援してもらっていた。その代わり，派閥のトップリーダー（領袖）が自民党総裁を目指すとなれば，全力で支持し応援することが所属議員の大事な

役割であった。派閥にとって，所属議員が増えるほど党内での影響力が拡大し，総裁を出しやすくなるという構造だったのである。

　このような仕組みの下では，自民党議員は総裁である首相の意向ではなく，派閥の領袖の意向を重視する。首相のリーダーシップは，与党内部でも大きく制約されていた。

選挙制度改革の意味　政権交代なき自民党長期政権と，その下での族議員や派閥の大きな存在感，そして首相リーダーシップへの制約。これらを変えるために，1994年には衆議院の**選挙制度改革**が行われ，中選挙区制に代わって小選挙区比例代表並立制が導入された（⇒第 **3** 章 **4**）。

　小選挙区比例代表並立制だと，どの政党も各小選挙区には 1 人の候補しか立てず，比例代表は政党別に集計するので，選挙はほぼ完全に政党間の競争となる。有権者の投票先決定は，支持政党のみに基づいて行われる傾向が強まる。しかも，小選挙区で当選するためにはおおむね50%程度の得票率が必要となるので，広範な支持基盤をもつ大政党以外から立候補しても当選は難しい。そのため，特定の地域でのみ強力な政党が登場しない限りは，二大政党の競争が展開される。それは，自民党以外にも大政党が生まれ，その政党が政権を獲得する可能性を高めると考えられた。

　そして，大政党内部の意思決定のあり方にも影響は及ぶと予想された。選挙が政党間の競争になり，とくに小選挙区では大政党以外には勝ち目が薄いことから，大政党からの立候補を認める権限（公認権）をもった幹部（執行部）の影響力が拡大する。自民党であれば，従来のように族議員や派閥が中心となるのではなく，総裁である首相をはじめとする執行部が主導した意思決定がなされると期待されたのである。

まとまる与党と党首リーダーシップ　選挙制度改革によって，与党議員に対する首相のリーダーシップは明らかに強まった。衆議院選挙での競争が，同じ政党から立候補した候補者との間にではなく，他党の候補者との間で行われるため，支持者に対する利益誘導や後援会の維持，それに必要な派閥の支援は必須ではなくなる。むしろ，執行部と対立して公認を得られないことが，落選の危険性を最も高めるようになった。

　執行部との対立が生じやすい場面は様々だが，政策立案はその 1 つである。

とりわけ，首相が新しい方針に基づいた政策を導入しようとする場合，それまでに形成された業界秩序や既得権を侵される族議員や官僚制は，変革に抵抗する可能性が高い。例えば，農業に企業（株式会社）を参入させると，生産性の向上は見込めるが，それまで農林水産省が農協などとつくり上げてきた営農の仕組みは変化を求められる。このような場合に，中選挙区制時代であれば農林族議員が参入を阻止していた。しかし，執行部との対立を恐れる与党議員は，もはや首相の参入方針を受け入れるしかないのである。

　このような変化は，選挙制度改革の直後には目立たなかった。しかし，2001年に発足した小泉純一郎政権の下で，閣僚の任用は派閥と無関係に進められるようになり，郵政民営化などに際して族議員は阻止できなかったことから，自民党などの大政党内部で党首の影響力が非常に強まっていることが明らかになった。その流れは今日まで続いている。

3　首相は1人で決めているの？

(1) ボトムアップからトップダウンへ

決断しなくて
よかった首相

今日，日本の首相は大きな政治的影響力をもつ「強い」首相だとされる。しかし，おおむね1980年代まで，日本の首相は政策の立案や決定に対して自らの意向を反映させることが難しく，リーダーシップに乏しい「弱い」首相だとみなされてきた。

　その理由として，ここまで述べてきた分担管理原則や中選挙区制の影響に加えて，困難な選択に直面する機会が比較的少なかったことが指摘できる。1980年代までの日本は，経済成長や冷戦下での日米同盟関係の存在によって，国全体の命運が大きく左右されるような事柄や，多くの国民に深刻な負担を強いる事柄はほとんど生じなかったのである。

　もちろん，首相のリーダーシップが一切発揮されなかったわけではない。代表例は1972年に実現した沖縄返還で，アメリカとの経済摩擦も絡んだ難しい国際交渉には，首相（当時は佐藤栄作）の主導的役割が不可欠であった。また，1960年代の高度経済成長のように，実態としてはすでに始まっていた動きを，首相の池田勇人が「所得倍増計画」として広く社会に認識させた例も存在した。

　しかし，沖縄返還のような政策決定は例外的で，ほとんどの場合には与党である自民党と官僚制が一体になって政策を決め，首相や閣僚はそれを追認する方が一般的であった。そこでは，自民党内部での準備である与党事前審査と，官僚制側での省庁間調整を含む法案作成が連動して進められていた。このような進め方をボトムアップの政策決定と呼ぶ（具体的な手続きについては⇒第 **9** 章 3）。

　その主役は，先にもふれた，族議員と各省の官僚であった。また，内閣（政府）からは自律して与党が政策を決めているという意味で，政府・与党二元体制ともいう（飯尾 2007）。

求められた変化

族議員と各省官僚が主役となるボトムアップの政策決定は，国際関係や社会経済動向といった，当時の日本政治にとっての所与の環境条件に適合的であった。また，首相のリーダーシップが制度的に大きく制約されていたことにも見合ったものであった。

　しかし，1990年代に入ると日本政治を取り巻く環境条件は一変した。冷戦が終結し，国連の役割が拡大するなど，外交・安全保障政策を見直す必要が強まった。国連の平和維持活動に自衛隊を派遣するかどうかといった，難しい政策判断を行う機会が多くなったのである。バブル崩壊後，日本経済は長期にわたる低迷期に入り，少子高齢化といった社会の変化も相まって，財政や年金・医療などをはじめとする内政面の困難さも格段に強まった。これらはいずれも，影響を受ける利害当事者が広範に及び，複数の省庁にまたがる課題であることから，ボトムアップの政策決定では対応しきれない可能性が高かった。

　衆議院に小選挙区比例代表並立制を採用した選挙制度改革や，分担管理原則を弱めて内閣機能強化を図った橋本行革は，これらの政策課題の困難化を意識して，族議員と各省官僚が主導するボトムアップから，首相が主導するトップダウンの政策過程への転換を目指したものであった。つまり，1990年代に進められたのは，環境条件の変化に応答した政策決定ができるよう，制度条件を変える試みだったのである（清水 2018）。

(2) 執政中枢部の確立

実際に生じた変化

選挙制度改革と橋本行革という 2 つの大規模な制度変革は，ほぼ想定されたとおりに，トップダウンの政策

過程への変化を生み出した。政策立案を主導するのは，族議員や各省官僚から，首相と内閣府官僚に代わった。重要な局面について，いくつかの実例とともにみておこう。

　まず，自民党の政調部会が原案作成段階で果たす役割は大幅に縮小され，政調審議会や総務会が事実上の拒否権をもつとまではいえなくなった。現在の政調部会は，族議員の活躍の場ではなく，政策についての自由討論の機会に近いと考えられている（建林 2004）。小泉純一郎政権期の2005年には，郵政民営化法案が総務会での了承なく内閣提出法案として提出され，衆議院と参議院の双方で自民党議員が多数反対して，最終的には解散総選挙（いわゆる郵政解散）につながった。小泉は，反対した自民党議員の選挙区に対立候補を立て，大きな勝利を収めた。

　内閣提出法案の準備段階における各省間調整も，その意味自体が薄れている。複雑な調整が必要な重要課題は，多くの場合に内閣府が所管しており，調整は内閣府内部で行われるからである。省庁再編によって厚生労働省や総務省のように広範な政策課題を扱う省が誕生したことも，調整が省内事項になる傾向を強めた。事務次官会議は民主党政権時代（2009～12年）に一時廃止され，その後に事実上復活したものの，以前よりもセレモニー的な色彩が強まっている。

　内閣法制局による審査も，依然として厳格ではあるが，かつてのような独立性は弱まっている。とりわけ，2015年の集団的自衛権行使の一部容認など，憲法解釈に関係する審査は首相の意向に強く影響されるようになった。

**首相だけで決めて
いるわけではない**　このような変化は，政策過程がボトムアップからトップダウンに転換したことを意味している。しかし，トップダウンの政策過程の中心に首相がいることは間違いないにしても，それは首相が1人で政策を決めていることとはまったく異なる。

　現在の政策過程の主役は，首相とその周りにいる官房長官・特命大臣・首相補佐官・首相秘書官・与党幹事長などのアクターである。これらのアクターのうち，与党ではなく政府に公職をもつ人々を総称して「執政部」と呼ぶ。執政部のなかでも，とくに首相に近く，大きな制度的権限をもつアクターを「**執政中枢部**（コア・エグゼクティヴ）」といい，現在の日本では官房長官・官房副長官・特命大臣・首相補佐官がおおむね該当する。なお，その実質的機能に注目

図10-3　首相の面会パターンの変化（首相動静データから）

内閣機能強化以前（1979〜2001年）

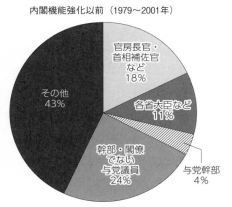

内閣機能強化以後（2001〜16年）

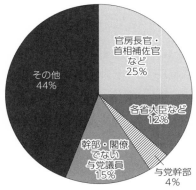

出典：筆者作成。

して，執政中枢部に与党幹部を含める場合もある。

　執政中枢部が担う役割を具体的にみよう。まず，官房長官は行政部門の長として の首相を支え，内閣官房の官僚を使った政策立案も行うほか，政権の報道官として毎日の記者会見などに応じる。官房長官の業務は広範で膨大なので，補佐役となる副長官もおかれている。特命大臣は内閣府の官僚を使うことができ，首相が重要だと考える政策課題についての政策立案を担う。経済財政諮問会議や総合科学技術会議など，最重要課題について有識者（企業経営者や専門知識をもつ研究者など）からなる会議がおかれるのも内閣府で，特命大臣が担当する。首相補佐官は国会議員や議員以外の有識者が就任し，やはり重要な政策課題への対応を検討し，提言を行う。

　これらのアクターは内閣機能強化によって人数的にも増えたが，現在では首相の重要な知恵袋であり，政策の立案や決定における手足として，以前よりもはるかに重要な存在になっている。そのことを端的に表すのが，図10-3に示した首相の面会件数の割合変化である。

　制度による「一強」　　ここまで述べてきたことから，今日の日本政治にみられる「強い」首相，すなわちリーダーシップを発揮して政策過程を主導する首相の姿は，1990年代に進められた選挙制度改革と内閣

機能強化という2つの大きな制度変革の帰結だとわかる (待鳥 2012)。

　そのことは，近年の首相を比較すれば明らかである。2009年に民主党中心の政権が誕生したとき，最初に首相になったのは鳩山由紀夫であった。鳩山には清新で知的なイメージがあったが，沖縄にあるアメリカ軍基地の移設などの難しい政治課題に対して，熟慮したとは思えない発言や指示を繰り返し，政権は短期間に混乱状態に陥った。首相として有能とはいえなかったわけだが，それでも執政中枢部を構成する政治家やそれを補佐する官僚は，鳩山の指示に従って動かざるをえず，事態はいっそう混迷して，鳩山政権は1年足らずで終わりを告げた。

　安倍晋三は，2006年に小泉純一郎の後を受けて首相になったが，体調不良もあって1年での辞任を余儀なくされた。辞任当時，安倍は自らの親しい政治家や有識者を政権に集めて，自らの信念を前面に出しすぎたと批判された。その後，2012年に首相に復帰した安倍は，副首相や官房長官に自らとは政治信条が必ずしも一致しない政治家を配し，執政中枢部がまとまって政策を推進することを重視するようになった。安倍が日本の首相として最長の在任期間となり，政策面でも官邸主導が目立ったことは，よく知られている。

　鳩山と安倍，あるいは2006年の安倍と12年以降の安倍を比べてわかるのは，首相個人の判断が目立つようでは，安定した政権運営は難しいことである。首相が「強い」時代だからこそ，個性や自らの信念に依存するのではなく，制度的に与えられた資源を活用する必要が大きいのである。

4　比較のなかの日本の首相

なお残る制約要因

　日本の首相を「弱い」存在から「強い」存在に変えるうえで，1990年代の制度変革は決定的な意味があった。しかし，今日に至るまで，1人の政治家としての首相が思いどおりの政策を実現できていたかといえば，必ずしもそうではない。

　その一因は，首相のリーダーシップを支えているのは，執政中枢部という集団としての判断であることによる。執政中枢部を構成する官房長官や特命大臣は，多くの場面で首相の意向を受けて政策を進めようとするが，ときにはブ

レーキ役になることもある。首相と関心や考え方が似た政治家を集めた，2006年からの第一次安倍政権の失敗は，このようなブレーキ役を欠いていたことによる。ただし，首相と執政中枢部の違いは全体的には大きなものではなく，執政中枢部の「強さ」は首相の「強さ」としばしば同一視される。

　もう 1 つの，より大きな理由としては，今日もなお首相リーダーシップに対する制度的な制約が一部に残っていることである。その最たるものが国会との関係であり，とりわけ参議院との関係である。参議院で与党が多数を得られていない「ねじれ国会」の状態にあるとき，首相が政策過程で行使できる影響力は大幅に低下する。

国会との関係　首相と国会の関係について，もう少し詳しくみておこう。日本国憲法は議院内閣制を採用しており，首相は国会議員によって指名（選出）されるが，衆議院と参議院の指名が異なる場合には衆議院が優越する。内閣を不信任できるのも衆議院のみであり，その場合には首相が解散総選挙か内閣総辞職を選択することになっている。

　このような規定は議院内閣制として標準的だが，実際には参議院が首相と内閣にとって大きな制約要因になってきた。理由は大きく分けて 2 つある。

　1 つには，与党が参議院で過半数の議席を確保していない時期が珍しくないためである。日本国憲法に基づく政治が始まった1947年以降，参議院で与党が過半数の議席を確保していたのは，約半分の期間にすぎない。残る半分は「ねじれ国会」であり，野党からの協力がないと法案を通すことができない。憲法は予算や条約承認について衆議院の優越を定めるが，大部分の法案は衆参両院の可決が必要で，「ねじれ国会」による制約は大きい。

　もう 1 つには，参議院が内閣の存続に対して事実上の拒否権をもっているためである。内閣不信任は衆議院にしかできないが，参議院は「問責決議」を行うことができる。問責決議の対象となった首相や閣僚がそのまま在任していると，その大臣が関係する予算や法案の審議を拒否する例が過去には多くある。そのため，参議院からの問責決議を受けると，政権は行き詰まってしまうのである。

　これらの要因は，1990年代の制度変革によっても変化しなかった。そこまで手が回らなかったためだとも，当時は「ねじれ国会」や問責決議の影響がそれ

ほど顕著ではなかったためだとも考えられている。いずれにしても，結果とし
て参議院は議院内閣制の基本的な仕組みの例外でありながら，大きな政治的影
響力をもつ状態が続いている（竹中 2010）。

外国と同じなの？違うの？　憲法で議院内閣制を採用しており，近年では首相リー
ダーシップを強める改革を進めておきながら，首相や
内閣とは信任関係がない参議院の影響力が大きいことは，日本政治の顕著な特
徴である。最近では解散総選挙が頻繁すぎるとの批判もあるが，参議院の影響
力への対抗を考えるとやむをえない面もある。

　日本において，とくに1990年代以降に目指されたのは，イギリスの議院内閣
制であった。しばしば**ウェストミンスターモデル**（ウェストミンスター型議院内
閣制）と呼ばれ，首相と内閣が下院との信任関係のみに依拠して成立し，存続
すること，政権与党は多くの場合に1つの政党から構成されること（単独政
権），野党の意向は政策決定にほとんど反映されないこと，首相が下院を任意
に解散できることなどが，その基本的特徴である。

　ウェストミンスターモデルを目指したという観点からは，日本の議院内閣制
の現状はなお道半ばということになるだろう。参議院の政治的影響力は大き
く，二大政党化も十分には実現しないまま複数の政党が与党となる連立政権が
続いている。

　しかし，世界の議院内閣制諸国に目を向けると，ウェストミンスターモデル
はむしろ少数派である（佐々木編 2019）。オーストラリアやイタリアは参議院に
当たる上院の権限が強く，上院からの支持をえられない政権は行き詰まりやす
い。ドイツも各州代表からなる連邦参議院（上院）の関与する案件については，
政権の方針が受け入れられないことも多い。内閣提出法案が議会で与野党の協
議により修正されることも，大陸ヨーロッパ諸国では一般的である。

　目標だったイギリスの議院内閣制にも，上院が改革によって影響力を回復し
ていること，連立政権が珍しくなくなったこと，首相の解散権が制約されたこ
となど，最近では顕著な変化がみられる（近藤 2017）。このような変化をウェス
トミンスターモデルの限界だと考えるかどうかによって，今後の日本の議院内
閣制が目指すべき方向性も変わってくるのだろう。

📖 さらに勉強したいときに読んでほしい 3 冊

①レイプハルト，アレンド／粕谷祐子・菊池啓一訳，2014，『民主主義対民主主義──多数
　　決型とコンセンサス型の36カ国比較研究 [原書第 2 版]』勁草書房.
　　議院内閣制諸国の制度と政策選択の多様性を示した，比較政治学の古典的名著。
②川人貞史，2015，『議院内閣制』東京大学出版会.
　　厳密かつ論理的な説明で，議院内閣制や二院制を分析。ぜひとも挑戦してみてほしい。
③清水真人，2018，『平成デモクラシー史』筑摩書房.
　　1990年代以降の政治改革の経緯と帰結について，平明かつ詳細に跡づける良書。

第11章 行政官僚制

第**11**章 ▶誰が社会を支えているのか？

1 なぜ行政が重要なのか？

身近な存在としての行政 　私たちは，日常生活を過ごすうえで様々な政府の活動の受益者となっている。例えば，大学生が居酒屋でアルバイトを行い，稼いだ資金で海外旅行へ行くことを考えてみよう。私たちの労働に応じてある程度の賃金が支払われている理由は，企業の社長が「いい人」だからではない。政府が労働規制を行っていて，最低賃金の基準が明確に存在するからである。どの国への旅行が安全なのかを知ることができるのは，外務省がウェブサイトで海外渡航情報を提供してくれているからである。このように政府による行政活動は，私たちの生活に欠かすことができないものになっている。

　もっとも，政府の活動には失敗や機能不全もつきものである。いまだに日本では過労死が存在しているし，食品偽装などで悪質な業者が暴利をむさぼるニュースは後を絶たない。政府によるルールの執行が，充分に行われていないようにみえるかもしれない。

　これまでの章でみたように，私たちは「より良い」社会を目指して，自分たちの声を「政治」に届ける。しかし政治家が問題に注目し，国会で法律がつくられるだけでは社会は変化しない。法律の内容を解釈し，具体的な実施基準に落とし込み，実際に事業者を取り締まるには行政による活動が不可欠である。この意味で，私たちが権力の効能や悪弊を実感するのは，基本的には行政活動の成果物を通じてなのである。本章の狙いは，広大な行政の世界をなるべくカバーしながら，官僚個々人だけでなく，それらを包む制度としての行政官僚制について政治学的かつ科学的に考えることである。

政府には，様々な仕事が存在している。東京の霞が関には中央府省のビルが立ち並んでおり，日夜多くの官僚が業務に励んでいる。そこでは，政策をデザインして法律の条文に落とし込む仕事から，官庁が所管する業界団体との利害調整に至るまで，巨大な統治機構を回していくための様々な仕事が存在している。地方には政府の出先機関も存在する。例えば確定申告を行うときに相談相手となる税務署は，財務省の外局である国税庁の出先機関である。

> **政府を分解して理解する**

このように，政府は自らの仕事をより小さな単位に分割することで，分業体制を構築している。行政官僚制に限らず，組織一般を科学的に考えるときに鍵となる概念が，**決定の分業**である。管理職が 1 人ひとりの部下の判断を隅から隅までチェックすることは難しい。同じように内閣の構成員である国務大臣も，行政組織の広大な所掌事務すべてを把握することはできない。そこで，細かい部分の意思決定を官僚に任せる場合がある。官僚は，自分で意思決定できる一定範囲の裁量を得る代わりに，意思決定の責任を負うことになる。これが権限移譲である。大きな組織では，上下関係や同僚間の役割分担のなかで，個々人が関与できる業務の範囲が実質的に存在している。複数のアクターが意思決定を分業することで，組織としての意思決定が行われているのである。

分業は，様々な論点を生む。どこまでを政治的な意思決定にゆだね，何に政治家の判断を介入させないのか。選挙で選ばれる私たちの代表の主張と，能力で選ばれる専門家のアイデアは，どちらをいかなる理由で優先させるべきなのか。行政官僚制を政治学的に考えることは，民主主義における望ましい分業のあり方，ひいては「国家はどうあるべきか」を論じることに重なるのである。

2　仕事を頼む——権限移譲とマネジメント

(1) 行政に任せる 5 つの理由

> **権限移譲からみた官僚制**

行政官僚制を理解するうえで出発点となるのは，「なぜ，政治家は行政官僚制に権限移譲を行うのか」という問いである。この問いに対して，これまで 5 つの理由が提示されている。①時間と労力の不足，②専門知識の利用，③政策的コミットメント，④政敵によ

る政策変更の回避，⑤非難回避，である（曽我 2016：5-7）。それぞれの理由を検討しながら，社会のなかで行政官僚制が果たす役割について詳しくみていこう。

　そもそも，現代社会で政府が解決しなければいけない政策課題は多岐にわたっている。例えば，環境問題を考えてみよう。単純に環境問題といっても，そこには様々な課題が含まれている。ペットボトルなどのプラスチックごみを，どのようにして再利用するのか。地域開発を行うことと，生物多様性の両立をいかに行っていくのか。工場から排出される化学物質をいかに規制するのか。考えることは山のように多く，関連する本を読んで勉強するにも一苦労である。

　このように政治が解決しなければいけない問題が山のように存在しているのに対して，国会議員の数は衆議院と参議院を足しても，わずか700名程度にすぎない（⇒第**8**章）。これに国会議員の秘書や議会事務局に勤める人々を加えたとしても，処理できる仕事の量は限られている。ましてや，彼らは地域社会の問題を議会に届けることなどで手一杯で，公共サービスの提供まで担えるわけではない。日本という国を動かして1億2000万人の人々の生活を支えるには，政治家だけでは時間も労力も足りないのである。そこで，人的資源の不足を補うために行政官僚制が用いられている（①時間と労力の不足）。

専門知識の利用　　ただし，いかに時間と労力を節約したいとしても，誰にでも仕事を任せられるわけではない。任せた相手が雑な仕事をした場合には，結局のところ他の誰かが尻拭いをしなければならないからである。市民や政治家が望む仕事内容を実現するための能力が，行政官僚制で働く公務員に求められている。このような能力を，広く専門性という（②専門知識の利用）。

　専門性を細かくみると，知識と技能に分けて理解できる（小田 2019：46-52）。知識とは，法学や経済学など，言語化され独学でも（努力すれば）習得可能な能力である。それに対して技能とは，例えば少しクセのある政治家のご機嫌をとりながら政策を説明したり，国会までのスケジュールを踏まえて業務を効率的にこなしたりするような，職務を通じてのみ培われる能力である。

　こうした知識と技能の区別は，政治家と行政官僚制の関係を具体例に当てはめて考えるときに重要になる。例えば法律の内容を改正したいとき，仮に行政

官僚制が協力的でなかったとしても，法学者や弁護士出身の政治家の助けを借りることができれば，質の高い立法を行うことが可能かもしれない（⇒第**9**章）。しかし年度内の予算成立を目指して利害関係者の説得に奔走する場合には，財務省の官僚以上に説得のタイミングを理解している人々はいないだろう。この意味で予算成立のための技能は，法律に関する知識よりも代替が難しい能力である。高い技能をもった公務員を確保するためには，長期的な雇用が必要になってくる。こうして，行政官僚制は現代社会に広く埋め込まれている。公共サービスを広く行き渡らせるために多くの人々が雇用され，選挙だけでは獲得できない専門的な能力を活かして業務に従事している。

民主主義と行政官僚制(1)
政 治 介 入

これまでみてきた2つの理由は，仕事のために権限移譲が必要不可欠であることを示している。一定の範囲で裁量と責任を与えることなしに，仕事内容のデザインは難しい。官公庁でも営利企業でも，分業なき大規模労働はありえないのである。

　同時に，権限移譲が生じる背景には政治的理由があることも知られている。例えば長期的視野に基づいた政策づくりのために，行政官僚制が意思決定を担当することが望ましい場合もある（③政策的コミットメント）。民主主義における行政官僚制は，選挙を経て選ばれた与党政治家のもと業務を行っている。しかし選挙で選ばれた政治家が，常に天下万民のために政策をつくっているわけではない。自身が再選することを目的として，財政赤字も顧みず公共事業でバラマキ政策を行うこともあれば，選挙で応援してくれた団体に便宜を図るために業務委託を行うことも考えられる。行政官僚制に権限移譲を行う意義は，民主主義体制に存在する政治的競争が政策に与える悪影響，すなわち民主的だが非合理な意思決定を回避することにある。

　他方で行政官僚制への権限移譲は，政治家が自らの政治的選好を長期的に実現するためにも利用される。行政官僚制が「中立的に」行うべき業務としていったん認められてしまえば，政治家が介入することは難しくなるからである（④政敵による政策変更の回避）。例えば世論調査によって内閣支持率の低下を知った政権担当者は，政権交代が控えるなかで自らの影響を後世に残すために，行政官僚制に権限移譲を行うかもしれない。しかしこうした権限移譲が常態化すれば，政権交代が起こったとしてもそれまでの政治は変えられず，市民

は無力感をもってしまいかねない。

民主主義と行政官僚制(2)
説 明 責 任　政治学が行政官僚制を研究対象としているのは，端的にいえば民主主義の利点を活かし汚点を制御するためである。行政官僚制は，民主主義だけでは得られない視点を公共政策にもたらすが，適切な役割分担が行われなければ民意の反映が難しくなる。行政官僚制への過剰な権限移譲は，政治家の責任放棄と表裏一体である。

　政治家と行政官僚制の役割分担が問われるのが，説明責任を追及する場面である。高速道路を建設するための土地収用のように，政府は全体の利益に鑑みて，特定の市民に負担を強いる意思決定を行うことがある。あるいは誤った選択の結果として，公共政策が失敗し市民に被害が及んでしまうかもしれない。

　こうした不利益分配や帰責処理の場面では，政策担当者はその進退を問われることになる。与党の政治家が監督責任を十分に果たしていないと判断されれば，大臣は更迭され内閣支持率は低下するかもしれない。こうした事態を回避するために，政治家が事前に権限移譲を行うことで，責任主体を行政官僚制へと変更してしまう場合がある（⑤非難回避）。いわば「トカゲのしっぽ切り」を行うための生贄として，行政官僚制が利用されてしまうのである。

(2) 労力と組織マネジメント

公共部門の規模と役割　続いて，日本の行政官僚制の規模をみてみよう。表11－1は，内閣人事局による「国家公務員の種類と数」をもとに，公共部門で働く人々の人数を示したものである。2019年度末時点で，日本には約330万人の「公務員」が存在する。中央政府と地方政府を分けて考えるなら，約58万人の国家公務員と約274万人の地方公務員がいる。ただしこの「公務員」には，内閣総理大臣や最高裁判所長官といった「特別職」の公務員や，立法府を補佐する議会事務局の人々，司法府を補佐する司法官僚，国防を担う自衛官なども含まれている。彼らも国家の根幹を支える機能を果たしているが，本書でいう「行政官僚制」には含まれない。こうした特別な人々を除いた国家公務員（一般職）は約29万人である。この29万人のなかに，霞が関や出先機関で働く事務官や技官だけでなく，刑務所に勤める刑務官など多様な「公務員」が存在している。そのほか，公共部門の定義を広くとった場合には行政

表11-1　公務員の数と種類（2019年度末予算定員）

国家公務員 （約58.5万人）	一般職 （約28.7万人）	給与法適用職員	277,000人
		検察官	3,000人
		行政執行法人職員	7,000人
	特別職 （約29.8万人）	大臣，副大臣等	500人
		裁判官，裁判所職員	26,000人
		国会職員	4,000人
		防衛省職員	268,000人
		行政執行法人役員	30人
地方公務員（約274万人）			

出典：筆者作成。

が出資する公営企業や第三セクターも「公務員」として考慮される場合がある（前田 2014：25-27）。

　政治学における官僚制研究が研究対象としているのは，この約29万人の国家公務員と，世論，利益団体，政党，国会，執政部の関係である。もちろん地方自治体には自治体ごとに政官関係が存在し，現場で活躍する公務員が教育，警察，消防，福祉などの業務執行を担っている。彼らを対象とした研究では理論的に同じ枠組みを用いる場合があるが，学部の科目構成としては「地方自治論」などの講義で扱われることが多い（⇒第12章）。本書で「行政官僚制」を具体的に説明するときも，基本的には中央府省を想定している。

近代官僚制の特徴　それでは，行政組織の分業体制はどのように構築されているのだろうか。行政組織の分業体制を考えるうえで，出発点となるのはマックス・ウェーバーによる**官僚制組織**論である。ウェーバーの議論は約100年前に提唱されたものだが，組織を考えるためのモデルとして今なお強い影響力を有している。

　かなり単純化していうなら，近代官僚制とは試験などの方法で選抜された，一定の能力を有する人々によって成り立つ組織である。その構成員の職務分担や上下関係は明確に決まっており，その場の思いつきではなくルールに基づいた意思決定が行われ，業務の遂行過程は文章として共有され，上司の機嫌を損ねたからといって即座に解雇されるわけではない。こうした特徴をもつ官僚制組織は，それまでの「王様の家臣」とは異なり，ルールに仕えて合理的かつ効

率的に職務を遂行することができると考えられるのである。

　100年前の議論なので、さすがに現在の観点からみると古すぎると思うかもしれない。しかし、こうしたウェーバーのモデルは現代でも様々な挑戦を経て残り続けると、行政学者のメイヤーとヒルはいう。例えば、情報処理技術の発展によって行政文書の多くは電子化されている。しかし、文書による意思決定手続きが重要であるという行政官僚制の基本要素は変化していない。むしろ社会の複雑化に伴って、合理的に処理しなければならない課題は増え続けていくと考えられている。それゆえ行政官僚制の重要性は、今後もさらに増していくだろうと考えられるのである（Meier and Hill 2007）。

基盤としての人事行政　続いて組織内部の分業を理解するために、中央府省の機構図と配席図をみてみよう（図11-1・図11-2）。

図11-1　中央府省の組織（厚生労働省を例に）

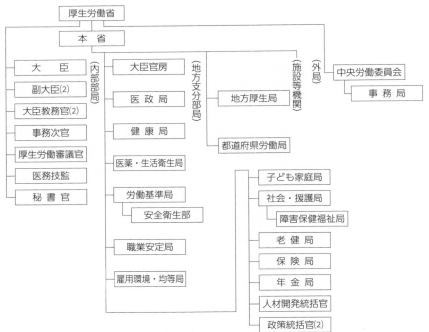

出典：『ガイドブック厚生労働省』平成31年4月版。

図11-1は厚生労働省の局部レベルまでの組織形態を，図11-2は局の内部におかれる課の例を示している。2020年7月現在，日本の中央府省は1府13省庁が存在している。配席図をみると，1つの組織のなかにも様々な人々がおり，室や係といった細かな単位によって分業が行われていることがわかる。課長や室長といった管理職の立場にある人々は，リーダーシップを発揮しながらメンバーを指揮することが求められている。

　行政官僚制が多くの人員を抱えていることから，**人事行政**は学問的にも実務的にも特殊な位

図 11-2　某局某課（某室）の場合

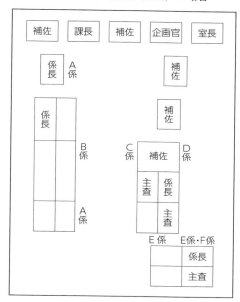

出典：『ガイドブック厚生労働省』平成31年4月版。

置づけにある。公共サービスの質を高めようとする時，例えば窓口業務改革を行って成功したとしても，それによって改善されるのは市民との応対にとどまり，改革の効果が他の部署へ波及する可能性は小さい。だが人事行政改革に成功すれば，改革の効果は組織全体へと波及する。それゆえに，人事行政は組織のパフォーマンスを規定する鍵であると考えられている。同じ職場のなかにも，多様なバックグラウンドをもった人々がいる。難関である国家公務員総合職試験を突破してエリートコースを歩んでいく幹部候補生（キャリア官僚）もいれば，一般職試験を通過して同じ職場で長く経験を積む人々（ノンキャリア）もいる。優れた人材を採用し，彼らのやる気を継続的に引き出すための施策は，あらゆる組織を機能させるうえで欠くことができない。

3 官僚制をめぐる2つの論点——政治や社会との関係

(1)「強い首相」と官僚の中立性

統合の強化を目指して

行政官僚制には分業が不可欠だが，分業の意義を強調すればするほど，次のような疑問が生まれるかも知れない。たしかに，仕事を細かく分けた方が個別の業務は効率化されるだろう。しかしそれだけでは，弊害が生まれてしまうのではないだろうか。行政官僚制は個別の政策分野に取り組むばかりで，日本全体のグランドデザインを意識することができなくなってしまうのではないだろうか。民間部門に類をみないような大きな組織を，どのようにコントロールすればいいのだろうか。様々な部門に共通の目標をもたせ，矛盾した行動を行わせないようにするための仕組み，すなわち統合が必要になってくる。

1990年代から行われた政治改革や行政改革は，政治的なリーダーシップを強めることで統合を確保しようとするものであった。第10章でみたように，強い分担管理原則の下に各省庁が個別に政策立案や政策実施を行うのであれば，内閣による行政官僚制の統合は不十分なものになってしまう（⇒第10章2）。これでは，内閣が議会に責任を負う議院内閣制ではなく，まるで行政官僚制の提案をホチキスで束ねる「官僚内閣制」だと，当時の人々は批判を行ってきた（飯尾2007）。

「官僚内閣制」のもたらす弊害の1つが，省庁間紛争である。新しい政策課題が出現した場合に，この政策課題はうちの仕事だと複数の省庁が主張するような事態が生まれ，激しく権益争いをするのである。お互いに仕事を妨害し合うことは生産的ではないが，リーダーシップを制約されていたかつての首相は，行政官僚制の省庁間紛争を調停することができなかったのである。

統治機構改革の継続
と政官関係の変容

1990年代からの30年間に行われた政治改革・行政改革は，政治家による行政官僚制のコントロールを強化するだけでなく，行政官僚制の統合の確保も同時に目指したものであった。2001年の中央省庁再編や2014年の内閣人事局設置は，行政官僚制の統合という観点を踏まえることでその意義が明らかになる。

　2001年の中央省庁再編では，内閣の補佐機構の充実が図られるとともに，大まかな国家機能分類に基づいて省庁再編が行われた。内閣の補佐機構である内閣官房の強化と内閣府の新設は，首相のリーダーシップを確立するために必要な指揮命令系統やスタッフ機構を整備するものであった（⇒第**10**章 3）。小泉純一郎首相は，内閣府におかれた経済財政諮問会議を活用することで，首相主導の政治過程を出現させた（飯尾 2007）。

　行政官僚制の側からみれば，内閣官房や内閣府での職務経験の重要性が高まる改革となる。首相周辺のアクターによる政策決定を補佐するためには多くの人員が必要になるが，公務員を育てるには長い時間が必要である以上，優れた人材が突然出現するわけではない。とりわけ組織内部で調整を行うための技能は容易に習得できないので，首相がリーダーシップを発揮するためには，各省庁から人材を集める必要が出てくる。内閣の補佐機構の拡充は，官僚に省益ではなく国益を追求させるための方法としても役立つのである。

　2014年の内閣人事局設置による幹部人事の一元的管理も，同じ観点から説明できる。各省庁に合計で約600存在する幹部ポストの人事に関して，内閣の意向が反映されるようになった。これにより内閣の方針を，行政官僚制の隅々にまで浸透させることが可能な制度に近づいたのである。

「忖度」と中立性？

　もっとも第 2 節で説明したように，政治家による行政官僚制のコントロールが常に私たちが望むような帰結をもたらすわけではない。本来行政官僚制に期待されるのは，専門的知見に基づいて法律を忠実に執行することである。政治家の非合理な意思決定を避けるために行政官僚制が存在しているのに，政治家の介入を過剰に招くことになっては本末転倒である。とりわけ第二次安倍政権以降，官僚が首相近辺のアクターの政治的意思決定を先読みして彼らの選好に合わせた行動をとることが，世間から「忖度」と呼ばれ非難の対象になっている。行政官僚制が本来守るべき，中立性や専門性が犠牲にされているのではないかと，批判者たちは考えている。

　ただし様々な人々による相手の行動の先読み自体は，政官関係に限らず広くみられる現象である。行政官僚制が，市民の反応を予想して行動することも「忖度」であり，政治にとってはありふれた現象の一部である（村松 2019）。行

政官僚制の「忖度」が避けられないことであるのなら，重要なのは行政官僚制に対して政治家ではなく市民の側を「忖度」し，一時的な政治的介入に屈することを回避するためのインセンティヴを与えることだろう。

(2) 小さな政府の社会的影響

| 弱い国家の |
| 非合理な規制？ |

別の側面に着目してみたい。行政官僚制の改革は社会をどのように変えたのだろうか。ここで再び，1980年代までの日本行政を説明する通説的見解を振り返ってみよう。国際的にみて公務員の少ない「**小さな政府**」である日本では，様々な業務を行政官僚制に代わって民間企業などが請け負っている。例えば，納税額の計算は本来行政官僚制が担うべきはずだが，日本では企業などの雇用側が担当している。政府と社会の境界が曖昧であることが，日本行政の大きな特徴であると考えられてきた。

　公務員が少ないにもかかわらず世界第2位の経済大国となったことは，日本の行政官僚制が「優秀」であるという神話を生んだ。1950年代の通産省を舞台とする城山三郎の小説『官僚たちの夏』や，チャルマーズ・ジョンソンの『通産省と日本の奇跡』のように，日本の経済発展において行政官僚制の果たした役割を高く評価する古典的著作は，時代を超えて読み継がれるものとなっている。ただし行政官僚制の「優秀」さを，過剰に見積もってはならない。行政官僚制が常に適正な政策を提案できたわけではなかったし，民の側も行政官僚制へ影響力を行使していたからである。政策領域ごとに業界団体と行政官僚制がネットワークを張りめぐらせ，相互に浸透する日本政府のあり方は，「ネットワーク国家」とも呼ばれた（飯尾 2007；前田 2014）。行政官僚制と社会の不透明な関係が問題になっていたのである。行政官僚制による天下りは，不透明の象徴であった。退職後の幹部官僚を民間団体が顧問などの高い立場で迎え入れることが，官と民の癒着を招くものだと批判されていた。強い規制と官民の不透明な関係が，改革の対象になったのである。

| 「官」の役割は |
| 縮小したのか？ |

1990年代から2010年代までの30年間で，行政官僚制と社会の関係はどのように変化したのだろうか。1990年代の行政改革における合言葉は，「官から民へ」「国から地方へ」であった。もともと公務員の数が少ないことを考えれば奇妙なことに聞こえるかもしれない

が，国家の役割の縮小を目指した行政改革が行われたのである。こうした潮流は諸外国とも共通するものであり，世界各国で公営企業の民営化や中央省庁のダウンサイジング（規模縮小）が行われた。1980年代の後半から流行した，行政官僚制に市場原理や民間の経営手法の導入を目指す改革理念は，New Public Management（新公共経営）と呼ばれている。

　日本でも様々な行政改革が行われたが，なかでも規制改革は多くの人々の生活に影響を与えている。皆さんに身近な例としては，コンビニエンスストアなどで売られている栄養ドリンクである。かつて栄養ドリンクは，医薬品として扱われスーパー等で販売することができなかった。それが1990年代の規制緩和によって，医薬品から医薬部外品として扱われるようになり，一般小売店で売られるようになったのである。1990年代から2010年代までの国際比較をみると，日本でも諸外国でも規制緩和が大きく進展したことが明らかになっている。OECD（経済協力開発機構）のデータを用いた分析では，生産者市場，小売市場，インフラ市場（エネルギー，輸送など）のいずれにおいても，規制緩和が行われたことをみて取ることができる（深谷 2019：169-170）。

　ただしより細かくみれば，電子部品などで規制緩和が進展する一方で，農業や教育などの分野が相対的に遅れているように，行政官僚制と社会の関係の変容は分野によってかなりの隔たりがある（深谷 2019）。それぞれの政策領域には異なる「政治」が存在していて，行政官僚制の影響力が維持されている分野と，弱くなった分野があると考えられる。

行政活動の限界

行政官僚制の能力や権限は，政策分野ごとに大きく異なっている。なぜこのような事態が生じるのだろうか。これまでの説明を読んだみなさんは政治家との関係に着目するかもしれないが，それ以外の要因もある。ここでは2つの例を取り上げてみたい。1つは政策立案のための情報収集であり，もう1つは**政策実施**である。

　行政官僚制の存在意義の1つは「専門知識の利用」であるが，実際の立法過程で必要な専門知識は多岐にわたっている。規制改革のための法改正では，法学だけでなく医薬品や化学物質など規制対象に関する知識の利用も必要である。しかし人件費が制約されるなかで，あらゆる専門知識を行政に取り込むことは現実的でない。技術の進歩が激しいなかで，官民の知識格差が拡大してい

るともいわれる。審議会を開催して利益団体や大学教授などからヒアリングを行い，彼らの知見を取り入れることなくして政策立案は難しい（⇒第9章）。結果として，行政官僚制は外部のアクターの影響を大きく受けざるをえないのである。

　政策実施の局面でも同じことがいえる。日本では，政策実施の大部分は地方自治体が担うため（⇒第12章），その能力を大きく超えた政策立案は難しい。地元で雇用を提供する有力企業の不正行為に対して，地方自治体は強気に出られないかもしれない。共働き化の進展に対処するため保育園を増やそうとしても，保育士に適性のある人材を急に増やせるわけではない。現場で働く人々のことを第一線公務員と呼ぶが，彼らが使うことのできるリソースは有限である。行政官僚制の行う活動には，多くの限界が存在しているのである。

4　官僚制のなかの人間

**行政官僚制の
理想と現実**　　　行政官僚制は，社会のなかで様々な役割を担っている。行政官僚制は，公共サービスを提供し，ルールの執行を行うことで生活に大きな影響を与えている。本章では，政官関係と官民関係における変化を中心として，近年の行政官僚制がどのように変化しているのかを説明した。本章を読んだみなさんは，行政官僚制が外部環境に翻弄されやすいアクターであるという印象をもったかもしれない。政治主導やグローバル化という様々な社会経済的・政治的制約のなかで，日本政府が取ることのできる政策的選択肢は限られている。執政部の権限強化や利益団体の圧力のなかで，行政官僚制のもつ権力と能力は，30年前と比べて弱まったようにみえる。「忖度」という批判の言葉は，高度経済成長をもたらした「優秀」さを誇ったとされる日本の行政官僚制に対する期待の裏返しでもある。選挙で勝つための依怙贔屓を行う政治家ではなく，能力で選ばれた行政官僚制に投資するべきだという提案は，いつの世もなされている。

　しかし政治学を学ぶということは，世の中の漠然とした期待から距離をとることでもある。そもそも，規模の大きさそれ自体が行政官僚制のイメージを漠然としたものにしている。一部の省庁をもとに形成されたイメージを全体に適

用することが適切とは言い難い。冒頭で紹介した**決定の分業**は，行政官僚制を個別のセクションに分解したうえで，全体を考えるための鍵概念である。内閣官房や内閣府での勤務経験がある官僚と，そうでない官僚の違いは何だろうか。規制緩和に違いがあるなかで，行政官僚制は業界団体にどのように応答しているのだろうか。これから発展的な学習を進めるならば，官僚と官僚の「違い」を考える必要があるだろう。そうした「違い」を考察する出発点こそ，決定の分業なのである。

制度と人と　これまでの行政改革では，行政官僚制を取り巻く制度を工夫することで，政府の活動をより良いものに変えようと試みてきた。本章で紹介した中央省庁再編や内閣人事局の設置は，官僚の行動を大きく変えたと考えられている。行政官僚制を語るうえでは，制度中心の説明が主流だったのである。

　しかし制度を運用するのは，いつだって人間である。制度が官僚たちにとって納得いくものでなくては，いつでも骨抜きにされてしまう可能性がある。不祥事の隠蔽や公益通報の少なさは，行政官僚制の負の側面を物語っている。同じ制度でも，男性と女性では受け止め方が違うかもしれない。組織のなかの人間は，今後の重要な研究課題である（⇒コラム 6 ）。

　例えば，行政官僚制の「優秀さ」の根底には，個人が自らを犠牲にして組織のために働く実態があるのではないかといわれてきた（小田 2019）。しかし「働き方改革」が進展するなかで，こうした官僚像には負のイメージが付与されるようになっている。官僚のモチベーションや実態を理解する必要性が，大きく増してきたのである。最新の調査では，業務量が増大するなかで，行政官僚制が十分に対処できないことが明らかになっている（北村ほか 2020）。海外には，心理学や経営学と共通の手法を取り入れた「人間中心の行政学」を目指す動向が存在していて，大きな潮流をつくっている。日本でも官僚に対するサーベイ調査は，行政官僚制に対する通説的な見解やイメージを何度も塗り替えてきた（村松 2019；北村ほか 2020）。法的・制度的側面だけでなく，人に着目することで初めて行政官僚制の現実はみえてくるのである。

📖 さらに勉強したいときに読んでほしい3冊

①曽我謙悟，2013，『行政学』有斐閣．
　学部高年次向けの代表的教科書。学部生のうちにぜひ挑戦してほしい。
②手塚洋輔，2010，『戦後行政の構造とディレンマ──予防接種行政の変遷』藤原書店．
　組織と社会の両者から官僚制を捉えた代表的な研究書である。
③若林恵編，2019，『NEXT GENERATION GOVERNMENT 次世代ガバメント──小さく
　て大きい政府のつくり方』黒鳥社．
　私たちの未来を考えるためのアイデアの宝庫である。

第**12**章 地方自治
▶近所の役所は国の政府とどう違うの？

1 地方自治って何だろう？

(1) 政治と行政

　地方自治とは，都道府県や市町村のような地方の「ユニット」が，やるべき仕事を自分で決めて自ら遂行することをいう。まず先進国では当たり前の制度である地方自治制度とは，そもそも何かを考えてみよう。

　私たちの生活に，お役所はけっこう関わる。原付バイクのナンバープレートは市役所が交付する。水道やゴミ収集，公立小中学校の保有に加え，戸籍，健康保険や健康診断，農地管理，観光と企業誘致など，市役所の仕事は幅広い。県では保健所が食品衛生や感染症対策を行い，またパスポート発行や県立高校管理，警察などの行政活動を行う（⇒第11章１）。

　日常生活と役所の関係は，①関わりは多く幅広い，②生活関連事項は市や県が担当，③市と県には分担がある，とまとめられる。その経緯は後で考えるとして，役所の任務をもう少し整理してみよう。

| 事務と手続きと決定 |

市営テニスコートの予約や，粗大ゴミ処理は市の「事務」であり，決められた流れで仕事を進める。受け付け側の役所にとって，毎日大量に処理する「ありふれた仕事」でもある。その際，１か月前から予約開始とか，粗大ごみはコンビニで買った処理券を貼れといった段取りがある。

　一方，ナンバープレート発行や妊婦への母子手帳交付は，手続きである。こうした届け出は法的義務なので事務より「公式度」が高い。出さないと交通違反になるし，母子手帳がないと無料検査が受けられない。

　ゴミの分別は，市町村（以下では自治体ともいう）ごとにまったく違っている。熊本県水俣市は資源ごみを22分類するが，神戸市は４区分しかない。ごみ指定

袋の値段も高低いろいろだ。区分が細いと仕分けが面倒だが，リサイクル率が上がりごみ処理コスト（焼却の燃料代や燃えカス埋め立て費用）が下がる。このように，ルールをどうするか，何をつくるかつくらないかは，市民のお金の使途を決めることである。これを「決定」という。決定は変更されない限り有効だし，反対者も含めた全員に適用される。「正しいから従え！」と強引に決めると，納得感がないから結局誰も従わず，むだ骨に終わることもある。丁寧な決定は，「急がば回れ」といえる（⇒第1章1）。

　合意に基づく決定とは「政治」と言い換えられ，その決定をサクサク進める手続きや事務は「行政」という（⇒コラム6）。政治では素人の感覚が大事だが，行政は効率的で公平な方がいい。だから資格をもつ専門職を雇ったり，筆記試験で業務の飲み込みが早そうな人を選んで採用したりする。一言でいうと，地方自治は，「政治」と「行政」の2要素で成り立っている。

(2) 地方自治は何のためにあるのか

　自治体は多くの仕事を抱え，また地域ごとに違いもある。政治だ，行政だとわざと面倒な仕組みにしている気もする。でも，「国ルールを全国一律適用でよくね？」とはいかない。その理由は大きく分けて3つある。

民主主義と地方自治　　第1の目的は民主主義の実現だ。国は規模が大きすぎて国民全部の合意形成は難しい。人権保障の具体的方針や，国土開発計画のような全国的な基本設計は国が決めるべきだが，小学校区の設定とか，市立病院の赤字をどうするか，といった具体的な決定は小さいユニットでやる方がいいし，小さいからこそわが事と認識できる。例えば，やたら豪華な施設をつくると，維持費がかさんで結局は自分の首を絞める。政策の手間や費用（コスト）と，得られる利便性（ベネフィット）の対照を熟考するには小ユニットがいい。そういう賢い決定の経験は，県や国など大ユニットでも賢い決定を導くだろう。イギリスの政治家ブライスは「地方自治は民主主義の学校だ」と言った。地方自治によって人々が「訓練」されバランスのよい民主主義が実現するからである。

福祉国家と地方自治　　現代政府の任務は幅広く，その結果いろいろな政治的決定を必要とする。明治時代，日本人は田舎に住み農

業をしていた。交通も未発達だから，徒歩圏のサイズで町村がつくられた。1900年の日本は，人口4300万人（現在の3分の1）に対し1万4千（現在の8倍）の自治体があった。町村の規模は小さく，戸籍や土地の管理，小学校維持が主たる任務だった。

　やがて産業が発達して経済が成長すると，社会は工業化・都市化し，農民は都市に移動したが，一方で一度不況になると行き場を失った失業者が急増する。そんなの自己責任だろ，と放置すれば，スラムが増えて伝染病が蔓延し，ストや反乱の頻発で社会不安が増す。国はそれを防ぐため，健康保険を整え，学校を整備し，公営住宅をつくり，伝染病予防を徹底した。このように，国が国民生活を保障する仕組みを**福祉国家**と呼ぶ。そして業務の多くは現場を抱える市町村が行い，国民の要望（ニーズ）に沿った政策実施ができるようにした。地方自治は，現代国家が福祉国家だから必要とされてもいるのである（⇒第**3**章2・3）（秋月 2001，北山・城下 2013）。

政策創造と地方自治

最後の理由は政策波及だ。波及とは，「それはイイな」と思った他自治体の政策を真似ることだ。パクリは本来良くないことだが，自治体は予算も人手も足りないうえ，地方公務員は人事異動が多く，特定分野の専門性が深まらない。その意味で，ある自治体の解決策を類似の問題を抱える自治体で共有するのは賢いやり方だ（伊藤 2006）。実際，1970年代の大気汚染規制は，工場地帯を抱える横浜市で創案され全国に広まった。医療費の無料化で赤ちゃんの健康を守る取り組みは，岩手県沢内村（現・西和賀町）で着手された。効果は評判となり，他の自治体から模倣された。また，集まった情報をもとに，国は悩む自治体に助言した。これらの政策はどんどん普及し，ついに国の政策にもなった。このように，地方自治では自治体の間，あるいは中央と地方の間で**相互依存**している。だから中央と地方は，**政府間関係**（Inter-Governmental Relations; IGRs）といわれることがある。これは，小国でも条件次第で大国に対抗しうる国際政治の考え方をヒントにしており，格差はあるが関係性は対等であることを示唆している。

　知事や市長（首長という）は選挙で選ばれる。住民が期待する問題解決ができないと落選するので，自治体の問題解決モチベーションは高い。面倒な仕組みだが，地方自治は社会的課題の解決に有効だから導入・維持されている，とい

うことである（⇒第5章2）。

2　地方自治をお金の面から考える

(1) 財政によってみえること

　日本では明治維新のあとに地方制度が整備され，府県や市町村が様々な業務を行うようになった。そして，学校・道路の建設，予防接種の実施にはお金が必要だ。利益に基づいて活動する企業と違い，政府には売上がない。そもそも企業や市場がやらないサービスを提供するから政府の存在意義がある。市場と異なる「集金システム」が政府には必要である。

　地方自治におけるお金の意味は，①政策の実施主体，政府の出費の意味②政策の責任主体，③政策の規模，④地域間格差の是正，だと考えられる。日本の総人口を47等分した280万人は広島県とほぼ同じで，その予算額1兆700億円（2019年度）は，国の予算と100倍近く差がある。

　だが国の歳出100兆円のうち，23.5兆円は国債返済，35兆円は地方の確定取り分だから，実際に使えるのは予算の半分しかない。地方政府（47都道府県や1700市町村）全体の歳出総額は97.3兆円なので，政策実施の多くは自治体で行われている。税収は国と地方が6：4で集めるから政策責任は両者で共有している。一方，国（71兆）・地方（97.3兆）の政府歳出合計額はどれくらい大きいのだろう。国内経済の規模を表すGDP（国内総生産）は548.5兆円（2018年度）で，歳出総額はその30％を占める。政府支出は経済にそれなりに影響するが，諸外国よりずっと低いので，日本は政府が経済にあまり影響しない国だともいえる（前田 2014）。

　ところで経済が活発で所得が高い都市部と比べて，県民所得自体が低い青森や沖縄ではもともと税収が低い。それを放置すれば「地方の学校はプールなし！何なら理科もナシで！」となりかねないが，そんな義務教育は明らかに不公平だ。そこで格差を埋める④の機能が必要になる。

(2) 自治体に入るお金（歳入）

　下宿をして大学に通う人には収入が3種類あるはずだ。バイト代，貸与奨学

金，親からもらうお金だ。親のお金は，英会話の学費なら半分出すという条件つきと，条件なしの仕送りがある。同じことが地方財政にもいえる。

　自治体歳入には，税金，借金，**移転財源**がある。税金は自前の「収入」で，借金は自前かつ将来返すお金だ。国から地方に渡されるお金には，道路整備や義務教育費の一定割合を補助する「補助金」と，使途制限がない「地方交付税交付金」がある（北村 2009）。

自治体の歳入(1)
国から来るお金
　日本国憲法第25条では，国民の権利として同じ水準・同じ内容の教育や医療，文化などが保障されている。ただ実現しようにも山奥の小さな村だと，高齢者も多く高所得の仕事も少ないから，村の税収だけでまかなえない。そこで，全国で集めた国税の一部を地方に渡し，また地方内部では経済力の有無に逆比例で（つまり無いところに厚く）渡せば，どの自治体も最小限の行政ができるはずだ。これが地方交付税交付金制度で，所得税・法人税・酒税・消費税・地方消費税の一定割合，合計15.5兆円が自治体に配分される。東京都や大企業の本社所在地など税収が豊富な，あるいは原子力発電所など別の交付金が入る自治体約80が交付金をもらっていない（不交付団体）が，それ以外の自治体にとって交付金は重要な歳入である。

　一方，道路幅を広げる，生ゴミ堆肥化工場をつくるなどの個別事業に，管轄の中央省庁から，「その x 割は出すよ」と配分されるのが補助金（国庫負担金）で，総額は約15兆円だ。補助金は賢く使えばお互いハッピーな制度だ。仮に補助率50％の制度があるとしよう。お金がない自治体は50％オフでやりたい政策に着手でき，新政策を普及させたい国も半額で狙いの方向へ誘導できる。ただ，政策の必然性を吟味せず，制度があるからやるといった補助金の「副作用」には要注意だ。補助金には自己負担分（補助ウラ）があり，その捻出に他の歳出を削って自治体政策の本体に影響したら本末転倒だからだ。こうした弊害から，かつては国の補助金ワルモノ説が定説だった。現在では補助総額が減り，地方歳入の主軸とまではいえなくなっている。

自治体の歳入(2)
自前のお金
　日本の地方税は，個人・企業の所得課税に依存するので，自治体は企業誘致や経済対策を行って税収アップを目指す。経済成長を促す意味で良い仕組みだが，景気悪化に連動して歳入も悪化する短所がある。なお，県税は個人所得由来が27％，企業27％，消費

表12-1　地方税収一覧（2019年度）

市町村			課税対象	都道府県		
税目	額（億円）	割合	課税対象	額（億円）	割合	税目
個人住民税	82,235	36.94%	所　得	48,747	27.12%	個人住民税
法人住民税	20,349	9.14%		6,700	3.73%	法人住民税
				41,205	22.92%	法人事業税
たばこ	8,745	3.93%	消　費	1,429	0.79%	たばこ
				48,624	27.05%	地方消費税
				9,537	5.31%	軽油引取税
固定資産税	90,721	40.75%	資　産	15,902	8.85%	自動車税
都市計画	13,130	5.90%		4,229	2.35%	不動産取得税
その他	7,426	3.34%	その他	3,399	1.89%	その他
	222,606	100.00%	合計	179,772	100.00%	

出典：総務省，2019，「1 地方税及び地方譲与税収入見込額（平成31年度）」（2020年3月12日取得，https://www.soumu.go.jp/main_sosiki/jichi_zeisei/czaisei/czaisei_seido/pdf/ichiran06_h31/ichiran06_h31_01.pdf）をもとに筆者作成。

33%，資産11%で，景気変動の影響が出やすいが，市町村では所得課税46%に対し不動産課税も47%ある。地価はあまり変動しないので，基礎的業務を行う市町村財源に向いている。諸外国の市町村税収も不動産課税が基本である。ただし地価は「地域性」の反映なので，資産課税は富裕な地域と貧困地域の格差を広げかねない。日本の税制はバランス重視型だといえる（表12-1）。

　最後に借金（地方債）を説明する。地方財政制度は，気軽に借金しないよう慎重に設計されている。無謀な借金による公約で，有権者を釣る首長が出ないようにするためだ。そもそも，借金は道路や学校など社会資本整備以外は認められず，また所管省庁の総務省（旧自治省）が返済能力をチェックして許可を出す。その後，地方分権改革が進んで自治体の自主性重視に変わったが，今でも起債は無制限ではない。現在，地方歳入総額89.5兆円（2019年）のうち借金は12兆円（13.4%）にすぎず，歳入の3分の1を公債でまかなう国家予算と比べるとかなり健全性を保っている。

（3）自治体から出るお金（歳出）

　税制とは一言でいうと課金の体系である。戦前の地方は国の「支店」なので，国全体で帳尻が合えば税と業務量のズレは問題にならないが，戦後の地方自治

体は各自が法人だから，お金の「出」に見合う「入」が求められる。そこで1949年にアメリカから財政学者のカール・S・シャウプを招き，新税制を設計し直した。シャウプの助言に従い，①国・県・市町村の業務責任を明確化，②効率性の重視，③仕事の配分は市町村優先という 3 原則を明らかにした（天川2017）。

歳出の性質と目的　さて，政府歳出の見方は 2 つの見方がある。第 1 に人件費や建設費，物件費などの支出の性質に基づく分類で，性質別歳出という。サービス提供が主体の役所という組織では，人件費率が高い（県25.5%，市17.0%）し，また生活保護を担当する市町村では扶助費率が高い（22.7%）。このほか，水道や市バス，健康保険などの営利的業務に対して，料金が高くなりすぎないように一般会計繰出金という補助をしている（市歳出の9.0%）。

　一方，政策領域ごとの出費分類が目的別歳出という（表12-2）。例えば衛生費（医療，保健やごみなど）とか警察費である。歳出割合で大きいのは，民生費と教育費，土木費そして衛生費である。民生費は福祉や生活保護を，教育費は学校維持費と先生の給与を含む。衛生費は保健やごみ処理で，だいたいこの 4 分野が地方自治の主要業務だと考えてよい。

　ただ，例えば市内各団体の揉め事を収めたり，国の通達を県内に徹底したりする「調整業務」は，お金に表れないが手間がかかる仕事だ。公務員の 1 日は，調整や会議に追われるといって過言でなく，つまり人件費はこうした手間の反映でもある。とりあえず自治体歳出の総額100兆円は，費目として人件費，領域として福祉と教育で使われると理解しておこう。

表12-2　目的別歳出

区分	決算額（億円）	構成比（%）
総務費	91,219	9.30%
民生費	259,834	26.50%
衛生費	62,626	6.40%
労働費	2,628	0.30%
農林水産業費	32,992	3.40%
商工費	49,010	5.00%
土木費	119,195	12.20%
消防費	20,062	2.00%
警察費	32,604	3.30%
教育費	168,886	17.20%
公債費	126,753	12.90%
その他	14,175	1.40%
合　計	979,984	100.00%

出典：総務省，2019，『平成31年版地方財政白書』第 6 表（2020年 3 月10日取得，https://www.soumu. go.jp/menu_seisaku/hakusyo/chihou/31data/ 2019data/31czb01-02.html）をもとに筆者作成。

3 地方自治の組織とは？

(1) 二元代表制

　民主主義における権力の強さは，民意の反映度合いに比例する。難関の試験を突破した公務員や裁判官よりも，公選された首長や議員は，「エライ」とされ，また直接公選の国会議員は議会で選ばれる首相より憲法上の権威がある（これを民主的正統性という）。だから，「国会が国権の最高機関」とされている。一方，地方政府は議員と首長それぞれを直接選挙で選び，有権者の意向は2系統で代弁される。これを「二元代表制」といい，議院内閣制をとる国よりも，監視と抑制を重視するアメリカの大統領制に近い。だが，単純に地方自治で監視と抑制が強いかといえばそう単純でもない。

行政優位と首長優位　　まず現代政府は行政が立法より優位に立つ（⇒第**11**章）。政府業務は大量で幅広いため，社会的実態や法令，予算など公的情報が行政に集約されるからだ。また首長は，部下である公務員に案の検討を命じて採否を決めるが，それは詳細な根拠やデータに基づいている。議員は質問や異論は出せても，同レベルの緻密な代案提出は難しい。また自治体政策で考慮するべき，政策の方向性や法案，補助金制度など国の行政動向は，行政外だと入手しづらい。議員の努力や知識不足ではなく，地方議会は構造的に難しい立場におかれている。

　もう1つは選ばれ方の問題だ。首長は1人だけ選ばれるが，議員は複数人選ばれる。どんな選挙でも，勝つためには確実な支持者を固めることが重要だ。定数19の選挙があるとして，定数プラス1人多い立候補者が全員横一線のとき，接戦度合いが最も高い。有権者を2万とすると，$20,000 \div (19+1) = 1,000$が横一線で，1票多く獲得すれば誰かは999票となるから自分の当選が確定する。現実の投票率はもっと低く，首位と最下位の票差も倍以上開く。投票率70％で中位狙いであれば，だいたい全有権者の5％を固めればまず落選はない。言い換えれば，残り95％を捨てて5％「だけ」に届く公約，例えば地元や同業者の利益，あるいはJリーグ誘致「だけ」訴えれば，それに響く5％の固い支持者が見込める。同じ投票率70％でも首長は一騎打ちなら35％を超える支持が必要

なので，個別利益でなく市や県全体の総合的利益を訴える。制度上，首長と議員は対等だが「全体利益のバランス」vs.「細かい利益」の対照が生まれる結果，前者の首長が，後者の議会より格上とされやすい。

　地方自治では，行政が議会より強い。制度上，首長は国の首相よりずっと不信任されにくいし，情報や予算を行政が握る実態ゆえである。

(2) お役所という組織

　何しろお役所の守備範囲は広い。そこで補助線として組織形態やスタッフ属性に着目すると全体像が浮かびやすい（⇒第**11**章）。

組織の分け方　行政組織は，政策領域ごとに事業を行う部門（原局や原課という）と内部調整や管理を行う部門（官房系という）に分かれる。ごみ処理・県民の健康・市内の道路整備は，環境政策課・福祉健康局・土木建築部などの原局・原課が担当し，自治体の将来構想や予算編成，採用・人事は企画課や財政課，人事課など官房系が担当する。前者をライン部門，後者をスタッフ部門とも呼び，またライン部署のなかも，事業担当と調整担当の分担がある。官民を問わず大組織はタテ糸（ライン）とヨコ糸（スタッフ）の組み合わせで業務を進めるが，役所は法律の制約が強いうえ，選挙で選ばれた議員や首長に説明責任を果たす必要上，部門間調整のヨコ糸機能が強くなる傾向がある。

　政府組織は本庁と出先機関に分けることもできる。本庁とは県庁や市役所の本部事務所で，出先は図書館や保育所，道路管理事務所，あるいは○○地方振興局のような総合支所を指す。企業の支社・営業所の場合，その地区で全社を代表しているが，官公庁の出先は政策別に分割されている。例えば捜査と衛生管理と建設許可業務を全部抱える出先機関はない。それぞれ警察署，保健所，土木建築事務所に分かれるし，同じ保健や衛生が組織名であっても，保健所と家畜保健衛生所と食肉衛生検査所は別組織である。面積が広く人口も多い都道府県や政令指定都市は出先機関が多いが，総合支所のような出先機関をもつ普通サイズの市町村は少なく，図書館や病院，保健センター，ごみ焼却場などが通例の出先機関だ。また，サービス提供主体の出先機関では，政策の企画・立案を担当しないが，市民とダイレクトに接する場所柄，市民ニーズや不満を察

知し再評価する役割が本来はある。ただし近年は完全直営のコスト高を嫌って外部委託や民営化が進み，出先は業務執行に特化してセンサー機能は期待されなくなりつつある（金井 2010）。

県と市の組織

ところで市の組織編成はバラツキがある一方で，都道府県はほとんど似通っている。これは，府県が国の「支店」だった戦前の名残で，戦後に制定された地方自治法（1947年）でも，県の標準編成例（総務部と福祉・経済・農業・土木・警察・教育）以外・以上の組織をおく場合は国の許可が必要とされていた。財政で説明したが，日本の行政は地方で多く実施される。それらの業務は地方固有の権限に基づくのではなく，国の「支部」としての業務執行がかつては義務づけられていた（機関委任事務）。そうすると，国家方針に沿った政策を，国が統一して管理でき，水準も保てる。だから府県の組織編成は，補助金や事務情報伝達経路である国の省庁・部局に対応してつくられた。地方分権が進んで，こうした規制は弱まってきたが，機関委任事務は法定受託事務へ名称変更して残っており，地方政府の政策立案・実施に対する国の影響力はいまだに大きい（稲垣 2015）。

(3) お役所のなかの人

地方政府で働く職員を地方公務員と呼ぶ。公務員は気楽で安定だとか公務員が多すぎるとかよく批判されがちだが，実態はどうなのだろう。

日本には275万人（2019年4月）の地方公務員（正規雇用）がおり，1994年の328万人から約54万人（16.8%）減った。その時期に地方行政改革が進み，一部の業務は委託・民営化・非正規化され，従事者がその分減少したのである。

公務員と聞くと，勤務先こそお役所だがいわゆるスーツ系サラリーマンを連想するだろう。ところが地方公務員の3分の1は教員であり，また警察官や消防士，さらに病院や市バスの従業員を除くと，一般行政職と呼ばれる人々は全体の3分の1しかいない。さらに福祉関係の職員を除くと，県庁や市役所で働くホワイトカラー公務員は全体の20%，日本全国で55.4万人にすぎない。政府支出のGDP比が小さい日本は，就業者の公務員比率も小さい。日本は決して「お役人大国」ではないのである（図12-1）。

図 12 - 1　地方公務員部門別職員数（2019年 4 月 1 日時点）

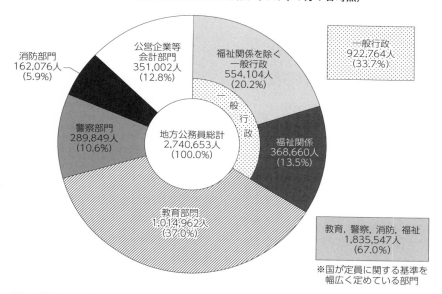

出典：総務省, 2019,「地方公務員数の状況」(2020年 3 月 9 日取得, https://www.soumu.go.jp/iken/kazu.html)。

**公務員の採用
と能力開発**
　少数の例外を除き公開の競争試験に基づいて公務員は採用される。これを資格任用制といい，首長が自分の手勢を幹部におく猟官制と対比される。試験内容は，一般教養や作文に加え法律・経済など社会科学を課すところが多く，新卒の若手を終身雇用するために年齢制限がある。かつては国の試験と同様に学歴区分（大卒上級とか高卒初級など）を設け昇進差をつけていた。現在では一般行政職のほとんどが大卒採用で，速い昇進を可能とする非エリートが組織内に少ないからエリート扱いはできない。公務員は採用後に短期間の座学研修を受講し，その後はいわゆるOJT（現任訓練）によって仕事を覚えていく。

　ただし，国家公務員が特定の政策官庁に就職する一方で，地方公務員は組織内ほぼすべての部署に配置される。しかも 3 年程度で次々に異動するから，特定領域の専門知識を深める余裕も動機もない。詳しくなってもその知識を使う仕事に就かないからだ。一方で例えば公衆衛生の専門職である保健師は同じ部

署に勤務し続けるから，異動によって行政の大局観をもち幹部へ昇進する機会はない。自治体の人材は総じて優秀なのだが，こうした専門性のジレンマゆえに，政策形成能力の向上は停滞している。

4　地方自治は問題解決できるか？

(1) 自治体の任務と限界

　お金と組織，人に着目して地方自治を語ってきたが，社会的課題の解決こそ政府任務の本丸だ。そこで公共政策と自治体の関係を考えよう。

　財政の性質別歳出を説明した際に，教育や福祉・保健などに自治体が行う業務の重点がおかれていることを示した。特に教員は全地方公務員の3分の1を占めており，地方自治における教育行政の重要度がよくわかる。改めて確認すべきは，自治体にどんな権限がありどの程度問題に関与できるかである。例えば今，みなさんが仮に首長選に立候補する（または選挙チームに参加する）と想像しよう。「教育のまちづくり」「福祉充実」「環境都市宣言！」などのキャッチフレーズを前に出すとして，例えば，市内中学校で超少人数学級編成を実施して進学率を大幅アップさせるとか，授業時間の半分を英語に割くとか，教員免許はない元スポーツ選手を体育コーチに任命するといったことはできるだろうか，またできないならなぜか。ここでは，法律面と実態面から考えてみよう。

<table>
<tr><td>自治体業務の
法的制約</td><td>法律上は地方公共団体と呼ばれる自治体の組織や業務は地方自治法に明記され，とくに第149条では自治体</td></tr>
</table>

の仕事が列挙されている。ただしそれらは，予算をつくれとか議案を提出せよとか税金を集めなさいといった一般規定なので，いくら条文を読んでも自治体業務のイメージは浮かばない。これは，個別の自治体業務（例えばゴミ収集）はその根拠法（例えば廃棄物処理法）に基づいて実施されるからで，地方自治法をいくら読んでも具体的な業務は書かれていない。保健所は，県や一部の指定市に設置義務があり，所長は必ず医師だと決まっているが，これは地域保健法がそのように規定しているからだ。一方，県や市には病院の設置義務はないけれども，公立病院を持つ場合には条例（自治体限定の法令）に基づいて設置される。そして開設されると，地方公営企業法（売上が生じる公営事業を管理する法律）や，

医療法（医療機関を管理する法律）の定めに従う。この他の政策でも，機関委任事務のなごりである法定受託事務が自治体にはたくさん残っているので，国が示した標準から逸脱して政策を実施するのは簡単ではない。

　君主の暴政とか革命を経験した英米法系の国々では，権力や政府に懐疑的である。「法律に明記されてないこと」は，権限がないのだから実施はできない。これを制限列挙方式という。他方，日本や大陸ヨーロッパ諸国では，法律の記載は例示だとみなす。例えば「法でゴミ処理明記」イコール「衛生問題解決は自治体任務」イコール「動物の死骸処理は自治体業務」と解釈される。これを概括例示方式という。類似あるいは拡張できそうな業務はどんどん自治体が着手して，行政の守備範囲が広がる。そこでどの部署がどこまでやるかという調整が重要になる。調整機能が日本の行政で重視されるのは，文化ではなく自治体権限のあり方に由来するのである。部局内調整を通じて，無限定の業務を有効かつ効率的に処理する工夫といえよう。

自治体政策の構造的な傾き

ところで生じた公的課題に自治体は全部着手するのか。専門家がいないからできればパスでとか，逆にオイシイ領域だからぜひやらせてくれといったことはあるのだろうか。もちろん自治体とは政策実施組織だから，基本的にはお金を集めて仕事を進めるのが本性である。だから，納税は多いが公共サービスはそんなに必要でない住民は大歓迎だ。もちろん，こうした「優良顧客」は近隣の自治体と奪い合いになるので，顧客を惹きつける政策実施が必要である。アメリカでは，中央政府が財政的に地方政府のサポートをしない。だから個々の都市は優良顧客を獲得するべく，開発や教育投資を優先し福祉や医療歳出を抑制しがちである。なぜなら，富裕層は失業の心配がなく，医療や保健の面倒は，勤務先で加入する健康保険によって自前でできるから，地方政府に保健福祉政策の厚みはいらない。むしろ福祉に手厚い地域で納めた税金は，自分以外の誰かに回ってしまうから，そこに住まない。こうして多くのライバルに勝つ（少なくとも負けない）ため同じ政策選択をする結果，どの自治体も福祉政策に冷淡になる。これを「福祉の磁石（Welfare Magnets）」といい，要するに地方自治では，競争という構造に制約されて開発優先・福祉抑制が成り立つのである（Peterson and Rom 1990）。

　幸い日本の行政は，地域の経済格差が財政に反映されず，高い水準の教育・

治安・保健行政が全国展開される。これは移転経費が充実している財政上の工夫に加えて，国・県・市町村が一体となり情報をやり取りしながら政策実施するからである。これを融合型の中央地方関係といい，連邦・州・市の行政範囲を区分し相互に干渉しないアメリカ型の関係を分離型という。どちらも一長一短だが，日本では自治固有の権限を制約してでも，融合のメリットを優先している。このように多段階の政府が関与して政策実施を行うことを**マルチレベル・ガバナンス**という。

(2) 自治体環境の変化と今後

　社会環境の変化は地方自治も変化させる。政策の主力や政策形成の担い手の変化に注目して，地方自治の今後を考えてみよう。

少子高齢化と
新しい公共

　日本社会の長期トレンドで最も重要なのは少子高齢化である。成熟国家として大きな経済成長が望めない以上，少子化による労働者・納税者の減少と，高齢化による歳出増に対処することが地方自治の課題である。しかも日本の福祉体制は，企業年金や家族ケアなど，これまで自力救済が主体だったので，高齢化が進み誰もがケアを必要とする社会になったとき，ケア労働を誰が担当し，費用をどうまかなうかが未成熟である。介護保険制度の導入から地域包括ケアシステム導入など，今後の福祉政策は地方自治体を主軸に進むが，問題解決の決定打がないのが現状である。

　ただし保健福祉は対人サービスなので，ユーザーの近くでサービスが提供される必要がある。日本では，これまで就労人口の2割を占める建設業が地方の雇用を支えたが，今後は保健福祉が雇用の受け皿になる。高齢化問題は，産業政策や地域づくりの一環として理解する必要がある。

　ところで地方自治には，地方自治体の決定が国から独立して行われるかどうかの「団体自治」と，住民の意向が自治体政治に反映したかどうかの「住民自治」の観点がある。そしてジェンダーやLGBTなど社会的多様性の受容が重視されつつある現代社会では，新しい課題への対応に従来の枠組みを前提としていては発見も打開も難しい。だから，役所や公務員，政治家など公的存在だけに頼らず，幅広い市民の参加で地域の公的課題を解決することは，住民自治の観点からも重要だ。事実，不登校やいじめ，子どもの貧困など，表面化しにく

い問題で主導権を発揮したのはNPOやNGOなどの非政府アクターたちである。「新しい公共」に向けたパートナーとして，NPOなど政府周縁の存在を位置づける必要も増している。

　自治体とは人々の生活の場であり，日々，新たな課題が生まれる。地方自治は変化を続けることで地域社会の中核であり続けるのである。

📖 さらに勉強したいときに読んでほしい 3 冊

①村松岐夫編，2010,『テキストブック地方自治〔第 2 版〕』東洋経済新報社.
　自治に関する全領域をカバーしており，この分野を学ぶ際の基本書かつ必携の書籍。
②曽我謙悟，2019,『日本の地方政府──1700自治体の実態と課題』中央公論新社.
　日本の最新データに基づき日本の地方自治機能の全体像を描いた基本書。
③木村哲也，2012,『駐在保健婦の時代──1942-1997』医学書院。
　保健衛生政策の地方における発展を当事者の語りに基づいて解明する迫真の政策史。

おわりに
▶ポリティカル・サイエンスの視点から

　本書を読み終えた感想はどうだろうか。政治がとても複雑だと感じた人もいるだろう。そう思えるのは，個人の自由を前提に，すべての人々が平等に政治に参加し，社会生活に必要なルールをつくる，という理念に基づいて，民主政治がこれまで展開してきたからだ。大勢の人々が政治に参加し，自由に行動するものだから，政治に関するルールは増えてしまうし，精緻化もされなければならない。結果的に，政治の営みはかなり入り組んだものになるし，政治の構造だって，どうしてもややこしいものになってしまう。古代の専制政治であれば，1人の王がすべてを決めていたので，政治の仕組みはとても単純だった。むしろ精緻な仕組みが要求されたのは，軍隊や官僚制の方であった。

　人が政治に抱くイメージがいろいろあり，俗説が飛び交いやすいのも，そうした事情が関係している。つまり，政治はとても複雑なので，誰であっても，好き勝手なことをいえてしまうのだ。もっとも，政治の現状認識や政治の進め方について，いろいろな意見や議論があっても構わないし，もちろんそれが望ましいともいえる。しかし，そうした議論の根拠や理由に，正しくない情報が含まれているとどうなるだろうか。例えば「公務員をもっと減らすべき」という政治的な主張は，正確なデータに基づいて検討されたものでなければ，かえって政府のパフォーマンスを低下させかねないし，結果的に，人々の生活に支障を与えてしまうかもしれない。自然科学は，複雑な自然のメカニズムを解明し，技術と結びつきながら，人々の暮らしを変えていった。それと同じとまではいかなくても，本書の巻末コラムでも取り上げる政治の歴史，思想，哲学に加えて，政治科学の知見も，そうした議論に貢献できるのかもしれない。

　だが，学問が何にどう役立つかといった話よりも，まずはおもしろさを優先したい。でも政治が単純な現象であれば，わざわざ勉強したいとは思わないだろう。だから，政治は複雑であるという感想をもつことは，知的好奇心を高めるための最初のステップなのかもしれない。

「はじめに」で述べたように，本書でみなさんに理解してほしいポイントは
３つあった──①ポリティカル・サイエンスの立場から分析した現代政治に関
する知見，②国や時代による政治の変化，政治に対する有権者の影響，③政治
と経済や社会の関係。

　１点目については，各章で書かれたとおりである。第１章で政治の定義を，
第２章と第３章で，現代の日本政治を知るうえで欠かせない国際政治と戦後の
日本政治の歴史を学んだ。続く，第４章から第８章までは，社会のなかの政治
として，有権者，メディア，利益団体，議員，政党を取り上げた。さらに第９
章から第12章までは，政府内の政治として，国会，首相，行政官僚制，地方自
治を取り上げた。章の全体構成は，社会の要求を政策に変換し，実施するとい
う政治全体の仕組みを反映したものである。

　２点目については，どうだっただろうか。各章では政治の変化やその可能性
についても言及されている。例えば，大規模な戦争の可能性の低下（第２章），
政治改革による政党組織の変化，政権交代の実現（第３章），政治参加による変
革の効果（第４章），有権者の投票方法の変化，投票行動における合理性の確認
（第５章），既存の利益団体の活動の低下とNPO活動の活発化（第６章），新しい
メディアによる社会の分極化や政治知識の獲得の可能性（第７章），選挙制度の
改革等による政治資金スキャンダルの減少，選挙における政党や内閣の重要性
の高まり（第８章），ボトムアップ型の政策決定の後退（第９章），首相のリー
ダーシップの強化（第10章），政官関係，官民関係の変容（第11章），自治体と
NPOの連携の高まり（第12章）などである。

　日本政治の変化のなかで，とくに重要なのは首相のリーダーシップに関する
事柄である。選挙制度の改革，中央省庁等の再編，内閣の機能強化によって，
首相に権力が集まるようになり，トップダウンの政策過程が登場したのだ。し
かも有権者が選挙を通じて政権交代を選びやすくなり，実際に２度の政権交代
が起きた。要するに，有権者全体の意向が政治に反映されやすい仕組みが整っ
たのである。他方では，地方分権が進み，地方自治体が主体的に取り組む課題
も増え，市民やNPOの参加も進んでいる。以上が，日本政治の変化に関する
知見のまとめである。

　３点目については，いま述べたような政治の変化がなぜ生じたのかを考える

とよいだろう。そうすると政治と社会や経済との関係がみえてくるはずだ。多くの筆者が，政治の変化の理由として，社会や経済の変化を挙げている。政治の仕組みを通じて，社会や経済の領域で政治に対する要求が，適切に政策に変換されるときは，その仕組みは支持され，維持される。しかし，それが機能しなくなると，政治の仕組みは，社会や経済に適応するように変革を迫られる。

　でも，政治がただ単に社会や経済に従うだけならば，社会学や経済学を勉強した方がよいということになってしまう。だが人々の要求が多様であるからこそ，優先順位の選択や政治的な意味づけを加えることが重要になる。政権を目指す者は，人々の声に耳を傾けながら，既存の政治の仕組みのなかで実現可能な，新しい政治の課題や政策を提案することがある。それに支持が集まると，今度は政治が社会や経済の仕組みを変革しようと動き始める。今日の日本の政治の仕組みを考えると，政権を目指す者は，一般的な有権者により接近するはずである。そのとき，彼らは何をどのように提案するのだろうか。そして有権者はどのような政治的判断を下すのだろうか。こんなことを考え始めると，社会，経済，人間の心理のことなどにも関心が湧いてくる。これも，マスター・サイエンスと呼ばれてきた政治学の醍醐味の1つといってよいだろう。

　　2020年6月

編者　坂本治也
石橋章市朗

コラム

政治学のバラエティ
多様なアプローチへの誘い

　本書は，日本政治を題材にポリティカル・サイエンスの立場から政治学の世界に「入門」する内容であった。しかし，政治学は他にも魅力的なアプローチがたくさんある。以下に示すのは，政治史，政治思想史，政治哲学，国際関係論，比較政治学，行政学という6つの代表的アプローチの概要を紹介するコラムだ。さらなる政治学の学習に役立ててほしい。

1　政治史

［若月剛史］

1　相対化の学問としての政治史

　政治学という学問分野のなかで政治史を学ぶということはどのような意味があるのだろうか。その答えはいろいろあると思うが，私はこう答えたい。現在，私たちが当然だと思っている見方を相対化させることだと。どのように相対化できるのか，ここではまず，明治日本における選挙のあり方の検討を通じて考えてみたい。

最初の衆議院議員総選挙

　1890年に日本で最初の衆議院議員総選挙が実施された。このとき，投票は現在と異なって，次のように行われた。まず，有権者が投票会場に赴く。ここまでは現在と変わらない。違うのはこの先からである。有権者は，投票用紙に議員としてふさわしいと考える者の氏名とともに自分の氏名も書く。そして，翌日，選挙事務を担当する役人らによって投票用紙は開封され，誰がどの人に投票したのか朗読される（稲田 2018）。この開票作業自体は公開されていたから，今でいう投票の秘密は確保されていなかったのである。

　この時代の歴史について書かれた書物には，このように投票の秘密が確保されていないのは，藩閥政府が自分たちにとって都合のよい候補者に投票するように無言の圧力をかけるためだったと書かれていたりする。現代的な感覚からすれば，そうみえるであろう。しかし，当時の人々は，そのようには考えていなかった。

全会一致と多数決

　江戸時代の日本は，話し合いで物事を決める社会であった。話し合いで物事を決めるということは全員が納得するまで議論を続けるということである。そして，庄屋などの村役人も話し合いで決める場合が多かった。今でいう選挙で決める地域もあったようであるが，必ずしもそれは一般的ではなかった。

　そこに，明治になって欧米から多数決で物事を決めるという考え方が入ってくる。選挙という制度はまさに多数決そのものである。しかし，江戸時代を通じて話し合いで物事を決めていた人々にとって，いきなり多数決で物事を決めましょうといわれてもすぐにできるものではない。できるだけ，これまでと同じようなやり方で物事を決めようとする。だから，選挙が行われることになり，全人口の約1％しかいない有権者が投票することになっても，誰に投票するのか村のなかで話し合って決めるというようなことが広く行われることになった。

　ここでもう1度，この当時の投票のプロセスを思い出してほしい。有権者は投票すると，公開の場で開封され誰に投票したのか朗読される。当然，選挙権のない村人たちにも投票先が知れわたる。そうすると，有権者は，毎日のように顔を突き合わせる同じ村

の人々の視線を意識して投票せざるをえない。こうして村での話し合いで決まった人物に投票されることになるのである。

政治史を学ぶことによる相対化

　このように，最初の衆議院議員総選挙の際に行われた，誰が誰に投票したのか朗読するという開票方法は，一握りの有権者が村全体の意向を無視して投票するのを防ぐ機能を果たしていた。だからこそ，この後の選挙で，藩閥の政治家たちが自分たちにとって都合のよい候補者を当選させようと買収しようとしたり，選挙干渉といって警官などを動員して圧力をかけたりしても，結局は藩閥と敵対していた民党の当選者が議会の過半数を占め続けたのである。現代的な感覚からすれば，たしかに投票の秘密は守られていないが，だからといって時の権力に有利に働いたかというと決してそうでもない。

　このように，政治史を学ぶということは，私たちが当然だと思っている見方を相対化させてくれる。そして，それを通じて，私たちは現在の政治を複数の判断基準でみることが可能になる。歴史を学んだ者の強みである。

　私は日本政治史が専門なので，ここまで明治日本の事例に基づいて話してきたが，外国の政治史についても同じことがいえる。しかも，外国の政治史は，単に過去を対象としているというだけでなく，日本とは異なる地域を対象としているのでもあり，それを学ぶことは，日本人の私たちにとっては当然すぎて気づいていないような，ものの見方の偏りを炙り出し，相対化させることにつながるのである。

2　多様な見方を可能とする政治史

　さて，政治史を学ぶことには別の効用もある。自分なりの見方，つまり，自分でしか思いつかない見方を提示する能力を養うことができるのである。私が大学院生のときに出席していたゼミでは，明治・大正期の政治家である大隈重信の手元に残された書類を講読していた。毎回，2，3枚の文書が1点配られ，報告者がその内容について発表し，他の出席者はその文書について，どのような意味をもつのか各自意見を述べていくというスタイルでゼミは進められた。ここでは，他の出席者と異なる見方を示すことが求められる。他の出席者と同じことを言っても，その文書の理解を深めるという点では何の価値もないからである。だからといって，好き放題に自分の意見を言ってよいわけでもない。あくまで文書に基づいて，どこまでは言えて，どこからは言えないのか，そのギリギリの線のなかで，自分でないと思いつかないことを言わないといけないのである。

「真実は1つ」かもしれないが……

　このように各自が自分の見解を述べて，それを積み重ねていくことが，本当に真実を明らかにすることになるのか疑問に思う人もいるであろう。名探偵コナンも言っているように「真実は1つ」のはずだから，いろんな見方が成立するはずはないだろうと。たしかにそうかもしれない。

しかし，私たちは，すべての情報をみることができる訳ではないし，人が考えている
ことを100％知ることもできない。現在を対象として研究しているのであれば，豊富な
データもあって，あるいは可能かもしれない。欲しいデータがなければ，手間暇はかか
るが，いざとなったらつくることもできる。政治家にインタビューすることもできる。
しかし，過去を対象とする歴史研究はそうはいかない。新しく史料をつくったら，それ
は捏造である。政治史家はこんな史料がみつかったというような夢をよくみるのである
が，目が覚めてからそんな都合のよい史料がみつかることはほとんどない。結局，断片
的に残されている史料をつなぎ合わせて考えていくしかないのである。当然，多様な解
釈が生じうるし，どれが正解だとは一概にいえない。

政治史研究の方法

　今からほぼ100年前の1921年，原敬首相は東京駅の丸の内南口で一青年によって刺殺
される。その青年の供述によれば，原が財閥中心の政治を行ったことや，一連の疑獄事
件に憤慨して原の暗殺を考えるようになったという。この青年の供述を読むと，彼の原
内閣の捉え方はどの程度一般的なものだったのか，言い換えれば，原内閣はどの程度ま
で不人気だったのかという問いが生じる。この答えは，思いのほか重要である。その答
え次第によって，初の本格的政党内閣とも呼ばれる原内閣が実際に民意に沿うもので
あったのか，その評価を大きく変えることになるからである。

　しかし，この問いに答えようとすると，かなり骨が折れる作業になる。今なら世論調
査があって内閣支持率を簡単に知ることができるが，そのようなものがない100年前の
日本では，どうすれば人々の気持ちを知ることができるのか。複数の新聞の社説をもっ
て世論とみなすのも１つの方法である。また，市井の人の日記をいくつか読んで，原内
閣についてどのようなことが書かれているのか調べるのも手である。しかし，どの手も
決定打にはならない。新聞の社説は読者の考え方に影響を及ぼすであろうがそれは限定
的だし，人々の日記をいくら集めてもそれで国民全体の意見を示すことはできない。

　このようにいうと，政治史研究には限界しかないように聞こえるかもしれない。たし
かに限界はあるが，少なくとも，こうした種々のアプローチを積み重ねれば積み重ねる
ほど，そして，それを通じて様々な解釈が示されれば示されるほど，より真実に近づい
ているということはできよう。政治史家は，そのために史料と向き合う毎日を送るので
ある。そこで他の人では思いつかないようなアプローチによって，魅力的な解釈を示す
ことができれば，それは大きな学問的貢献となるのである。

政治史研究への誘い

　最後に声を大にして言いたいのは，政治史研究というのは敷居が高そうで，実際はそ
こまででもないということである。もちろん，正確に史料が読めるなどの最低限の作法
は身につけなければならないが，それから先は各自の判断に任される。どのようなアプ
ローチをとるのか，どのような解釈を示すのかは，他の学問分野に比べて，比較的自由

なのである。そのため，学生でも先生が思いもしなかった解釈を示して，先生を唸らせることもできるし，数か月間，新たな視点に立って真剣に研究すれば，学界で評価されるような論文を書くことも可能である。意欲のある学生さんが参入してくれることを期待したい。

📖さらに勉強したいときに読んでほしい3冊

①清水唯一朗・瀧井一博・村井良太，2020，『日本政治史——現代日本を形作るもの』有斐閣.
②御厨貴編，2011，『近現代日本を史料で読む——「大久保利通日記」から「富田メモ」まで』中央公論新社.
③網谷龍介・伊藤武・成廣孝編，2014，『ヨーロッパのデモクラシー［改訂第2版］』ナカニシヤ出版.

2　政治思想史　　　　　　　　　　　　　　　　　　　　　　［犬塚　元］

政治学のかつての花形分野

　政治思想史は，政治思想の歴史を学ぶ，政治学の１分野である。

　投票行動や世論調査に基づく数字のデータや，観察可能な制度や行動から，政治という現象にアプローチするのではない。政治思想史では，文書として残された昔の政治論や政治思想を手がかりにして，政治の検討・分析を行う。アリストテレス，福澤諭吉，マックス・ウェーバー，ハンナ・アレントといった過去の人物が残した文献が，政治思想史で用いる主な素材である。日本の政治思想を対象とする場合は「日本政治思想史」，西洋を対象とする場合は「西洋政治思想史」や「ヨーロッパ政治思想史」という具合に，地域名を冠することもあるし，大学によっては「政治学史」や「政治理論史」という名前で授業が開かれることもある。

　今となっては想像が難しいかもしれないが，かつてはこの政治思想史の研究が，政治学のなかの花形分野であり，王道的・正統的なアプローチだった。

　これは日本だけの話ではない。目の前の政治を理解したり検討したりするため，まずは本を開いて，過去の人類が残してきた観察や分析や思索を手がかりにするのが，洋の東西を問わず，20世紀の半ばごろまではごくオーソドックスなやり方だった。大学でも，政治について理解を深めるために，まずはマキアヴェリ『君主論』やホッブズ『リヴァイアサン』のような古典を読むことが推奨されていた。

社会契約論という「近代政治原理」

　昔の本をありがたがって読むのは，マニアックな骨董趣味ではないか，と感じるかもしれない。しかし政治思想史は，政治の根本原理を伝えて現実の政治課題に応える「役に立つ」学問として広く受け入れられていた。社会的影響力も大きかった。

　例えば，第二次世界大戦後の日本では，戦前の軍国主義をなぜ防げなかったのか，戦後の民主主義をいかに守っていくかという問題関心から，民主主義や自由主義について論じた近代ヨーロッパの政治思想が熱心に研究された。その代表は，福田歓一の『近代政治原理成立史序説』（岩波書店，1971年）である。

　東京大学で政治学史を講義していた福田は，17〜18世紀のトマス・ホッブズ，ジョン・ロック，ジャン＝ジャック・ルソーの社会契約説に注目した。福田によれば，彼らの論じた「近代政治原理」こそ，戦後の日本国憲法や民主主義の土台となる考え方だからである。

　「お上」（政府，政治的権威）には，国民であれば，絶対的に服従する義務があるのだろうか。必ずしもそうではない。近代国家は，私たち自身が，自分たちの利益を守るために契約を結んでつくりあげたものである。つまり政治の仕組み（政府）は，私たちの幸福を実現するという目的のために，主役である私たちがつくった手段である。だか

ら，目的から外れるような権力の乱用は認められないし，手段である政府が目的に反する場合はつくりかえてよい——福田はこうした考え方を「作為の論理」と呼び，戦後日本における民主主義の発展のために，こうした「近代政治原理」に学ぶ重要性を説いたのである。

　日本政治思想史研究者の丸山眞男は，戦時中の研究で，そうした「作為の論理」の萌芽を，江戸時代の荻生徂徠の政治思想のなかに見出した。日本にも，育むべき思想の伝統は存在したというのである。丸山は戦争が終わると，戦前の「超国家主義」を様々に分析し，そうした研究をまとめた『現代政治の思想と行動』（未來社，1956-57年）は多くの市民に読まれた。昭和の時代（1926-89年）には，「思想」や「哲学」によってこそ，現実や歴史の本質を把握できるという考え方が強く，政治に関心をもつ多くの市民や大学生は，丸山や福田，あるいは戦後啓蒙と呼ばれる知識人たちの本を愛読していた。

権威に訴える論証？

　しかし，ルソー，荻生徂徠，アレントといった有名な思想家が語ったからといって，語られた内容が正しいといえるのだろうか。そもそも現代の政治を論じたいのに，どうしてわざわざ昔の思想家をもちだす必要があるのだろうか。哲学では，こうした論証方法は「権威に訴える論証」と呼ばれ，正しさを保証しないので避けるべきとされている。

　「昔の偉い○○は，△△と言いました。それゆえ，△△（すべき）なのです」という語りは，いまでも，校長先生や政治家のスピーチ，新聞のコラムなどでみかける。しかし，どんなに内容がもっともらしくても，これを科学的分析とは呼べないだろう。

　これと同じように，過去の偉大な政治思想家が△△と言った，というだけでは，学問（サイエンス）として政治を分析したとはいえないのではないか。現代の政治を論じるために，過去の思想家の都合のよい言葉を切り取るだけでは，政治学としてばかりか，歴史研究としても信用できないのではないだろうか。これは，「織田信長に学ぶ社長のリーダーシップ」というような，いい加減なビジネス雑誌の，歴史学もどきの記事と何が違うのだろうか。20世紀半ば以降に，厳密な学問（サイエンス）としての政治学が追究されるようになると，政治思想史研究者にはこうした批判が向けられて，政治思想史は輝きを失っていった。

　こうした批判を受けとめて，政治思想史を厳密な歴史研究として立て直そうとするグループも登場した（「ケンブリッジ学派」）。しかし，禁欲的な歴史研究という道には，別の批判が待っていた。過去を細かく丁寧に分析したとして，現在の政治分析に役に立つのだろうかという批判である。昔の本を丁寧に読んでも，せいぜい訓詁学にすぎないというのである。

現在とは違う過去──基礎研究としての政治思想史

　「昔の○○が△△と言った」という権威論証では，正しさを証明することはできない。それはそのとおりだとしても，しかし，だからといって，過去の政治論・政治思想を学

ぶ政治思想史は，役に立たず不要であると判断してしまうのは，いささかせっかちな早合点である。人類の過去の思索を学ぶことには，いくつもの意義があるからである。自分と同じ意見や，見習うべきモデルをみつけるだけが，歴史の学びではない。

　自分の頭のなかにある知識や考え方だけでは足りない。私たちはそう考えるから，他人と話をしたり，さまざまなメディアから情報を得たりする。考えるための材料として，いまある知識や考え方では十分でないかもしれない，という謙虚な知的態度こそが，比較研究や歴史研究の大前提である。違う時代や違う国の政治を調べたり，苦労して外国語の文献を読んだりするのは，そのためである。

　政治思想史研究の出発点も，まったく同じである。人類が積み重ねてきた政治についての様々な考え方や理論・思想を学ぶことは，政治について多面的に理解したり分析したりする材料となる。なにより，「いま・ここ・私」とはまったく違う別のものに触れて，いままで予想もしなかった多様な考え方やものの見方を知ることは重要である。それは，私たちの視野を広げて，思考の引き出しを増やす。外国語を勉強すると，ひるがえって日本語の文法や特徴がはっきりわかるのとまったく同じように，別の考え方やものの見方を知ることは，たとえそれが模倣すべきモデルではなくても，当たり前だと思ってきた私たち自身の考え方やものの見方そのものを，距離をおいて観察することを可能にする。

　民主主義を例にしてみよう。日本列島が弥生時代だった2400年ほど前の古代ギリシアで，プラトンは，民主主義を無知な人々による衆愚政治にすぎないといって批判し，宇宙の仕組みを知り尽くした哲人王による独裁を推奨した。現代風にいえば，無知な大衆ではなく知的エリートが統治せよ，という主張である。民主主義をめぐる論争には以後2000年を超える歴史があり，その歴史のなかでは，民主主義に賛成する議論も，反対する議論も様々に登場した。私たちが高校までに学ぶのは，その長い歴史に登場したほんのごく一部分である。

　例えば，今からおよそ100年前，カール・シュミットは民主主義を擁護する議論のなかで，民主主義と独裁は矛盾しないと論じた。民主主義とは，支配する人間と支配される人間が一体になること（治者と被治者の一致）であるから，民衆の考え方や利益を知り尽くした指導者による独裁ならば，民主主義と両立可能であるというのである。これは，見習うべきモデルではないにせよ，民主主義についての私たちの理解を問い直して鍛えあげる考え方だろう。

　シュミットは，民主主義と議会（代表制）は近代にたまたまセットになっただけで，もともとは別の制度だったとも指摘している。民主主義と選挙の関係もこれとまったく同じである。古代ギリシアから少なくとも18世紀のモンテスキューに至るまで，選挙は，優秀な人間を選ぶ仕組みであり，それゆえ貴族政（優秀者による支配）の制度とみなされていた。これに対してみんなが政治に参加する民主主義のもとでは，選挙ではなく，抽選やローテーションで人を選ぶべきとされていた。このように，民主主義をめぐる現代の考え方や制度は，人類が考えてきたうちのごく一部なのである。

　政治思想史をさかのぼって現代とは違う考え方やものの見方を学ぶことで，政治の別の選択肢を構想する力が刺激されることもある。近年では，古代以来の伝統的な考え方に着想を得て，現代にも抽選の仕組みを導入して民主主義をバージョンアップしようと説く「ロトクラシー」という議論が注目されている。政治をめぐる様々な考え方や理論を地道に収集する政治思想史研究は，政治学を支える基礎研究なのである。

現在に連なる政治思想

　人々の考え方やものの見方が，抜本的に変わった歴史的転換を学ぶことも，政治思想史を学ぶ醍醐味の1つである。悪魔の教えを信奉する敵には一切妥協できない——そう考えて，信仰のために互いに殺しあった宗教戦争の惨禍のなかから，主権，寛容，信仰の自由，政治権力の正統性，抵抗権といった考え方が次々に登場してくる16世紀から18世紀の歴史は，ヨーロッパ政治思想史のハイライトの1つである。あるいは20世紀初頭に，自由主義が全体主義に次第に敗れ去っていった歴史は今も，なぜ，いかにして，という知的興味をかき立てる。

　さらに政治思想史は，現在と違う過去だけでなく，現在に連なる過去も明らかにする。

　自由主義や保守主義とは何か，政治における右や左とは何か。例えば政治学において重要なこの問いに答えようとするなら，政治思想史の知識が欠かせない。政府の介入を批判する立場も，政府の介入を求める立場もどちらも自由主義と呼ばれるように，主張や立場の異なるさまざまなグループが〇〇主義と呼ばれることがあるため，〇〇主義とは何か，という問いはとても厄介である。たしかに，現在の人々が自由主義や保守主義をどう理解しているかは世論調査の手法でうまく明らかにできるが，しかし，これまでの経緯や変化は，歴史を辿らなければ理解できない。現在は過去のうえに成り立っているので，現在を理解するためにはどうしても過去を知る必要が生じる。

　アメリカでは，今でも，建国期の『フェデラリスト』という本を引き合いに出しながら政治が論じられることがある。『フェデラリスト』がどんな本かを知らなければ，その議論をきちんとは理解できない。西洋世界の政治・経済分野のエリートたちの多くは，今も，教育のなかで政治思想史の古典を学び，これをそらんじており，それゆえ，現代の会話や議論のなかに過去の思想や思想家が登場することが珍しくない。現実をきちんと理解しようとするならば，現実の1つのパーツとなっているそれらを無視できないはずである。

📖 さらに勉強したいときに読んでほしい3冊

①佐々木毅，2007，『政治学の名著30』ちくま書房.
②渡辺浩，2010，『日本政治思想史〔十七～十九世紀〕』東京大学出版会.
③福田歓一，1985，『政治学史』東京大学出版会.

3 政治哲学

［井上　彰］

政治哲学とは

　政治哲学とは，読んで字のごとく，「政治」と「哲学」に関係する学問である。「政治」とは，1人だけでは達成できないものを成し遂げるために，2人以上が集い，共通して何かを決めることに関わるものである（⇒第1章）。もちろん，もっと狭く，それこそ国会活動を中心とした政治の捉え方も可能だ。だが政治哲学の場合，上記の広い意味での，私たちの生活に否応なしに関わってくる意味での政治が対象となる。なぜなら，狭い意味での政治にとどまらないところにも，政治哲学の問いが関わっているからだ。

　では「哲学」とは何か。哲学は，人間の知識欲に根ざした，古くからある学問である。いわば世界の成り立ちや本質を明らかにするための学問である。重要なのは，今日の哲学が，「サイエンス」と切り離すことができない点だ。世界の成り立ちや本質を解明するためには，自然科学・社会科学を通じて明らかになっている種々の法則や原理が欠かせない。

　そして，世界にはいうまでもなく，人間の関与が大きくみられる。それゆえ，人間の信念や動機を無視しては世界の構造など解明できない。それが，自由や平等といった，私たちがコミットする価値が関わってくる社会的世界となれば，なおさらだ。

　以上から，政治哲学は，私たちが否応なしに関わる政治という世界において，人間がどのように動機づけられ，また価値評価するか，に関わる学問であるとまとめられる。具体的には，第1に，集合的意思決定にあたって，人々はどのように目的を定め，それに動機づけられるのか，第2に，その目的や動機づけに，自由や平等といった価値規範がどのように関わっているのか——この2つの問いに向き合う学問なのだ。その際，政治哲学者は，経済学や心理学などのサイエンスの知見（法則や原理）を援用する。そして最終的に，社会的世界の根本原理を発見し，正当化することを目指す——これこそ，政治哲学者が目指すゴールである。

分配の正義——ロールズ政治哲学の根本原理

　現代において政治哲学を体系的に展開したのは，ジョン・ロールズである。ロールズは，1971年に公刊した『正義論』において，政治哲学の根本原理を明らかにしようとした（ロールズ 2010）。以下みていこう。

　ロールズは私たちが出発点とすべき社会認識を，次のように示す。私たちは，単独で生きるよりも一定の協力をしながら生きていく方が，みんなにとって望ましい社会をつくることができることを知っている。それゆえ，自分の人生をより良きものにしたいと思っている一方で，無理のない範囲で協力をする意思がある。自分の人生をより良きものにしたいという動機は，経済学的にみて合理性に適っている。他方で，一定の協力をする構えは，心理学的にみると，幼少期の教育によって身につく部分が大きい。

　以上を踏まえて，社会的世界に目を移すと，政治がいろいろな局面で重要になるのは，資源が限られているからだ，ということに気づかされる。ロールズは，この背景を中心とした社会的世界の一般的事実を「正義の環境」と呼んだ。注目すべきは，正義の環境下で一定の協力を実現するためには，資源配分に関する公正な取り決めが不可欠であることだ。

　では，どうすれば，人々の協力が得られる取り決めを導くことができるだろうか。ロールズが提案するのは，自分の生まれつきの能力や身分については知らない状況を想定することである。ロールズによれば，この「無知のヴェール」下であれば，能力が乏しく身分の低い人でも，協力する意思が削がれない資源配分の取り決めがみつかる。その取り決めこそ，「正義の2原理」である。

　正義の2原理は，基本的自由を可能な限り等しく保障することを最優先に求める（自由の平等性原理）。そのうえで，あらゆる職位や公職への機会が公正に担保されている状況で（公正な機会の平等原理），最も恵まれない人に最大限の利益が行きわたるように資源配分することを求める（格差原理）。要するに，最も恵まれない人でさえ「乗ることができる」のが，この正義の2原理なのだ。このようにロールズは，正義の2原理を根本原理とする政治哲学を展開したのであった。

所有の正義——ノージック政治哲学の根本原理

　もちろん，ロールズの政治哲学は無傷ではない。実際，様々なロールズ批判が展開されており，その活発さが政治哲学の発展を跡づけるものとなっている。最も有名なのは，ロバート・ノージックの政治哲学である（ノージック 1994）。

　ノージックはまず，ロールズの議論の出発点を批判する。なぜなら，人々が一定の協力をする意思があるという前提によって，人々に最初から与えられている権原が無視されてしまうからだ。すなわち，自分の心身を行使して無主物（自然の木や石）に働きかけて，それを自分のものにする権原である。この，あらゆる正当な所有の源泉が，ロールズの枠組みでは端っから否定されてしまう。ノージックに言わせれば，ロールズの枠組みでは，人々は自分の権原が無視されていようが，無知のヴェールを受け入れ，そして格差原理を支持するに至る。要するに，そう仕向けられているのだ。

　では，ノージックが提唱する根本原理とは何か。ノージックによれば，私たちには自分の権原を犠牲にしてまで協力するいわれなどない。それゆえ，協力はあくまで，お互いを別個の人間として尊重し合うなかで，合理的に成立するものでなければならない。各人の権原を無視して資源を再分配するために課す税金など，「強制労働」に等しい。したがって，国家は「最小国家」が望ましい。国家の役割は，すべての人の権原に抵触しない最低限の公的サービスを提供するのみである。

　ではノージックは，どのようにしてその最小国家を擁護するのか。最小国家が提供する公的サービスの代表的なものは，安全保障である。ここで，国家の庇護など不要だと公言する強者——ノージックが「独立人」と呼ぶ人たち——を想像してみよう。安全保

障は、そうした独立人をもサービス受給者として排除できない公共財である。では、独立人に対する安全保障サービスは、いかにして正当化されるのか。ノージックの言い分では、独立人であっても、大規模な安全保障サービスは、一定の自由を奪われることへの「賠償」として受け入れられる。ノージックはこの、独立人に基づく議論により、最小国家の正統性にさえ懐疑的なアナーキズムを斥ける。

　もっともノージックは、無主物なら好き勝手に自分の所有物にしてよいとは考えない。人々が手に入れたいと思う無主物は、石油資源に代表されるように無尽蔵ではない。それゆえ、自分のものにするにあたっては、制約が課せられるのだ。その制約とは、他の人の境遇を悪化させない限り、無主物を自分のものとしてよい、という「ロック的但し書き」である。このロック的但し書きの特徴は、限られた天然資源の場合でも、それを自由に使うことができる状態と同程度の境遇を他の人に保障しさえすれば、自分のものにできる。要するに、該当者に「補償」を提供しさえすれば、財産権は担保されるのだ。この補償を要請するロック的但し書きこそ、ノージック政治哲学の根本原理である。

　ちなみに上記の「賠償」および「補償」は、今日「法と経済学」と呼ばれる社会科学分野の知見を踏まえて提案されたものである。ノージックもロールズと同様、サイエンスの知見を援用して、社会的世界の根本原理を明らかにしようとしたのだ。

政治哲学と思考実験

　ロールズとノージックの政治哲学には、もう1つの重要な特徴がある。それは、「無知のヴェール」や「独立人」といった、現実にはありえない想定を使って議論をしている点である。この、現実にはありえない想定を用いて議論を組み立てていくことは、ロールズやノージック以降に発展してきた政治哲学の最たる特徴である。

　もちろん、政治哲学で思考実験を用いるには理由がある。説明しよう。思考実験には主に2つの役割がある（Dowding 2016：228-230）。第1の役割は、重要な原理をみつけることである。無知のヴェールは、その好例だ。ロールズは無知のヴェールの思考実験によって、正義の2原理を導いた。第2の役割は、特定の議論を批判することである。ノージックの独立人は、この役割に根ざしたものである。ノージックは、安全保障サービスを独立人でさえ受け入れられる「賠償」であることを示すことによって、アナーキズムを斥けようとした。この2つの役割を踏まえると、思考実験が、「最終的に特定の根本原理が正しいことを示す」という政治哲学のプロジェクトにとって不可欠であることがわかる。

　ちなみに、政治哲学に対する苦手意識は、思考実験の手法になじめないという人に抱かれやすい。しかし思考実験は、「重いものは速く落下する」という「思い込み」を正すときに使われるガリレオの「物体落下実験」のように、学校教育でも普通に使われている。自分が正しいと素朴に信じていることを揺るがされたくない人にとっては、そうした思い込みが抱える矛盾を暴き出す思考実験は、受け入れがたい手法かもしれない。逆

に，真偽不明な議論を正したいと思う人は，思考実験の有用性を否定すべきでない。政治哲学に向いているのは，そういう人にほかならない。

実験政治哲学の可能性

さて，これまでの話は，どちらかというと頭でっかちな，推論中心の話である。政治哲学の根本原理がどれだけ精度の高い論証に基づくものであっても，私たちにとって受け入れがたいものであったら「絵に描いた餅」だ。そこで重要になってくるのは，その根本原理が本当に私たちにとって受け入れられるものかどうかを確認する作業である。サイエンスでいうところの，仮説の「検証」にあたる部分だ。では政治哲学は，どのようにしてその作業を進めるのか。

実はこれまでは，政治哲学者が自身の「直観」──じっくり考えたうえで冷静に下す判断──に照合させる形で，当該作業を行っていた。ロールズにしても，ノージックにしても，その点では変わりはない。

しかし，ポリティカル・サイエンスをはじめ，社会科学において，実験室やオンラインで行う実験によって厳正に仮説検証を行う流れにある。その流れは，政治哲学においても無視できなくなってきた。なぜなら実験によって，政治哲学の根本原理を哲学者の直観ではなく一般の人の直観と照合させることが可能になるからだ。これにより，「哲学者は，自身の直観に従ってでっち上げた思考実験を展開しているにすぎない」といった，政治哲学者によく向けられる批判を斥けることができるのだ。

私はこの研究を「実験政治哲学」と呼び，オンラインでの実験（サーベイ実験）を中心に共同研究を進めている。共同研究者には，本書の執筆者もいる。今後の発展が期待される研究分野である。

📖さらに勉強したいときに読んでほしい 3 冊

①宇佐美誠・児玉聡・井上彰・松元雅和，2019，『正義論──ベーシックスからフロンティアまで』法律文化社.
②井上彰，2017，『正義・平等・責任──平等主義的正義論の新たなる展開』岩波書店.
③井上彰，2020，「正義を実験する──実験政治哲学入門」東京大学教養学部編『知のフィールドガイド──異なる声に耳を澄ませる』白水社，51-64.

4 国際関係論

［吉沢　晃］

1 よくある疑問

「国際関係に興味があるけれど，国際関係論というのが何なのかはよくわからない。ちょっと難しそう」。こう思っている人は多いのではないだろうか。そういう人たちにこそ，ぜひこのコラムを読んで国際関係論という学問の全体像をつかんでほしい。実は，筆者も大学に入ったばかりのころは，国際関係論がどういう学問なのかを理解できていなかった。もちろん自分が勉強不足だったせいだが，名称から学問の具体的内容をイメージしづらいというのも原因だったように思う。多くの大学や短大で「国際関係論」という科目が設置されているが，これは国際政治学など似た名前の科目とどう異なるのだろうか。また，本屋には「国際関係論」ではなく「国際関係学」や「国際学」などの表現を用いた教科書が何冊も並んでいるが，これらの言葉は意味が異なるのだろうか。こういった基本的かつ重要な疑問に答えるため，以下では，まず国際関係論という学問の見取り図を示す。次に，その奥行きの深さを感じてもらうため，国際機構論と国際政治経済学という 2 つの発展的な研究分野を紹介する。

2 国際関係論の全体像をつかもう
大きな箱の中身

　国際関係論（International Relations）は大きな箱のようなものであり，その箱のなかにはいくつかの小さな箱，つまりより細かな研究分野が入っている。そして，それらの小箱は完全に独立しているわけではなく，密接に関連しあっている。では，それらの小箱は具体的には何かといえば，国際政治学とその隣接研究領域である（初瀬 2019：2-4）。なお，国際政治学のなかにも様々な理論があるが，その核心は主権国家間の関係および国際システム全体を主に外交・安全保障の視点から分析することである。

　国際政治学の隣接研究領域をより具体的にイメージしてもらうため，ここでは例を 3 つ挙げる。第 1 の例は国際政治史であり，これは歴史的視点から国際関係を分析する諸研究の総称である。そもそも，国際関係論は世界の平和と安全について考えることを主な目的として第一次世界大戦後に誕生した学問なので，国際政治学と国際政治史研究は切っても切れない関係にある。第 2 の例は地域研究である。国際政治学が国家間関係についての一般的理論の構築を目指す傾向があるのに対して，地域研究は特定の国や地域の固有性に焦点を当てる。平たくいえば，研究会などで「ご専門は何ですか」と聞かれて「中国研究です」や「アフリカ研究です」などと答える人は，地域研究者としての自覚をもっている可能性が高い。第 3 に，国家だけでなく個人や企業，労働組合，市民団体，政党などの非国家主体がどのように国境を越えて活動しているのかを分析する脱国家関係（transnational relations）という研究分野がある。移民・難民研究がその典型例であり，分析において政治的側面だけでなく文化的側面なども重視する傾向がある。なお，

ここでは国際関係論の全体像をつかんでもらうために各研究分野をやや単純化して紹介したが，それぞれの分野は決して一枚岩ではなく，そのなかに多様な理論や視点が存在することに注意しなければならない。また，国際関係論の範囲はどこまでか，つまりどの箱までを国際関係論に含めるかという点については様々な意見がある。

「〇〇学」と呼べるか

国際関係論をすでに体系化された，あるいは体系化されつつある研究分野だとみなす者は，国際関係「学」や国際「学」といった名称を意識的に用いることが多い（原編2016）。これに対し，国際関係「論」という言葉を使い続ける者は通常，これを政治学や経済学などと並ぶ学問（discipline）ではなく，複数の理論体系や分析手法が共存している研究領域として捉えている。つまり，国際関係論・国際関係学・国際学の3つが指し示しているもの自体は基本的に同じであるものの，その評価をめぐって研究者間で意見の相違がある。

ほとんどの研究者が同意することは，国際関係論が単一ではなく複数の学問に立脚している，という点である。国際関係論は政治学の専売特許ではない。例えば，国際政治史は歴史学，脱国家関係研究は社会学との結びつきが非常に強い。地域研究は，ある国や地域のことを総合的に分析する試みであるから，学際的研究そのものである。

学際的研究と口で言うのは簡単だが，それを実行するのは容易ではない。個人のレベルでいえば，自分の専門以外のことも学ぶ必要があるので，人一倍の努力が求められる。より本質的なレベルでいえば，学問ごとに独自の問題関心・理論・研究手法があるので，それらを単純に融合することは困難である。より現実的なのは，それぞれの長所を生かしつつ接点を探していくことだろう。

次節では，まさにそのような野心的な試みである国際機構論と国際政治経済学を簡潔に紹介する。国際機構論は政治学が法学などと出会う場，国際政治経済学は政治学が経済学などと出会う場である。どちらも国際関係論のなかの重要分野であり，大学のカリキュラムにおいて基礎科目ではなく発展科目として設置されていることが多い。いわば応用編である。

3　発展的な研究分野の具体例

国際機構論

2019年末から2020年にかけて，新型コロナウイルス感染症（COVID-19）が猛威を振るい，中国やヨーロッパ諸国，アメリカ，ブラジルなどで多くの人が犠牲となった。日本でも多数の感染者が出て，歴史的な大騒動になったことは周知のとおりである。では，世界各国の代表が一堂に集い，感染症対策について協議をする主な場はどこかといえば，それは世界保健機関（WHO）である。このように，国際機構の活動は，私たちの日常生活に密接に関わっている。

新型コロナウイルス対策に関し，WHOは様々な批判を浴びてきた。例えば，WHO

が緊急事態宣言を出したのは2020年1月末だが，もっと早く宣言を出すべきだったという意見がある。ただ，ここで1度立ち止まって考えるべきなのは，そもそも私たちがWHOについてどれほどの知識をもっているのかということである。この国際機構はどの程度の人員や予算をもっているのだろう。内部の組織はどうなっており，どのような手続きで緊急事態宣言を出すかどうかを決定するのだろうか。緊急事態宣言は，単なる宣言なのか，それとも加盟国政府に対して何らかの拘束力をもつものなのだろうか。より一般的にいえば，WHOは加盟国政府からどのような権限を与えられているのだろうか。

　こういった一連の問題について考えるときに役立つのが国際機構論である。これまで国際機構論では，国際機構と加盟国の権限関係や国際機構内の機関同士の権限関係などについて，国際法学の視点から議論がなされてきた。また，国際政治学の視点から，国際機構の創設や条約改正をめぐる多国間交渉などについて様々な研究が行われてきた。さらに，多くの国際機構が発展するにつれ，国際行政学の視点も重要になってきた。つまり，国際機構の日々の活動を予算や人事（国際公務員制度），民間部門との連携などといった観点から詳細に分析することも国際機構論の役目である。

　もちろん，国家が国際機構に所属し続けることは自明ではない。2019年にはカタールが石油輸出国機構（OPEC）から，日本が国際捕鯨委員会（IWC）から脱退した。2020年にはイギリスが欧州連合（EU）から脱退した。では，これらの脱退にはどのような手続きが必要で，どのような法的問題が伴うのか。そもそも，これらの国々はなぜ脱退という選択をしたのか。歴史的に，国家が国際機構から脱退し再加盟した事例は多いのだろうか。国際機構論を学べば，こういったテーマに関する理解が深まるだろう。

国際政治経済学

　私たちの身の回りは輸入品であふれている。スーパーで売られている肉・野菜・果物などの食料品の多くは輸入品である。家電製品にも，海外でつくられた部品が含まれていることが多い。また，物の貿易だけでなくサービス貿易も盛んで，国際電話や国際郵便はその典型例である。このように，国際貿易はすでに日常の一部であり，私たちはそれを当然のことと思いがちである。

　しかし，国際貿易はあくまで，国家間の度重なる貿易自由化交渉の結果として実現したものであり，各国で保護主義が台頭すれば大幅に制限されうる。2018年に顕在化した米中貿易摩擦は，そのことを人々に思い出させた。両国は，実に4度にわたって相手国からの輸入品に対する関税の引き上げを実施したのである。2020年1月に米中経済・貿易協定が署名され，関税の報復合戦のさらなる激化は回避された。しかし，両国の間には産業補助金のルールなどについて深い意見対立があり，先行きはいまだ不透明である。そして，状況をさらに深刻にしているのが世界貿易機関（WTO）問題である。1995年以来，WTOの紛争処理制度は貿易紛争を政治交渉ではなく司法手続きによって解決する仕組みとして機能してきたが，同制度の上級委員会（最終審）は，アメリカが新委

員の任命を拒否し続けたため2019年12月に機能停止に陥った。

このように国際経済政策はしばしば政治問題化するので，政治と経済の両面から分析する必要がある。そこで，政治と経済の相互作用を理論的・体系的に分析しようとする学問が国際政治経済学である。国際政治経済学は1970年代から本格的に発展してきた学問で，伝統的な研究対象は貿易・投資・金融政策などである。また，とくに1990年代から，持続可能な開発に関する研究も活発に行われてきた。2015年に国際連合が「持続可能な開発目標（SDGs）」を発表し，世界各国が2030年までに達成すべき17の目標を定めたこともあり，このテーマに関する研究が近年ますます盛んになっている。

4　国際関係論を学ぶことの意義

目まぐるしく変化し続ける国際情勢を的確に理解し，自分自身の問題意識と意見をもつためには，まず一定の思考の枠組みが必要である。国際政治学はそのような枠組みを提供してくれる。ただし，本稿で説明したように国際関係論には国際政治学以外にも多様なアプローチがある。それらも同時に学ぶことで，社会をより多面的にみられるようになるだろう。今日からは国際ニュースを読む際に，例えば「この問題について国際政治経済学の観点からみると，こういうことが言える」というふうに，意識しながら考えてみるとよいのではないだろうか。きっと昨日までとは違った風景がみえてくるはずである。

📖 さらに勉強したいときに読んでほしい3冊

①戸田真紀子・三上貴教・勝間靖編，2019，『国際社会を学ぶ〈改訂版〉』晃洋書房.
②野林健・大芝亮・納家政嗣・山田敦・長尾悟，2007，『国際政治経済学・入門〔第3版〕』有斐閣.
③横田洋三監，2016，『入門国際機構』法律文化社.

5 比較政治学

［西川　賢］

中学や高校の政経の授業で「民主主義を大事にしましょう」と習った人は多いだろう。だが,「そもそも,民主主義をなぜ大事にするべきなのか」と質問されたら,多くの人はその理由をきちんと答えられないのではないか。「何となく重要」というのは答えになっていない。だが,以下の3つの問題に答えられる人は,なぜ民主主義が重要なのか,はっきりと答えることができるだろう。

第1問:ある国の「国民の健康状態」を向上させるものは何だろうか。運動だろうか。ストレスのない生活だろうか。それとも,栄養バランスの取れた食事が重要なのか。

第2問:ある国においては殺人率が高いが,他の国では殺人率が低い。これはなぜだろう。ある国には銃があるからだろうか。死刑制度の有無だろうか。あるいは,殺人率の高い国では経済格差が原因でみんながイライラして暴力犯罪に走るのだろうか。

第3問:世界には国民が飢餓に苦しんでいる国もあれば,国民の栄養状態がきわめて優良な国家もある。この栄養状態の差はどこから来るのだろう。農業技術の問題だろうか。それとも灌漑施設の不備といったことが原因になっているのだろうか。

実は,意外なことに(？),上記の問題はいずれも「政治体制」(政治的な規範や政治制度・機構・組織の総体を指す)の問題と関連がある。基本的には,民主主義体制の下で国民の健康は増進し,暴力犯罪は減り,国民の栄養状態は改善に向かっていく。

民主主義と国民の健康状態

民主主義体制には寿命を延ばしたり,妊産婦死亡率や乳幼児死亡率を下げたりする効果があるのではないかという主張がある。これに対して,そうした国民の健康状態に影響を与えるのは民主主義体制そのものではなく,「統治の質」ではないかという主張もある。統治の質が高い国には,汚職,縁故主義,利益誘導,権力乱用といった要素がない。こうした要素がない国は法の支配や統治の効率が相対的に良好で,これが回りまわって国民の健康状態を高めるのではないかというのである。

民主主義と国民の健康状態について研究した王奕婷らは,1900年から2012年までの173か国ものデータを駆使して,統治の質ではなく,民主主義こそが国民の健康状態を向上させる要因であることを実証している(Wang et al. 2018:1-16)。カギを握るのは競争的な選挙の存在である。競争的な選挙が機能しているほど,国民の意見が選挙を通じて政治に反映される。すなわち,国民の意見を無視する政治家は落選し,より国民の利益や意見を体現しようとする政治家が当選を果たす。国民の利益のなかに国民の健康増進も含まれていることはいうまでもない。そして,当選を果たした政治家は,立法活動や政策遂行能力の高い官僚や専門家を政府に任命することを通じて,国民の期待に応えようとする。このようにして,民主主義は国民の健康を改善していくという仕組みである。

民主主義と暴力犯罪

　政治体制と暴力犯罪の間には奇妙な相関があるという指摘がある。すなわち，強固な権威主義体制と強固な民主主義体制下で犯罪は大きく減るものの，民主主義と権威主義の中間に位置する政治体制では犯罪はむしろ増加する傾向にあるという。政治体制と暴力犯罪の間になぜこうした一見奇妙な傾向がみられるのかという課題に取り組んだのがヒューバートとブラウンである（Huebert and Brown 2019：190-204）。

　カギを握るのはデュー・プロセス（法に関する適正な手続き）である。つまり，刑罰を受ける際には，その手続きが平等かつ公正に定められていなくてはならず，被告人の権利が保障されていなくてはならない。デュー・プロセスに基づく刑事司法制度が整備されている社会では公平性と法治主義が徹底され，国民の制度に対する遵奉性が高まる。ヒューバートとブラウンは87か国のデータを使って比較研究を行い，制度的信頼が高い国の国民は政治的・社会的ルールを尊重した行動をとることも増え，結果的に暴力的手段に訴えて問題解決を図ることを控えるようになるという説明を提示している。

　ヒューバートとブラウンの指摘でおもしろいのは，権威主義体制に分類される国々でもデュー・プロセスをしっかり確立している国家が存在し，これらの国家ではやはり暴力犯罪が少ないという点だろう。民主主義ならば直ちに暴力犯罪が減るわけではなく，デュー・プロセスがきちんと確立されているかどうかが重要なのである。逆にいえば，民主主義に分類される国家でもデュー・プロセスの整備・確立が遅れている国があり，それらの国々における犯罪抑止は権威主義国家に負けているとみることもできる。

民主主義と栄養不足

　安中進は政治体制と栄養不足の関係，なかでもサブサハラ・アフリカを対象とする分析によって，民主主義が栄養不足を解消する効果をもつことを実証的に明らかにしている（安中 2019：19-39）。さらに，安中は世界最貧国の1つに数えられるマラウイで近年栄養不足人口が大きく改善されている事実に注目している。マラウイでは同時期にGDPはあまり伸びておらず，経済成長が栄養不足を解消したわけではなさそうである。

　安中は，独裁者であったヘイスティングス・カムズ・バンダ大統領が失脚して民主化が進んだ後のマラウイ政府は食糧安全保障政策・貧困対策・農業改革などの政策を次々に計画・遂行し，これが国民の栄養不足を解消する結果につながったと指摘する。

　上記の研究以外にも，民主主義は民主主義ではない政治体制と比べると，経済成長を促しやすく，インフラストラクチャー・水道・公立教育などの供給に優れていることを指摘する研究もある。あるいは，民主主義体制下ではそうではない体制に比べて，国民が摂取可能なカロリーが増えるといったリサ・ブレイズによる研究なども存在する。

　こうしたデータや実証に裏付けられた確かな研究成果が根拠として存在するからこそ，私たちは「民主主義は民主主義ではない政治体制に比べて国民を幸せにできることが多い。だから，民主主義を大事にするべきだ」と胸を張って主張できるのである。

　以上の研究は，「民主主義は何をもたらすのか」ということについての研究であっ

た。これに対して，何が民主主義をもたらすのか，つまり「民主化を促す要因」についても1950年代から数多くの研究が積み重ねられてきた。これらの研究は民主主義を「結果（＝従属変数）」として扱っており，経済発展や階級構造など，民主主義をもたらすと考えられる「原因（＝独立変数）」が追究されてきた。あるいは，ある国が民主化した後，民主主義を崩壊させることなく維持・安定できる要因は何なのかということに関しても，多くの研究が存在する。これも安定的な民主主義を「結果」と捉え，原因を考察する研究である。

比較政治学とは？

　上記の例でみたように，複数の国家の内部で起きている政治（学）的に重要と考えられる問題について，データ分析，事例研究，フィールド・リサーチ，数理モデルなどの手法に基づいた実証や理論的検討を通じて答えを導いていくのが，比較政治学という分野の役割である。複数の国家内部で起きていることを比較しつつ研究することは比較政治学の重要な特徴の1つだが，単一の国家内部の地方政府同士の比較や同一の対象に関する異なる時代間の比較なども研究対象に含まれる点に注意が必要である。

　日本以外の諸地域に対する関心をもち，理解を深めようとする姿勢も重要である。他の国の歴史や情報をよく知ることで，おもしろい問いを考えつくこともあるだろう。加えて，他国をよく知ること，自国と比較することを通じて，自らが住んでいる国や社会の意外な特徴に気がつくようになり，自国に対する理解が深まることも期待できる。

　このエッセイで取り上げた民主主義は比較政治学の重要な研究テーマの1つだが，これだけが比較政治学の研究対象ではない。以下に示すテーマも比較政治学にとって重要な研究テーマである。

　①新国家の誕生と発展，既存国家の解体など，国家形成・発展と崩壊の要因を探求すること。先進国における福祉国家の発展と変容のプロセスに関する研究もここに含まれるだろう。②市民社会（市民によって組織され，公共または団体メンバーの利益のために活動する非営利・非政府組織の総称）や社会運動（人が社会を変えるために集合的に行う行動）に関する研究。すなわち，市民社会や社会運動はなぜ形成され，どのような帰結をもたらすのか。民族集団の政治行動の多様性とその要因を探求する研究はここに入る。③内戦や革命はなぜ発生・継続し，終結を迎えるのか。④民主主義における選挙制度，執政制度，政党制度，議会制度，中央＝地方関係，中央銀行制度など，政治制度の多様性とその比較を行うこと。軍によるクーデターや政治介入の原因を追究する研究もここに含まれる。

　比較政治学に興味をもたれた読者の方々は，まずは下記に挙げた日本語の比較政治学の教科書を読むことを薦める。それらの教科書は比較政治学の領域で研究されてきた代表的なテーマをカバーしているので，分野の全体像が把握しやすい。さらに，それと並行して分析に使われている手法を勉強する必要があるが，これについては今井耕介『社会科学のためのデータ分析入門（上・下）』（岩波書店，2018年）が非常に有益な教科書

である。

📖さらに勉強したいときに読んでほしい3冊

①粕谷祐子，2014，『比較政治学』ミネルヴァ書房．
②久保慶一・末近浩太・高橋百合子，2016，『比較政治学の考え方』有斐閣．
③建林正彦・曽我謙悟・待鳥聡史，2008，『比較政治制度論』有斐閣．

6 行政学

行政とは何か

　大学は自由だ。と言われれば，うなずく人もいれば，そうでもないと首をかしげる人もいるだろう。しかし，少なくとも高校までと比べれば，やはり自由だろう。高校までの学校には校則というルールが存在する。そうした校則が多くて細かいことはなかっただろうか。なかには，何のためにあるのかよくわからない校則もあったのではないか。

　さらに面倒なのは，校則を守っているか，破っているかを判断する教員の存在である。教員によって判断基準が異なることはなかっただろうか。あるいは，同じ教員でもどの生徒が相手かで判断が違うことはなかっただろうか。そこには，教員の解釈が加わっていることを目にしてきただろう。華美でない服装を着用するという校則よりは，髪の毛は耳にかからない長さにするという校則の方が曖昧さは少ないが，それでもチェックが甘い先生もいれば厳しい先生もいただろう。

　校則がおかしいと思って，他の生徒と話し合いをしたり，教員に掛け合ってみたりした人もいるだろう。変な校則だと思いつつ，黙ってしたがっていた人もいるだろう。校則があるのは当たり前だし，内容の正当性などを考えたこともないという人もいるだろう。

　学校もある種の社会であり，そこにルールがある。そして，ルールを決めることに関わることは政治である。どのような手続きで，どのような内容のルールを決めるかを考えるのも，政治である。ルールを受容することや，ルールの存在を気にしないこと，それらもまた政治の作用である。

　これに対して行政とは，教員が校則違反を摘発し，生徒に罰を加えたり，あるいは見逃したりすることである。同じルールでも，教員によって，解釈や適用基準が異なるのは，校則全般について，あるいはその具体的な校則についての考え方が違うからかもしれない。生徒のことをどこまで信頼しているのかが違うのかもしれない。生徒に対してどこまで厳しい姿勢をみせるかの考え方が違うのかもしれない。同じ教員でもブレがあるのは，考え方が変わったこともあるだろうが，単純に忙しくなった，あるいは面倒に思うようになったからかもしれない。罰を加えても効果がないことがわかってきたのかもしれない。

　生徒の学校生活に影響を与えるのは，校則以上に，教員ではないだろうか。教員がどのように校則を運用するかにより，厳しく管理された学校生活になることもあれば，管理されていることを感じないものになることもある。ルールそのものに関わるのが，政治という営みであり，ルールの適用に関わるのが行政だとすれば，ルールの対象者の状態を実質的に左右するのは，政治以上に行政であることも多いことがわかるだろう。

行政学とは何か

　ここまで，身近な例を通じて，政治と行政を対比してみた。そのうえで改めて，行政を対象とする行政学とは，どのようなサブディシプリンなのか，定式化してみよう。

　政治を動かす様々なアクターのなかで，官僚・公務員に注目するのが，行政学である。ここでいう官僚・公務員とは，中央省庁の官僚だけではなく，地方自治体に勤める公務員も含む。また，官僚・公務員の仕事は政治家との関係抜きでは語れない。したがって，本書でいうと，第11章を中心に，第10章と第12章のそれぞれ一部が，行政学が中心的に扱ってきた領域である。また，EUや国連などの国際機関に勤める公務員も対象とする点で，第2章の一部も行政学が扱ってきた範囲に入る。

　それではなぜ，公務員の活動を1つのサブディシプリンとして切り出す必要があるのだろうか。大きく分けて，2つの理由を考えることができる。

　1つは，政治が決めたことを実現するには，公務員の活動が不可欠だからである。困っている人を助けることも，地球温暖化を防ぐためにCO_2削減策をとることも，はたまた，他国に対して軍事的な侵攻を試みることも，それを決めること自体，簡単ではないだろう。しかし，決定が行われれば，それがすぐに実現するわけではない。本当に困っている人はどの人かを確かめ，必要な援助の内容を判断すること，援助にかかる費用をどのような形で社会全体として負っていくかを決め，税として徴集すること。CO_2削減のためにどの活動を抑制するかを決め，規制が守られているかを監視し，違反を改善するよう働きかけること。そして，軍隊に入る人を集め，武器を扱えるよう訓練し，作戦を立て，実際の戦闘を行うこと。これらの活動がなければ，政治の決定は絵に描いた餅にすぎない。

　政策を実現するこれらの活動を担うのが，公務員なのである。政策を実現していく活動を統治（ガバナンス）と呼ぶならば，公務員は統治の中心的担い手である。公務員が十分に機能しなければ，いくらよい政策をつくっても，その国の統治はうまくいかない。実際に，発展途上国の多くがこうしたガバナンスの問題を抱えているのである。

　政治的決定を行うことはたしかに難しい。しかし決定が行われればそれで終わりではない。それは統治の始まりなのである。いわば政治の後半戦を扱うのが行政学なのである。多くのゲームは中盤までで決着がつくかもしれない。しかし，勝負は後半戦に持ち越されていることもある。あるいは後半で大逆転が生まれることもある。

　行政学がサブディシプリンとして存在しているもう1つの理由に目を向けよう。それは，公務員やその活動を理解するには，政治学の視点だけでは足りないからである。上で述べたように，統治活動の担い手として公務員は存在するが，だからといって，実際の公務員は，自分たちが政治権力の実行者だと常に意識しているわけではない。給与がまずまずだとか，不況で解雇されることがないとか，育休が取りやすいとか種々の労働条件を考慮して選んだ職業であることも多いだろう。それは当然のことであり，公務員とは職業の1つなのである。

　職業の1つとして公務員をみるならば，民間企業に勤めることや，その他の職業とも

比較が可能な存在として公務員や行政組織は捉えられる。大規模な組織として行政組織にはどのような特徴があるのか，公務員の給与や採用・昇任・配置といった人事管理にはどのような特徴があるのか，労働者のうち，公務員が占める割合はどの程度か，時代や国によってそこにはどの程度の違いがあるのか。こうした問いがそこから生まれてくる。

　これらの問いに答えるのに，政治学は向いていない。それよりも，経営学や社会学，組織論といった学問分野の方がずっと役に立つ。行政学はこれらの学問分野の成果を吸収しながら成長してきた。見方によっては，政治学以上に，経営学などとのつながりが深い学問である。英語では行政学はPublic Administrationという。これはBusiness Administration（経営学）と対になっている。民間企業とも共通する組織の「管理」を考えることが，行政組織を考えるもう1つの大きな柱となっているのである。こうした学際性を伴うところは，国際政治学に対する国際関係論とよく似ている。

　大規模組織としての行政組織の特徴は，政治との関係にも影響を及ぼす。系統だった分業が可能になることで，行政組織は，複雑で多面的な問題に取り組む能力をもつ。また，採用やトレーニングを通じて，高い質の人材を集めることもできる。実際，多くの国において，高等教育を受けた優秀な人材が公務の担い手となってきた。こうして行政組織が専門性を備えていることは，政策の決定においても，行政組織を利用していくことにつながる。先ほどは，政治の決定の後を受けて，行政の役割がスタートするといったが，決定の段階にも行政組織の活動範囲は広がっていくのである。

　まとめるならば次のようになる。行政組織は，一方では政治との関係，他方では民間企業との関係から特徴づけられる。したがって行政を対象とする学問というのも，統治の担い手としての行政という視点を1つの中心に，大規模組織における管理と活動という視点をもう1つの中心とする楕円構造となる。どちらか1つの中心だけに目を向けるのでは行政を理解することはできない。こうした考え方が，行政学の根底にはある。

公務員志望のみなさんとそうではないみなさんへ

　ここまで述べたように，行政とは，この社会におけるルールを具体的に動かしていくことであると同時に，ルールの制定に知識や情報を生かす，そうした活動である。これまでみなさんは，校則に対して反発を覚える立場，あるいは渋々従っている立場だったが，公務員になるとは，その逆の立場に立つということである。そして，そこでのルールとは，私たちの社会全体に適用されるルールである。だから公務員にならないからといって，公務員の活動と無関係であることは不可能である。私たちは社会に埋め込まれた存在であり，この社会から抜け出すことはできない。

　ルールを適用するという仕事は，やり方によって難しくもなるし，簡単にもなる。具体的なケースの1つひとつは，それぞれに固有性をもつ。すべての対象者，すべての対象事例にまったく同じものはない。それに対してルールとは一般的，抽象的なものである。だから，一般性と固有性の間の橋渡しをすることが，ルールの適用には求められる

のだ。固有性をそぎ落とし、共通点だけをみて、機械的にルールを適用することも可能だろう。しかし、固有性に着目し、それぞれの違いに応じた適用を行うことも可能である。

どちらが正解なのか。それはわからない。いつでも必ず正解であるルールの適用方法などはない。機械的に適用するからこそ、依怙贔屓などを排除し、公正な扱いができる。しかし、個別の状況を汲み取らない杓子定規な対応ではルールの効果が上がらないこともあるだろう。1つひとつの判断に投入できる時間や労力にも限りがある。他の対象者や他の業務も抱えるなかで、どこまで丁寧な判断を行うべきか。

行政の活動とは、常にこうした悩みをもちながら、業務を進めていくということである。それは、どんな業務であっても変わらない。例えば、ゴミ収集といった業務は、一見、単純作業にみえる。決められた時間、決められた場所のゴミを回収することが仕事のすべてに思える。しかし、ゴミの状況は1つひとつ違う。ゴミ出しのルールを守っていないゴミもある。それでも回収すべきだろうか。分別ルールを守らないのだから、回収しないべきかもしれない。しかし、そうすると不衛生な状態が続く。回収したうえで、後ほど指導を行うべきか。引っ越してきたばかりで分別ルールがまだよくわかっていない人には、それが有効だろう。しかし、確信犯ならば効果的ではない。重さ40キロほどにもなるゴミバケツを持ち上げながら、こうした判断を瞬時に下していかなければならないのである。

ルールという仏に魂を入れる作業。それが行政だ。抽象と具体を行き来しながら、日々の業務を進めつつ、ときにルールそのものをつくり変えていく。私たちの社会を成り立たせ、よりよいものにするのが行政なのである。だからこそ、行政の主体となる人も、客体となる人も、双方が行政とは何か、その仕組みと作動のメカニズムを知っておくべきなのである。行政学はそのために存在する。

📖 さらに勉強したいときに読んでほしい3冊

①伊藤正次・出雲明子・手塚洋輔、2016、『はじめての行政学』有斐閣.
②原田久、2016、『行政学』法律文化社.
③西尾勝、2001、『行政学〔新版〕』有斐閣.

政治学をおもしろく学ぶためのおススメ文献ガイド

　　政治学を学ぶうえでは，教科書や研究書はもちろん，小説やルポルタージュなどを含めた幅広い読書をすることが有益である。本ガイドでは，本書の執筆陣が「政治学の学習に役立つおもしろい本」として選定したおススメ文献を紹介する。

常井健一，2019，『無敗の男──中村喜四郎全告白』文藝春秋.

　　ゼネコン汚職で逮捕，収監されるも，衆院選で14戦無敗を続ける「選挙の鬼」中村喜四郎。大のマスコミ嫌いでも知られる中村がついに語った迫真のルポ。一政治家の生き様と日本のドブ板選挙の実態を知ることができる。　　［坂本治也］

ロスリング，ハンス／オーラ・ロスリング／アンナ・ロスリング・ロンランド／上杉周作・関美和訳，2018，『FACTFULNESS──10の思い込みを乗り越え，データを基に世界を正しく見る習慣』日経BP社.

　　「世界がどんどん悪くなっている」，「いますぐ手を打たないと大変なことになる」など，人間は様々な思い込みにとらわれている。本書は，具体的な例を挙げながら，データや事実に基づくことの重要性を教えてくれる。　　［山口　航］

松沢裕作，2018，『生きづらい明治社会──不安と競争の時代』岩波書店.

　　現在のような先が見通せない時代に人々はどう動くのか。それによって今後の政治のあり方は大きく異なるものとなる。この点を考えるうえで，人生が見通せなくなった明治の人々の「生きづらさ」を描く本書は多くのことを気づかせてくれる。

　　　　　　　　　　　　　　　　　　　　　　　　　　　　　　　　［若月剛史］

砂原庸介，2015，『民主主義の条件』東洋経済新報社.

　　選挙制度を中心に，政治制度が政治家などにどのような影響を与えながら民主主義を形づくっているのかを平易に解説する著作。候補者順が投票選択に与える影響など，随所にあるコラムの内容も非常に興味深い。　　［善教将大］

レヴィット，スティーヴン・D／スティーヴン・J・ダブナー／望月衛訳，2014，『ヤバい経済学〔増補改訂版〕──悪ガキ教授が世の裏側を探検する』東洋経済新報社.

　　政治学（ポリティカル・サイエンス）は経済学から強い影響を受けている。経済学の強みである明快な理論を用いて，様々な社会現象の「謎解き」を行う本書のアプローチは政治学を学ぶうえでも大変有益である。一般読者向けで読みやすい。

　　　　　　　　　　　　　　　　　　　　　　　　　　　　　　　　［飯田　健］

戸部良一ほか，1991，『失敗の本質──日本軍の組織論的研究』中央公論社.
組織としての日本軍の問題点を重大な作戦の失敗例から考察した研究書で，明
確な問いの設定・事例研究・分析というスムーズな構成と，読みやすい叙述とい
う点が優れている。 [丹羽 功]

ウィルソン，デイヴィッド・スローン／高橋洋訳，2020，『社会はどう進化す
るのか──進化生物学が拓く新しい世界観』亜紀書房.
どのような社会（グループ）が世界を支配（？）していくのか，その様子やメカ
ニズムについて，進化生物学の観点から説明する。現代社会を勝ち残ってきたグ
ループの特徴を考えながら読むと，「政治」のあり方についても強い示唆がある。
[秦 正樹]

フランクル，ヴィクトール・E／池田香代子訳，2002，『夜と霧〔新版〕』みすず書房.
ユダヤ人の心理学者が，ナチス強制収容所での体験を綴ったものである。国家
の暴力が人々を肉体的，精神的に極限の状態にまで追い込むなかで，生き抜くと
はどのようなことなのかを考えさせられる1冊である。 [石橋章市朗]

前田健太郎，2019，『女性のいない民主主義』岩波書店.
政治，民主主義，政策，政治家という政治学の教科書における定番のテーマを
扱いつつ，ジェンダーの視点と政治学の標準的な学説を対比させる入門書。ジェ
ンダーが様々な政治現象を説明する視点として有用であることを示す1冊。
[濱本真輔]

北岡伸一，2017，『日本政治史──外交と権力〔増補版〕』有斐閣.
政治学を勉強するうえでは，理論と歴史の両方を深く知ることを心がけたい。
本書は，近代日本がおかれていた国際環境と国内政治のつながりに一貫して注目
しながら描き出す通史で，コンパクトな名著である。 [待鳥聡史]

チャペック，カレル／栗栖継訳，1978，『山椒魚戦争』岩波書店.
戦間期に書かれたSF小説の古典である。知性をもつ山椒魚の繁殖と発展，そ
して人間による彼らの利用や種族間の競争は，「政治」が人間でないものを相手
にするときの困難を表しているように思える。 [小林悠太]

及川和男，2008，『村長ありき──沢内村 深沢晟雄の生涯』れんが書房新社.
昭和30年代，乳幼児の死亡が相次ぐ岩手の寒村で，生命を救うことだけを考え
保健医療政策を徹底したある政治家の生涯。政治や政策は人の生活をどれだけ
豊かにできるのか，地方自治の潜在力を知るための必読書である。 [宗前清貞]

村田沙耶香，2018，『消滅世界』河出書房新社.

　「生政治」という言葉があるように，政治は，ひとの生や性にも大きな影響を及ぼす。人工子宮ができて家族が廃止されていく社会を描いたこの小説は，ぜひ，オルダス・ハクスリー『すばらしい新世界』（早川書房，2017年）とセットで。

[犬塚　元]

河野勝，2018，『政治を科学することは可能か』中央公論新社.

　日本を代表する政治学者による，一般向けだが専門性を兼ね備えた著作。著者は，サーベイ実験を駆使しつつ，学術的分析の軽視にも分析ツールの高度化に頼りすぎることにも警鐘を鳴らす。政治学がどういう科学かを知るには最適の本。

[井上　彰]

スティーガー，マンフレッド・B／櫻井公人・櫻井純理・高嶋正晴訳，2010，
　『新版　グローバリゼーション』岩波書店.

　グローバリゼーションとは何で，それがどのような影響をもたらすのかについて政治・経済・文化・環境・イデオロギーの各面から分析した入門書。具体例が豊富でわかりやすい。原著（英語）は数年ごとに改訂されている。　[吉沢　晃]

ランド，アイン／藤森かよこ訳，2004，『水源』ビジネス社.

　人々が自分らしく生きていける社会には「自由」がある。「自由」とは何だろうか。この本は実在の建築家がモデルの小説だが，自分らしさや自由について深く考えるきっかけになり，読者を政治学の入口へと導いてくれるのではないかと思う。

[西川　賢]

後藤田正晴，2006，『情と理　上・下』講談社.

　警察官僚としてトップに上り詰めた後，政界に転出し，中曽根内閣で官房長官を務めた著者がその一生を自ら語ったもの。政治家とは何か，官僚とは何かを知ることができる。そして，権力を動かすことの凄さと怖さを知ることにもなるだろう。

[曽我謙悟]

参考文献

[日本語文献]

アインシュタイン, アルバート／ジグムント・フロイト／浅見昇吾訳, 2016, 『ひとはなぜ戦争をするのか』講談社.

青木遥, 2016, 「政策会議の運営方法と結論の法制化」野中尚人・青木遥『政策会議と討論なき国会——官邸主導体制の成立と後退する熟議』朝日新聞出版, 67-145.

秋月謙吾, 2001, 『行政・地方自治』東京大学出版会.

天川晃, 2017, 『戦後自治制度の形成』左右社.

荒井紀一郎, 2014, 『参加のメカニズム——民主主義に適応する市民の動態』木鐸社.

アリソン, グレアム／藤原朝子訳, 2017, 『米中戦争前夜——新旧大国を衝突させる歴史の法則と回避のシナリオ』ダイヤモンド社.

安中進, 2019, 「政治体制と栄養不足」『比較政治研究』(5): 19-39.

飯尾潤, 2007, 『日本の統治構造——官僚内閣制から議院内閣制へ』中央公論新社.

イーストン, デヴィッド／岡村忠夫訳, 1968, 『政治分析の基礎』みすず書房.

飯田健・上田路子・松林哲也, 2010, 「世襲議員の実証分析」『選挙研究』26 (2): 139-153.

池田謙一, 2007, 『政治のリアリティと社会心理——平成小泉政治のダイナミックス』木鐸社.

石弘光, 2014, 『国家と財政——ある経済学者の回想』東洋経済新報社.

石橋章市朗・佐野亘・土山希美枝・南島和久, 2018, 『公共政策学』ミネルヴァ書房.

伊藤修一郎, 2006, 『自治体発の政策革新——景観条例から景観法へ』木鐸社.

伊藤光利, 2009, 「政治学を勉強してみませんか——政治学の視点」伊藤光利編『ポリティカル・サイエンス事始め〔第3版〕』有斐閣, 1-16.

伊藤光利, 2014, 「民主党のマニフェストと政権運営」伊藤光利・宮本太郎編『民主党政権の挑戦と挫折——その経験から何を学ぶか』日本経済評論社, 1-51.

稲垣浩, 2015, 『戦後地方自治と組織編成——「不確実」な制度と地方の「自己制約」』吉田書店.

稲田雅洋, 2018, 『総選挙はこのようにして始まった——第一回衆議院議員選挙の真実』有志舎.

稲増一憲・池田謙一, 2009, 「多様化するテレビ報道と, 有権者の選挙への関心および政治への関与との関連——選挙報道の内容分析と大規模社会調査の融合を通じて」『社会心理学研究』25 (1): 42-52.

稲増一憲・三浦麻子, 2016, 「『自由』なメディアの陥穽——有権者の選好に基づくもうひとつの選択的接触」『社会心理学研究』31 (3): 172-183.

岩井奉信, 1988, 『立法過程』東京大学出版会.

ヴァーバ, シドニー／ノーマン・H・ナイ／J・キム／三宅一郎・蒲島郁夫・小田健訳, 1981, 『政治参加と平等——比較政治学的分析』東京大学出版会.

ウェーバー, マックス／野口雅弘訳, 2018, 『仕事としての学問——仕事としての政治』講談社学術文庫.

上ノ原秀晃, 2014, 「2013年参議院選挙におけるソーシャルメディア——候補者たちは何を『つ

ぶやいた』のか」『選挙研究』30 (2)：116-128.

ウォルツ，ケネス／渡邉昭夫・岡垣知子訳，2013，『人間・国家・戦争――国際政治の3つの
　　イメージ』勁草書房.

宇佐美典也，2012，『30歳キャリア官僚が最後にどうしても伝えたいこと』ダイヤモンド社.

後房雄・坂本治也編，2019，『現代日本の市民社会――サードセクター調査による実証分析』
　　法律文化社.

内田満，1980，『アメリカ圧力団体の研究』三一書房.

遠藤晶久／ウィリー・ジョウ，2019，『イデオロギーと日本政治――世代で異なる「保守」と
　　「革新」』新泉社.

大山礼子，2011，『日本の国会――審議する立法府へ』岩波書店.

岡本哲和，2017，『日本のネット選挙――黎明期から18歳選挙権時代まで』法律文化社.

小田勇樹，2019，『国家公務員の中途採用――日英韓の人的資源管理システム』慶應義塾大学
　　出版会.

オルソン，マンサー／依田博・森脇俊雅訳，1966，『集合行為論――公共財と集団理論』ミネル
　　ヴァ書房.

風間規男，2013，「新制度論と政策ネットワーク論」『同志社政策科学研究』14 (2)：1-14.

勝田美穂，2017，『市民立法の研究』法律文化社.

カッツ，エリユ／ポール・F・ラザースフェルド／竹内郁郎訳，1965，『パーソナル・インフル
　　エンス――オピニオン・リーダーと人びとの意思決定』培風館.

金井利之，2010，『実践自治体行政学――自治基本条例・総合計画・行政改革・行政評価』第
　　一法規.

蒲島郁夫，1988，『政治参加』東京大学出版会.

蒲島郁夫・竹中佳彦，2012，『イデオロギー』東京大学出版会.

カペラ，ジョセフ・N／キャサリン・H・ジェイミソン／平林紀子・山田一成訳，2005，『政治
　　報道とシニシズム――戦略型フレーミングの影響過程』ミネルヴァ書房.

ガルトゥング，ヨハン／高柳先男・塩屋保・酒井由美子訳，1991，『構造的暴力と平和』中央
　　大学出版部.

川人貞史・吉野孝・平野浩・加藤淳子，2011，『現代の政党と選挙〔新版〕』有斐閣.

北岡伸一，1990，『国際化時代の政治指導』中央公論社.

北村亘，2009，『地方財政の行政学的分析』有斐閣.

北村亘・曽我謙悟・伊藤正次・青木栄一・柳至・本田哲也，2020，「資料――2019年官僚意識
　　調査基礎集計」『阪大法学』69 (6)：1590-1564.

北山俊哉・城下賢一，2013，「日本――福祉国家発展とポスト類型論」鎮目真人・近藤正基編
　　著『比較福祉国家』ミネルヴァ書房，336-360.

金兌希，2014，「日本における政治的有効性感覚指標の再検討――指標の妥当性と政治参加へ
　　の影響力の観点から」『法学政治学論究――法律・政治・社会』(100)：121-154.

栗田宣義，1993，『社会運動の計量社会学的分析――なぜ抗議するのか』日本評論社.

経済産業省「政策について――ものづくり／情報／流通・サービス：自動車」(2020年2月20日
　　取得，https://www.meti.go.jp/policy/mono_info_service/mono/automobile/index.html).

小宮京，2010，『自由民主党の誕生――総裁公選と組織政党論』木鐸社.

近藤康史, 2017, 『分解するイギリス——民主主義モデルの漂流』筑摩書房.

境家史郎, 2014, 「戦後日本人の政治参加——『投票参加の平等性』論を再考する」『年報政治学』2013 (1)：236-255.

坂本治也・秦正樹・梶原晶, 2019, 「NPO・市民活動団体への参加はなぜ増えないのか——『政治性忌避』仮説の検証」『ノモス』(44)：1-20.

坂本治也編, 2017, 『市民社会論——理論と実証の最前線』法律文化社.

佐々木毅編, 2019, 『比較議院内閣制論——政府立法・予算から見た先進民主国と日本』岩波書店.

笹部真理子, 2017, 『「自民党型政治」の形成・確立・展開——分権的組織と県連の多様性』木鐸社.

サルトーリ, ジョヴァンニ／岡沢憲芙・川野秀之訳, 1992, 『現代政党学——政党システム論の分析枠組み』早稲田大学出版部.

サンスティーン, キャス・R／石川幸憲訳, 2003, 『インターネットは民主主義の敵か』毎日新聞社.

品田裕, 2001, 「地元利益指向の選挙公約」『選挙研究』(16)：39-54.

篠原一, 1977, 『市民参加』岩波書店.

清水真人, 2018, 『平成デモクラシー史』筑摩書房.

シュミット, カール／田中浩・原田武雄訳, 1970, 『政治的なものの概念』未来社.

新藤宗幸, 2004, 『概説 日本の公共政策』東京大学出版会.

善教将大, 2019, 「市民社会への参加の衰退？」後房雄・坂本治也編『現代日本の市民社会——サードセクター調査による実証分析』法律文化社, 239-251.

総務省・文部科学省, 2015, 『私たちが拓く日本の未来——有権者として求められる力を身に付けるために』.

曽我謙悟, 2006, 「政権党・官僚制・審議会——ゲーム理論と計量分析を用いて」『レヴァイアサン』(39)：145-169.

曽我謙悟, 2013, 『行政学』有斐閣.

曽我謙悟, 2016, 「官僚制研究の近年の動向——エージェンシー理論・組織論・歴史的制度論（上）」『季刊行政管理研究』(154)：3-15.

ダール, ロバート・A／河村望・高橋和宏訳, 1988, 『統治するのはだれか——アメリカの一都市における民主主義と権力』行人社.

ダール, ロバート・A／高畠通敏・前田脩訳, 2014, 『ポリアーキー』岩波書店.

竹中治堅, 2010, 『参議院とは何か——1947〜2010』中央公論新社.

建林正彦, 2004, 『議員行動の政治経済学——自民党支配の制度分析』有斐閣.

田中辰雄・浜屋敏, 2019, 『ネットは社会を分断しない』KADOKAWA.

谷口将紀, 2020, 『現代日本の代表制民主政治——有権者と政治家』東京大学出版会.

谷聖美, 2009, 「政治家ってどんな人？」伊藤光利編『ポリティカル・サイエンス事始め〔第3版〕』有斐閣, 51-72.

田丸大, 2000, 『法案作成と省庁官僚制』信山社.

田村哲樹, 2019, 「デモクラシーを考えてみよう——『みんな』で決める複数のやり方」永井史男・水島治郎・品田裕編著『政治学入門』ミネルヴァ書房, 143-169.

辻清明, 1950, 『社会集団の政治機能』弘文堂.

辻清明, 1969, 『新版 日本官僚制の研究』東京大学出版会.

辻中豊, 2000, 「官僚制ネットワークの構造と変容——階統制ネットワークから情報ネットワークの深化へ」水口憲人・北原鉄也・真渕勝編『変化をどう説明するか——行政編』木鐸社, 85-103.

辻中豊編, 2016, 『政治変動期の圧力団体』有斐閣.

辻中豊・森裕城編, 2010, 『現代社会集団の政治機能——利益団体と市民社会』木鐸社.

デュベルジェ, モーリス／岡野加穂留訳, 1970, 『政党社会学——現代政党の組織と活動』潮出版社.

トゥーキュディデース／久保正彰訳, 1966, 『戦史（上）』岩波書店.

ナイ, ジョセフ・S.ジュニア／デイビッド・A・ウェルチ／田中明彦・村田晃嗣訳, 2017, 『国際紛争——理論と歴史［原書第10版］』有斐閣.

中北浩爾, 2014, 『自民党政治の変容』ＮＨＫ出版.

中北浩爾, 2017, 『自民党——「一強」の実像』中央公論新社.

中島誠, 2014, 『立法学——序論・立法過程論〔第3版〕』法律文化社.

中谷美穂, 2012, 「投票啓発活動の政治意識に対する効果——横浜市明るい選挙推進協議会意識調査結果から」『明治学院大学法学研究』92：91-125.

中村隆英, 1996, 『昭和経済史』岩波書店.

西尾勝, 2001, 『行政学〔新版〕』東京大学出版会.

西川伸一, 1997, 「内閣法制局——その制度的権力への接近」『政経論叢』65（5・6）：185-251.

西澤由隆, 2004, 「政治参加の二重構造と『関わりたくない』意識——Who said I wanted to participate?」『同志社法学』55 (5)：1215-1243.

日本財団, 2019, 「18歳意識調査——国会改革（第12回テーマ）」（2020年4月1日取得, https://www.nippon-foundation.or.jp/what/projects/eighteen_survey）.

ノージック, ロバート／嶋津格訳, 1994, 『アナーキー・国家・ユートピア——国家の正当性とその限界』木鐸社.

野中尚人, 2016, 「日本の制作過程にはなぜ討論がないのか」野中尚人・青木遥『政策会議と討論なき国会——官邸主導体制の成立と後退する熟議』朝日新聞出版, 147-190.

バーカー, アーネスト／堀昌彦・杣正夫訳, 1954, 『イギリス政治思想 第4——H・スペンサーから1914年まで』岩波書店.

橋場弦, 2016, 『民主主義の源流——古代アテネの実験』講談社.

初瀬龍平, 2019, 「日本での国際関係論」戸田真紀子・三上貴教・勝間靖編『国際社会を学ぶ〈改訂版〉』晃洋書房, 1-18.

濱本真輔・辻中豊, 2010, 「行政ネットワークにおける団体——諮問機関と天下りの分析から」辻中豊・森裕城編『現代社会集団の政治機能——利益団体と市民社会』木鐸社, 156-179.

林芳正・津村啓介, 2011, 『国会議員の仕事——職業としての政治』中央公論新社.

原彬久, 2000, 『戦後史のなかの日本社会党——その理想主義とは何であったのか』中央公論新社.

原彬久編, 2016, 『国際関係学講義［第5版］』有斐閣.

平沢勝栄, 2000, 『明快！「国会議員」白書』講談社.

深谷健, 2019, 「規制とレントの実態把握──政策改革のダイナミクスを捉えるために」『武蔵野法学』(11)：147-170.

福元健太郎, 2000, 『日本の国会政治──全政府立法の分析』東京大学出版会.

ボリス, エリザベス・T／C・ユージン・スターリ編／上野真城子・山内直人訳, 2007, 『NPOと政府』ミネルヴァ書房.

前田健太郎, 2014, 『市民を雇わない国家──日本が公務員の少ない国へと至った道』東京大学出版会.

待鳥聡史, 2012, 『首相政治の制度分析──現代日本政治の権力基盤形成』千倉書房.

松田憲忠・岡田浩編, 2009, 『現代日本の政治──政治過程の理論と実際』ミネルヴァ書房.

松林哲也, 2016, 「投票環境と投票率」『選挙研究』32 (1)：47-60.

的場敏博, 2003, 『現代政党システムの変容──90年代における危機の深化』有斐閣.

三浦まり・宮本太郎, 2014, 「民主党政権下における雇用・福祉レジーム転換の模索」伊藤光利・宮本太郎編『民主党政権の挑戦と挫折──その経験から何を学ぶか』日本経済評論社, 53-89.

三浦まり編, 2016, 『日本の女性議員──どうすれば増えるのか』朝日新聞出版.

三船毅, 2008, 『現代日本における政治参加意識の構造と変動』慶應義塾大学出版会.

三宅一郎, 1989, 『投票行動』東京大学出版会.

ミルズ, C・ライト／鵜飼信成・綿貫譲治訳, 2020, 『パワー・エリート』筑摩書房.

ミルブレイス, レスター・W／内山秀夫訳, 1976, 『政治参加の心理と行動』早稲田大学出版部.

村松岐夫, 1981, 『戦後日本の官僚制』東洋経済新報社.

村松岐夫, 1994, 『日本の行政──活動型官僚制の変貌』中央公論新社.

村松岐夫, 2019, 『政と官の五十年』第一法規.

村松岐夫・伊藤光利・辻中豊, 1986, 『戦後日本の圧力団体』東洋経済新報社.

森本哲郎編, 2016, 『現代日本の政治──持続と変化』法律文化社.

山川雄巳, 1980, 『政策過程論』蒼林社.

山川雄巳, 1994, 『政治学概論〔第2版〕』有斐閣.

山田真裕, 2004, 「投票外参加の論理──資源, 指向, 動員, 党派性, 参加経験」『選挙研究』(19)：85-99.

山田真裕, 2008, 「日本人の政治参加と市民社会──1976年から2005年」『法と政治』58 (3・4)：1014-1042.

山田真裕, 2016, 『政治参加と民主政治』東京大学出版会.

山田真裕, 2017, 『二大政党制の崩壊と政権担当能力評価』木鐸社.

ラザースフェルド, ポール・F／バーナド・ベレルソン／ヘーゼル・ゴーデット／有吉広介監訳, 1987, 『ピープルズ・チョイス──アメリカ人と大統領選挙』芦書房.

笠京子, 1995, 「省庁の外郭団体・業界団体・諮問機関」西尾勝・村松岐夫『政策と管理』有斐閣, 77-113.

ルークス, スティーヴン／中島吉弘訳, 1995, 『現代権力論批判』未来社.

ロールズ, ジョン／川本隆史・福間聡・神島裕子訳, 2010, 『正義論〔改訂版〕』紀伊國屋書店.

ロスリング, ハンス／オーラ・ロスリング／アンナ・ロスリング・ロンランド／上杉周作・関美和訳, 2018, 『FACTFULNESS──10の思い込みを乗り越え, データを基に世界を正

しく見る習慣』日経BP社.

渡邉大輔, 2015, 「敬老の日——老いを敬うのか, 老いを隠すのか」成蹊大学文学部学会編『データで読む日本文化——高校生からの文学・社会学・メディア研究入門』風間書房, 95-116.

[欧文文献]

Baum, Matthew A., 2003, *Soft News Goes to War: Public Opinion and American Foreign Policy in the New Media Age*, Princeton University Press.

Bechtel, Michael M., Dominik Hangartner, and Lukas Schmid, 2016, "Does Compulsory Voting Increase Support for Leftist Policy?" *American Journal of Political Science*, 60 (3): 752-767.

Campbell, Angus, Philip E. Converse, Warren E. Miller, and Donald E. Stokes, 1960, *The American Voter*, John Wiley and Sons.

Carey, John M. and Yusaku Horiuchi, 2017, "Compulsory Voting and Income Inequality: Evidence for Lijphart's Proposition from Venezuela," *Latin American Politics and Society*, 59 (2): 122-144.

Citrin, Jack, Eric Schickler, and John Sides, 2003, "What if Everyone Voted? Simulating the Impact of Increased Turnout in Senate Elections," *American Journal of Political Science*, 47 (1): 75-90.

Dassonneville, Ruth, Fernando Feitosa, Marc Hooghe, Richard R. Lau, and Dieter Stiers, 2019, "Compulsory Voting Rules, Reluctant Voters and Ideological Proximity Voting," *Political Behavior*, 41: 209-230.

Delli Carpini, Michael X., and Scott Keeter, 1996, *What Americans Know about Politics and Why It Matters*, Yale University Press.

Dowding, Keith, 2016, *The Philosophy and Methods of Political Science*, Palgrave.

Fiorina, Morris P., 1981, *Retrospective Voting in American National Elections*, Yale University Press.

Fowler, Anthony, 2013, "Electoral and Policy Consequences of Voter Turnout: Evidence from Compulsory Voting in Australia," *Quarterly Journal of Political Science*, 8 (2): 159-182.

Freie, John F., 1997, "The Effects of Campaign Participation on Political Attitudes," *Political Behavior*, 19 (2): 133-156.

Frieden, Jeffry A., David A. Lake, and Kenneth A. Schultz, 2018, *World Politics: Interests, Interactions, Institutions*, Fourth ed., W. W. Norton & Company.

Goodman, Nicole and Leah C. Stokes, 2018, "Reducing the Cost of Voting: An Evaluation of Internet Voting's Effect on Turnout," *British Journal of Political Science* (Retrieved March 27, 2020, Cambridge University Press).

Green, Donald P. and Alan S. Gerber, 2015, *Get Out the Vote: How to Increase Voter Turnout*, 3rd edition, Brookings Institution Press.

Hall, Richard L. and Alan V. Deardorff, 2006, "Lobbying as Legislative Subsidy," *American Political Science Review*, 100 (1): 69-84.

Hansen, Glenn J. and Hyunjung Kim, 2011, "Is the Media Biased Against Me? A Meta-Analysis of the Hostile Media Effect Research," *Communication Research Reports*, 28 (2): 169-179.

Heclo, Hugh, 1978, "Issue Networks and the Executive Establishment," Anthony King ed., *The New American Political System*, American Enterprise Institute, 87-124.

Herring, Pendleton, [1929] 1967, *Group Representation Before Congress*, Russell and Russell.

Holyoke, Thomas T., 2014, *Interest Group and Lobbying: Pursuing Political Interests in America*, Westview Press.

Huebert, Erin Terese and David S. Brown, 2019, "Due Process and Homicide: A Cross-National Analysis," *Political Research Quarterly*, 72 (1): 190-204.

Iyengar, Shanto and Donald R. Kinder, 1987, *News That Matters: Television and American Opinion*, University of Chicago Press.

Jordan, Grant and Jeremy J. Richardson, 1987, *Government and Pressure Groups in Britain*, Clarendon Press.

Klapper, Joseph T., 1960, *The Effects of Mass Communication*, Free Press.

Kobayashi, Tetsuro and Kazunori Inamasu, 2015, "The Knowledge Leveling Effect of Portal Sites," *Communication Research*, 42 (4): 482-502.

Kobayashi, Tetsuro, Yuki Ogawa, Takahisa Suzuki, and Hitoshi Yamamoto, 2019, "News Audience Fragmentation in the Japanese Twittersphere," *Asian Journal of Communication*, 29 (3): 274-90.

Mariani, Mack and Philip Klinkner, 2009, "The Effect of a Campaign Internship on Political Efficacy and Trust," *Journal of Political Science Education*, 5 (4): 275-293.

Matsubayashi, Tetsuya, 2014, "The Implications of Nonvoting in Japan," *The Annuals of Japanese Political Science Association*, 65 (1): 175-199.

Mazumder, Soumyajit, 2018, "The Persistent Effect of U.S. Civil Rights Protests on Political Attitudes," *American Journal of Political Science*, 62 (4): 922-935.

McCombs, Maxwell E. and Donald L. Shaw, 1972, "The Agenda-Setting Function of Mass Media," *Public Opinion Quarterly*, 36 (2): 176-87.

Meier, Kenneth J. and Gregory C. Hill, 2007, "Bureaucracy in the Twenty-First Century," Ewan Ferlie, Laurence E. Lynn Jr., and Christopher Pollitt eds., *The Oxford Handbook of Public Management*, Oxford University Press, 51-71.

Pekkanen, Robert J., Steven Rathgeb Smith, and Yutaka Tsujinaka, 2014, *Nonprofits and Advocacy: Engaging Community and Government in an Era of Retrenchment*, Baltimore: Johns Hopkins University Press.

Peterson, Paul E. and Mark C. Rom, 1990, *Welfare Magnets: A New Case for a National Standard*, The Brookings Institution.

Prior, Markus, 2007, *Post-Broadcast Democracy: How Media Choice Increases Inequality in Political Involvement and Polarizes Elections*, Cambridge University Press.

Salisbury, Robert H., 1969, "An Exchange Theory of Interest Groups," *Midwest Journal of Political Science*, 13 (1): 1-32.

Sapiro, Virginia, 1981-1982, "If U.S. Senator Baker Were a Woman: An Experimental Study of Candidate Images," *Political Psychology*, 3 (1/ 2) : 61-83.

Shively, W. Phillips, 2019, *Power & Choice: An Introduction to Political Science*, 15th edition, Rowman & Littlefield.

Smith, Daniel, 2018, *Dynasties and Democracy: The Inherited Incumbency Advantage in Japan*, Stanford University Press.

Sun, Ye, Zhongdang Pan, and Lijiang Shen, 2008, "Understanding the Third-Person Perception: Evidence From a Meta-Analysis," *Journal of Communication*, 58 (2) : 280-300.

Takens, Janet, Jan Kleinnijenhuis, Anita Van Hoof, and Wouter Van Atteveldt, 2015, "Party Leaders in the Media and Voting Behavior: Priming Rather Than Learning or Projection," *Political Communication,* 32 (2) : 249-267.

Todorov, Alexander, Anesu N. Mandisodza, Amir Goren, and Crystal C. Hall, 2005, "Inferences of Competence from Faces Predict Election Outcomes," *Science*, 308 (5728) : 1623-1626.

Van Duyn, Emily and Jessica Collier, J., 2019, "Priming and Fake News: The Effects of Elite Discourse on Evaluations of News Media," *Mass Communication and Society*, 22 (1) : 29-48.

Verba, Sidney, Kay Lehman Schlozman, and Henry Brady, 1995, *Voice and Equality: Civic Voluntarism in American Politic*s, Harvard University Press.

Walker, Jack L., 1991, *Mobilizing Interest Groups in America: Patrons, Professions, and Social Movements*, The University of Michigan Press.

Wang, Yi-ting, Valeriya Mechkova, and Frida Andersson, 2019, "Does Democracy Enhance Health? New Empirical Evidence 1900-2012," *Political Research Quarterly*, 72 (3) : 554-69.

Wilson, Graham K., 2011, "Interest Groups and Lobbies" George Thomas Kurian et al. eds., *The Encyclopedia of Political Science*, Vol.3., CQ Press.

Horitsu Bunka Sha

ポリティカル・サイエンス入門

2020年9月15日　初版第1刷発行
2022年10月10日　初版第3刷発行

編　者　坂本治也・石橋章市朗
　　　　さかもとはるや　いしばししょういちろう

発行者　畑　　光

発行所　株式会社　法律文化社

〒603-8053
京都市北区上賀茂岩ヶ垣内町71
電話 075(791)7131　FAX 075(721)8400
https://www.hou-bun.com/

印刷：中村印刷㈱／製本：㈲坂井製本所
装幀：白沢　正

ISBN 978-4-589-04100-5

坂本治也編

市 民 社 会 論
―理論と実証の最前線―

A5判・350頁・3520円

市民社会の実態と機能を体系的に学ぶ概説入門書。第一線の研究者たちが各章で①分析視角の重要性，②理論・学説の展開，③日本の現状，④今後の課題の4点をふまえて執筆。〔第16回日本NPO学会林雄二郎賞受賞〕

後 房雄・坂本治也編

現 代 日 本 の 市 民 社 会
―サードセクター調査による実証分析―

A5判・286頁・4510円

市民社会の実態をデータに依拠して総合的に把握・分析。社会運動や「組織離れ」についての考察も加えた市民社会研究の決定版。さまざまな理論と先行研究を体系的に整理したテキスト『市民社会論』(2017年)の成果をふまえつつ，130点を超える図表を掲載して実態を解明。

平井一臣・土肥勲嗣編

つながる政治学〔改訂版〕
―12の問いから考える―

四六判・256頁・3080円

素朴な疑問を手がかりに，政治を理解する基本的な考え方を学ぶ入門書。3つの柱（身近な暮らし／変容する世界／政治への問い）から，複雑な政治を紐解く。改訂版では，各章の復習・応用として「考えてみよう」，コロナ禍に関わる5つのコラムを加え，政権の変化にも対応した。

松田憲忠・三田妃路佳編

対立軸でみる公共政策入門

A5判・246頁・2750円

さまざまな政策課題にどう対応すべきかという政策の望ましさについての価値対立は避けられない。この「価値対立の不可避性」という観点から考える公共政策論の入門書。政策をめぐる対立の解消ないしは合意形成をいかに実現するかを考察する。

岡本哲和著

日 本 の ネ ッ ト 選 挙
―黎明期から18歳選挙権時代まで―

A5判・186頁・4400円

候補者はどのようにネットを使い，またどのような有権者がネットから影響を受けたのか。2000年衆院選から2016年参院選までの国政選挙と一部の地方選挙で実施した調査をもとに分析。〔日本公共政策学会2018年度作品賞受賞〕

佐藤史郎・川名晋史・上野友也・齊藤孝祐編

日 本 外 交 の 論 点

A5判・304頁・2640円

日米同盟や自衛隊など日本が直面している課題につき，硬直した右／左の対立構図を打ち破り，外交政策を問いなおす。「すべきである／すべきでない」の対立を正面から取り上げ，学術的な基盤に裏打ちされた議論を提供。アクティブラーニングにも最適。

―法律文化社―

表示価格は消費税10％を含んだ価格です